房地产置业法律咨询师培训教程

本书编委会组织编写

中国建筑工业出版社

图书在版编目(CIP)数据

房地产置业法律咨询师培训教程/本书编委会组织编写．
北京：中国建筑工业出版社，2008
ISBN 978-7-112-09890-3

Ⅰ．房… Ⅱ．本… Ⅲ．房地产业-法规-中国-法律顾问-培训-教材 Ⅳ．D922.181

中国版本图书馆 CIP 数据核字(2008)第 017743 号

房地产置业法律咨询师培训教程
本书编委会组织编写

*

中国建筑工业出版社出版、发行(北京西郊百万庄)
各地新华书店、建筑书店经销
北京天成排版公司制版
世界知识印刷厂印刷

*

开本：787×1092 毫米 1/16 印张：11¼ 插页：4 字数：281 千字
2008 年 3 月第一版 2008 年 3 月第一次印刷
印数：1—3000 册 定价：36.00 元
ISBN 978-7-112-09890-3
(16594)

版权所有 翻印必究
如有印装质量问题，可寄本社退换
(邮政编码 100037)

本书是房地产置业法律咨询师的培训教程。全书系统地介绍了房地产置业相关的法律知识、房屋的常见质量问题及图例、验房基本程序及工具、质量检验的项目及方法等内容，图文并茂，通俗易懂，便于读者更好地掌握房地产置业的必备知识，具备为广大购房者提供专业咨询的执业能力。

本书的特点是：内容系统——囊括了房地产置业法律咨询师所需要掌握的从法律法规到房屋质量检验的全部知识；直观——列举了大量的房屋质量问题图片，有助于读者直观地做出判断；实用——提供了初装修和精装修住宅的20张质量验收表格，详细列出了国家标准、要求，检验方法和验收工具，并设置了验收结果一栏，方便读者使用。

本书可作为房地产置业法律咨询师学习、培训的教材，也可作为其日常工作的辅助用书，同时也为法律、建筑工程和房地产专业的相关人员拓展从业领域提供了帮助。

* * *

责任编辑：刘　江　赵晓菲

责任设计：董建平

责任校对：王　爽　陈晶晶

编写委员会

名誉主任　马挺贵　中国建筑装饰协会会长
主　　任　刘晓一　中国建筑装饰协会秘书长
副 主 任　王燕鸣　中国建筑装饰协会培训中心主任
委　　员　叶万和　德恒律师事务所律师
　　　　　　周显峰　德恒律师事务所律师
　　　　　　牛国庆　中国建筑装饰协会培训中心法律顾问
　　　　　　谷素雁　中国建筑装饰协会培训中心培训部主任
主　　编　王晓峥　中国建筑装饰协会培训中心常务副主任
副 主 编　李雄伟　德恒律师事务所律师
　　　　　　付信恕　中国建筑装饰公司一级注册建造师
主　　审　孙钢宏　德恒律师事务所高级合伙人
　　　　　　李爱新　中建一局一级注册建造师、一级注册建筑师

前 言

本书是一本集房地产基本法律制度知识、房地产开发销售知识、房屋质量检验知识、装饰装修知识和物业管理知识为一体的实用教程，是中国建筑装饰协会培训中心组织编写的培训教材。

本书系统地介绍了的房地产置业、房屋质量检验以及物业管理的全过程，图文并茂，通俗易懂，为法律工作者、建筑行业技术人员（管理者）拓展了专业知识和执业范围；为法律专业及建筑工程专业毕业生择业提供了更广阔的空间；是消费者维权的好帮手，是房地产人士的好参谋，是与房地产业相关的各界人士名符其实的好顾问。

全书共分为三个部分。

第一部分为第一篇——房地产相关法律、法规及相关知识。

本篇从5个部分向读者概述了我国现行房地产基本法律制度；介绍了商品房开发销售的流程，认购、预售合同的主要内容，商品房预售中的"五证"，商品房的抵押及交付；解读了物业管理相关法律制度、房地产权属登记制度以及房地产交易税费等内容；使读者全面地了解房地产置业的相关知识，熟悉房地产法律制度，掌握商品房交易的流程。

第二部分为第二篇——验房。

本篇分为2章，第一章为住宅工程中常见的质量问题，向读者分别介绍了初装修住宅和精装住宅中常见质量问题、验房程序及常用工具，并配有常见质量问题的彩色图片，为缺乏专业知识的读者增加了感观印象。第二章为验房表格，包括了初装住宅的墙地面、给水排水、暖通及精装修中的抹灰、吊顶、涂饰、门窗、饰面砖粘贴、裱糊、细部、卫生器具安装及电气安装20张验收表格，表格中详细地列出了国家相关规范中的标准、要求、检验方法和验收工具，教给验房者如何利用规范查出存在的质量问题。

第三部分为附录。

本篇摘编了国家颁布的13部房地产置业相关法律法规，其中包括2007年颁布的《中华人民共和国物权法》，2007年修订的《物业管理条例》、《中华人民共和国城市房地产管理法》等，便于读者在学习和实践中查找、阅读，进一步熟悉、掌握法律知识。

本书可作为房地产置业法律咨询师的培训教材，也可作为法律专业、建筑工程专业、房地产行业从业人员、个人购房者的工具书，还可以作为法律专业与建筑工程专业大中专院校学生的辅导教材。

本书第一篇的主编李雄伟是德恒律师事务所律师；第二篇主编付信恕是中国建筑装饰工程公司建筑工程专业、机电工程专业一级注册建造师；第六章第一节由中建一局一级注册建造师、一级注册建筑师李爱新编写。第一篇主审孙钢宏是德恒律师事务所高级合伙人，第二篇主审是李爱新。在编写过程中还得到了北京百万家园监理公司许国忠总裁、吉林省百家安装饰装潢监理有限公司刘家安总经理的大力支持，在此表示衷心的感谢。

本书虽经多次修改，难免存在不足，请多加指正。

目 录

第一篇 房地产相关法律、法规及相关知识

第一章 我国现行法律体系及房地产管理法律制度概述 ············· 1
    第一节 我国现行法律体系 ············· 1
    第二节 我国土地管理的基本法律制度 ············· 3
    第三节 房地产开发交易法律制度 ············· 7

第二章 商品房开发销售 ············· 12
    第一节 商品房开发阶段及基本销售流程 ············· 12
    第二节 商品房认购 ············· 14
    第三节 商品房预售合同的主要内容 ············· 17
    第四节 商品房预售中的"五证" ············· 31
    第五节 关于商品房销售广告 ············· 32
    第六节 商品房抵押 ············· 33
    第七节 商品房交付 ············· 35

第三章 物业管理法律制度 ············· 41
    第一节 物业与物业管理概述 ············· 41
    第二节 物业管理的参与主体 ············· 43
    第三节 管理规约及物业管理费用 ············· 44
    第四节 专项维修资金 ············· 46

第四章 房地产权属登记制度 ············· 48
    第一节 房地产权属登记概述 ············· 48
    第二节 我国的房地产权属登记制度 ············· 49

第五章 房地产交易税费 ············· 57
    第一节 税收制度概述 ············· 57
    第二节 我国现行房地产交易税费 ············· 59

第二篇 验 房

第六章 住宅工程中常见质量问题 ············· 67
    第一节 初装修住宅常见质量问题 ············· 67
    第二节 精装住宅施工常见质量问题 ············· 69
    第三节 验房程序及常用工具 ············· 72
    第四节 常见质量问题图片(见彩插) ············· 72

第七章 验房表格 ············· 73
    水泥混凝土面层质量检验表 ············· 73

水泥砂浆面层质量检验表 ·· 74

隔离层质量检验表 ··· 75

室内给水管道及配件安装工程质量检验表 ······················· 75

室内采暖管道及配件安装工程质量检验表 ······················· 76

室内采暖辅助设备、散热器及金属辐射板安装工程质量检验表 ··· 78

一般抹灰工程质量检验表 ··· 79

明龙骨吊顶工程质量检验表 ·· 80

暗龙骨吊顶工程质量检验表 ·· 81

溶剂型涂料涂饰工程质量检验表 ···································· 82

水性涂料涂饰工程质量检验表 ······································· 83

美术涂料涂饰工程质量检验表 ······································· 84

木门窗安装工程质量检验表 ·· 85

金属门窗安装工程质量检验表 ······································· 86

塑料门窗安装工程质量检验表 ······································· 87

饰面板(砖)工程质量检验表 ··· 89

裱糊与软包工程质量检验表 ·· 90

细部工程质量检验表 ·· 91

卫生器具及管道安装工程质量检验表 ····························· 93

电气安装工程质量检验表 ··· 94

附　录

附录一　房地产有关名词解释 ······································· 95

附录二　物权法有关名词解释 ······································· 101

附录三　房地产相关法律法规 ······································· 103

中华人民共和国城市房地产管理法 ······························· 103

城市房地产开发经营管理条例(节选) ···························· 109

物业管理条例(节选) ·· 113

城市房地产转让管理规定 ··· 118

商品房销售管理办法 ·· 121

城市商品房预售管理办法 ··· 126

城市房屋权属登记管理办法(节选) ································ 128

城市房地产抵押管理办法(节选) ··································· 132

最高人民法院关于审理商品房买卖合同纠纷案件适用法律若干问题的解释 ··· 137

中华人民共和国物权法(节选) ······································ 140

中华人民共和国合同法(节选) ······································ 152

中华人民共和国土地管理法(节选) ································ 164

中华人民共和国担保法(节选) ······································ 170

第一篇 房地产相关法律、法规及相关知识

第一章 我国现行法律体系及房地产管理法律制度概述

第一节 我国现行法律体系

截至目前，我国已经建立了基本完善的社会主义市场经济法律体系，按照级别和效力层级概括性介绍如下。

一、宪法

宪法是国家的根本大法，由国家最高权力机关即全国人民代表大会经由特殊程序制定和修改，其综合性地规定我国最根本的、最主要的问题，诸如国体、政体、国家的基本国策、公民的基本权利和义务、国家机构的组织及其职权等最重要的问题。宪法在我国法律体系中处于最高的法律地位，宪法不仅是制定普通法律的依据，任何普通法律都不得与宪法的原则和精神相违背，而且宪法是一切国家机关、社会组织和全体公民的最高行为准则。

二、法律

广义的法律泛指一切以国家政权意志形式出现，用国家政权的强制力来保证实现的各种社会规范，包括法律、行政法规、地方性法规（自治条例、单行条例）、行政规章等。狭义的法律是指由全国人民代表大会及其常务委员会依法规定和调整国家、社会和公民生活某一方面具有根本性的社会关系或基本问题的一种法，如《中华人民共和国刑法》、《中华人民共和国民法通则》、《中华人民共和国物权法》、《中华人民共和国土地管理法》、《中华人民共和国城乡规划法》、《中华人民共和国城市房地产管理法》等。

三、行政法规

行政法规是由国务院依法制定和公布的有关行政管理和管理行政事项的规范性文件的总称，其效力低于宪法、法律，高于地方性法规、规章，如《物业管理条例》、《城镇国有土地使用权出让和转让暂行条例》、《城市房地产开发经营管理条例》、《中华人民共和国土地管理法实施条例》、《建设工程质量管理条例》等。

四、地方性法规（自治条例、单行条例）

地方性法规是由省、自治区、直辖市的人民代表大会及其常务委员会根据本行政区域

的具体情况和实际需要，在不同宪法、法律、行政法规相抵触的前提下，效力不超出本行政区域范围，作为地方司法依据之一的规范性文件的总称，如《北京市实施〈中华人民共和国土地管理法〉办法》、《北京经济技术开发区条例》、《山西省物业管理条例》等。

省、自治区的人民政府所在地的市和经国务院批准的较大的市的人民代表大会及其常务委员会根据本市的具体情况和实际需要，在不同宪法、法律、行政法规和本省、自治区的地方性法规相抵触的前提下，可以制定地方性法规，报省、自治区的人民代表大会常务委员会批准后施行。如《广州市城镇房地产登记办法》、《南宁市城市房屋拆迁管理办法》、《唐山市房地产交易管理条例》、《苏州市城市规划条例》等。

民族自治地方的人民代表大会有权依照当地民族的政治、经济和文化的特点，制定自治条例和单行条例。自治区的自治条例和单行条例，报全国人民代表大会常务委员会批准后生效，自治州、自治县的自治条例和单行条例，报省、自治区、直辖市的人民代表大会常务委员会批准后生效。自治条例和单行条例可以依照当地民族的特点，对法律和行政法规的规定做出变通规定，但不得违背法律和行政法规的基本原则，不得对宪法和民族区域自治法的规定以及其他有关法律、行政法规专门就民族自治地方所作的规定做出变通规定。如《宁夏回族自治区土地管理条例》、《宁夏回族自治区住房资金管理条例》等。

五、行政规章

行政规章是有关行政机关依法规定的事关行政管理的规范性文件的总称，分为部门规章和政府规章两种。国务院各部、委员会、中国人民银行、审计署和具有行政管理职能的直属机构，可以根据法律和国务院的行政法规、决定、命令，在本部门的权限范围内制定规章。涉及两个以上国务院部门职权范围的事项，应当提请国务院制定行政法规或者由国务院有关部门联合制定规章。部门规章的地位低于宪法、法律、行政法规，不得与它们相抵触。如建设部颁布的《城市房地产转让管理规定》、《商品房销售管理办法》、《城市商品房预售管理办法》等。

政府规章是有权制定地方性法规的地方人民政府根据法律、行政法规，制定规范性文件，亦称地方政府规章。政府规章除不得与宪法、法律、行政法规相抵触外，还不得与上级和同级地方性法规相抵触。根据《中华人民共和国地方各级人民代表大会和地方各级人民政府组织法》第60条的规定，省、自治区、直辖市的人民政府可以根据法律、行政法规和本省、自治区、直辖市的地方性法规，制定规章，报国务院和本级人民代表大会常务委员会备案。省、自治区的人民政府所在地的市和经国务院批准的较大的市的人民政府，可以根据法律、行政法规和本省、自治区的地方性法规，制定规章，报国务院和省、自治区的人民代表大会常务委员会、人民政府以及本级人民代表大会常务委员会备案。如《北京市实施〈城镇国有土地使用权出让和转让暂行条例〉办法》、《北京市城市房地产转让管理办法》、《沈阳市土地储备办法》、《青岛市经济适用住房管理办法》等。

总而言之，宪法具有最高法律效力，一切法律、行政法规、地方性法规、自治条例和单行条例、规章都不得同宪法相抵触。法律的效力高于行政法规、地方性法规、规章。行政法规的效力高于地方性法规、规章。地方性法规的效力高于本级和下级地方政府规章。省、自治区的人民政府制定的规章效力高于本行政区域内的较大的市的人民政府制定的规章。部门规章之间、部门规章与地方政府规章之间具有同等效力，在各自的权限范围内施行。

同一机关制定的法律、行政法规、地方性法规、自治条例和单行条例、规章，特别规定与一般规定不一致的，适用特别规定；新的规定与旧的规定不一致的，适用新的规定。法律之间对同一事项的新的一般规定与旧的特别规定不一致，不能确定如何适用时，由全国人民代表大会常务委员会裁决。行政法规之间对同一事项的新的一般规定与旧的特别规定不一致，不能确定如何适用时，由国务院裁决。地方性法规、规章之间不一致时，由有关机关依照下列规定的权限作出裁决：①同一机关制定的新的一般规定与旧的特别规定不一致时，由制定机关裁决；②地方性法规与部门规章之间对同一事项的规定不一致，不能确定如何适用时，由国务院提出意见，国务院认为应当适用地方性法规的，应当决定在该地方适用地方性法规的规定；认为应当适用部门规章的，应当提请全国人民代表大会常务委员会裁决；③部门规章之间、部门规章与地方政府规章之间对同一事项的规定不一致时，由国务院裁决。根据授权制定的法规与法律规定不一致，不能确定如何适用时，由全国人民代表大会常务委员会裁决。

第二节 我国土地管理的基本法律制度

一、土地所有权

1. 二元土地所有权及其特征

我国宪法第10条规定：城市的土地属于国家所有。农村和城市郊区的土地，除由法律规定属于国家所有的以外，属于集体所有。土地管理法第2条规定，中华人民共和国实行土地的社会主义公有制，即全民所有制和劳动群众集体所有制。该法第8条进一步明确规定，城市市区的土地属于国家所有；农村和城市郊区的土地，除由法律规定属于国家所有的以外，属于农民集体所有。我国国家的根本大法和关于土地管理制度的法律确定了我国的"二元"土地所有权制度。

我国的土地所有权的几个特征：

（1）土地所有权人（即土地所有者）及其代表由法律明确规定。我国实行社会主义的土地公有制，两类土地所有权主体及其代表均为法定的特殊主体，即国家和农村集体经济组织。

（2）土地所有权的取得与丧失依法律规定，不得约定。集体土地所有权的取得需经县级人民政府登记造册，核发证书，确认所有权；集体土地所有权可因国家"征收"而丧失。

（3）土地所有权禁止交易。我国宪法和土地管理法均规定禁止买卖土地，我国实行土地公有制，非公有主体不能通过任何方式进行土地所有权交易。

2. 国家土地所有权

国家土地所有权是以国家为所有权人，由其代表（即国务院）代为行使的对国有土地的支配性权利。依据土地管理法实施条例的规定，下列土地属于国家所有：①城市市区的土地；②农村和城市郊区中已经国家依法没收、征收、征购为国有的土地；③国家依法征收的原集体所有的土地；④依法不属于集体所有的林地、草地、荒地、滩涂及其他土地；

⑤农村集体经济组织全部成员转为城镇居民的，原属于其成员集体所有的土地；⑥因国家组织移民、自然灾害等原因，农民成建制地集体迁移后不再使用的原属于迁移农民集体所有的土地。

国家土地所有权由国务院代表国家行使。同时，国务院可通过制定行政法规或发布行政命令授权地方人民政府或其职能部门行使国家土地所有权。例如，在国有土地使用权出让法律关系中由市、县人民政府土地管理部门担当国有土地所有者代表与用地者签订出让合同。上述行使国家土地所有权的代表称为国有土地所有者代表。国有土地所有者代表行使对国有土地的收益权能、处分权能，应依法经有审批权的人民政府审批，下级人民政府应依法向上级人民政府上缴土地收益。

3. 集体土地所有权

集体土地所有权是以符合法律规定的农村集体经济组织的农民集体为所有权人，对归其所有的土地所享有受法律限制的支配性权利。

依据土地管理法的规定，我国集体土地所有权的主体及其代表有三个层次：

（1）农民集体所有的土地依法属于村农民集体所有的，由村集体经济组织或者村民委员会作为所有者代表经营、管理。

（2）在一个村范围内存在两个以上农村集体经济组织，且农民集体所有的土地已经分别属于该两个以上组织的农民集体所有的，由村内各该农村集体经济组织或者村民小组作为所有者代表经营、管理。

（3）农民集体所有的土地，已经属于乡(镇)农民集体所有的，由乡(镇)农村集体经济组织作为所有者代表经营、管理。

农民集体所有的土地，由县级人民政府登记造册，核发证书，确认所有权。

一般来说，集体土地的重大处分应当依法经农村集体经济组织成员表决同意。《中华人民共和国村民委员会组织法》第5条规定：村民委员会依照法律规定，管理本村属于村农民集体所有的土地和其他财产。

4. 土地的最终处分权

以是否具有最终的处分权来衡量，国家土地所有权较集体土地所有权更符合所有权的完全性与绝对性特征。国家可以决定国有土地的最终命运，也可以决定集体土地的最终命运。如集体土地所有权在收益权和处分权两方面受到国家法律和政府管理的限制。在收益权方面，集体所有的土地不能直接用于房地产开发，若用于房地产开发必须先由国家征收转变为国有后再由国家出让给发展商，这就使集体土地所有权中的收益权能受到限制。在处分权方面，依现行法律规定，集体土地不得出让、转让、出租于非农业建设，集体土地所有者不得擅自改变土地用途，其向用地者提供土地使用权须经人民政府审批等，这就使集体土地所有权中的处分权能受到相当大的限制。可以认为，国家的这种决定土地最终命运的权利超乎土地所有权这一民事财产权利可以包容的范畴，而具有公法上的国家主权与行政权色彩。

二、国有土地使用权

1. 国有土地使用权概述

国有土地使用权是用地者依其不同取得方式而享有的，具有不同法定权利内容的，与所有权相分离的,对国有土地所享有的用益性民事财产权利。国有土地所有者代表可依法通过出让(含以出让金作价出资或入股)、租赁或划拨等方式将国有土地使用权让与土地使用者,据此用地者原始取得国有土地使用权。此外,用地者也可依法通过市场交易的方式,继受取得国有土地使用权。境内外法人、非法人组织及公民个人均可依法取得国有土地使用权。依据土地管理法的规定,单位和个人使用的国有土地,由县级以上人民政府登记造册,核发证书,确认使用权。

国有土地使用权因法律规定的情形而终止。一般来说,国有土地使用权终止的主要原因是国家依法收回土地的使用权。除此之外,使用权人放弃使用或因特定原因停止使用;使用权人为自然人的,使用权人死亡后无人继承,也可导致国有土地使用权的终止。

我国土地管理法规定,有下列情形之一的,由有关人民政府土地行政主管部门报经原批准用地的人民政府或者有批准权的人民政府批准,可以收回国有土地使用权:①为公共利益需要使用土地的;②为实施城市规划进行旧城区改建,需要调整使用土地的;③土地出让等有偿使用合同约定的使用期期限届满,土地使用者未申请续期或者申请而未获批准;④因单位撤销、迁移等原因,停止使用原划拨的国有土地的;⑤公路、铁路、机场、矿场等经核准报废的。其中因上述①、②项情形收回国有土地使用权的,应当对土地使用权人给予适当补偿。

2. 出让土地使用权

出让土地使用权是国有土地使用权的重要形式之一,是指土地使用者以向国有土地所有者代表支付出让金为代价而原始取得的有期限限制的国有土地使用权。

(1) 出让土地使用权的主体。境内外法人、非法人组织和公民个人可依法取得出让土地使用权。但是,外商投资开发经营成片土地,应依法设立中外合资经营企业、中外合作经营企业、外商独资企业,方可享有该项权利。

(2) 出让土地使用权的取得。出让土地使用权的合法取得方式为拍卖、招标、协议。城市房地产管理法规定,商业、旅游、娱乐和豪华住宅用地,应当采取拍卖、招标方式出让土地使用权。没有条件,不能采取拍卖、招标方式的,可以采取协议的方式出让使用权。采取协议方式出让土地使用权的,出让金不得低于按国家规定所确定的最低价。土地使用者应当在签订土地使用权出让合同后 60 日内支付全部土地使用权出让金,领取土地使用权证,取得出让土地使用权。依双方约定分期付款方式取得出让土地使用权的,在未付清全部出让金前,土地使用者可以领取临时土地使用权证。另外,国家可将出让土地使用权作价出资或入股作为企业投资,国家对企业享有相应的投资者权益(股权),企业享有出让土地使用权。

(3) 出让土地使用权的年限。根据国务院发布的《城镇国有土地使用权出让和转让暂行条例》的有关规定,城镇国有土地使用权出让的最高年限,按土地用途分为以下几种情况:①居住用地 70 年;②工业用地 50 年;③教育、科技、文化、卫生、体育用地 50 年;④商业、旅游、娱乐用地 40 年;⑤综合或者其他用地 50 年。国有土地所有者代表与用地者可在不超过最高出让年限的前提下,在出让合同中约定出让年限。

(4) 出让土地使用权的内容与限制。出让土地使用权人在出让土地使用期限内依法对土地享有占有权、使用权、收益权和部分处分权。分期付款取得出让土地使用权,在领取临时土地使用权证期间,土地使用者对土地不享有部分处分权。该部分处分权指出让土地使用权人可依法将其享有的土地权利转让、出租、抵押或用于合资、合作经营及其他经济活动。出让土地使用权人对其使用土地上的地上建筑物、其他附着物享有所有权。

土地使用者需要改变土地使用权出让合同约定的土地用途的，必须取得原出让方和市、县人民政府城市规划行政主管部门的同意，签订土地使用权出让合同变更协定或者重新签订土地使用权出让合同，相应调整土地使用权出让金。土地使用者必须依土地使用权出让合同的约定开发、利用土地，不得在法定或约定的期限闲置土地。土地使用者转让土地使用权必须符合法定条件。

3. 划拨土地使用权

划拨土地使用权是土地使用者经县级以上人民政府依法批准，在缴纳补偿、安置等费用后所取得的或者无偿取得的没有使用期限限制的国有土地使用权。

（1）划拨土地使用权的范围。下列用地的土地使用者可以依法取得划拨土地使用权：①国家机关用地和军事用地；②城市基础设施用地和公益事业用地；③国家重点扶持的能源、交通、水利等项目用地；④法律、行政法规规定的其他用地。

（2）划拨土地使用权的取得。用地者申请取得划拨土地使用权需征用集体土地或占用其他用地者正在使用国有土地的，申请用地者应向集体土地所有者或原国有土地使用者支付土地补偿安置费。

申请用地者取得划拨土地使用权的土地为国有荒地、空地的，经依法批准后，可无偿取得。

（3）内容与限制。划拨土地使用权人对划拨土地享有占有权、使用权和部分收益权。划拨土地使用权人占有、使用划拨土地所获收益归其享有，依法经批准处分土地所获收益按有关规定上缴国家后，余额归其享有。划拨土地使用权人不得擅自改变土地用途，转让、出租和抵押其权利须符合法定条件并履行法定手续。

三、建设用地管理

1. 建设用地概述

建设用地是指用于建造建筑物或构筑物的土地。我国将建设用地分为国家建设用地和乡（镇）建设用地。国家建设用地是指国家为进行各种经济、文化、国防建设以及兴办各种社会公益事业进行建设所需要占用的土地。目前对国家建设用地的范围一般做扩大化解释，一些虽非国家投资，也不具有公益性的建设项目，如城市房地产开发，适用国家建设用地制度。国家建设用地的来源有三方面：其一，征收农民集体所有土地；其二，使用国有荒山、荒地；其三，收回他人享有使用权的国有土地。乡（镇）村建设用地是指农村集体经济组织兴办企业、公益事业或农民建设住宅所需占用的农村集体土地。

依据土地管理法的规定，任何单位和个人进行建设，需要使用土地的，必须依法申请使用国有土地；但是，兴办乡镇企业和村民建设住宅经依法批准和乡（镇）村公共设施和公益事业建设经依法批准可使用农民集体所有土地。

2. 国家建设用地

（1）国家建设征地的批准权限。国家建设征收农民集体土地，应依法报国务院或省、自治区、直辖市人民政府批准。

征收下列土地由国务院批准：①基本农田；②基本农田以外的耕地超过35公顷的；

③其他土地超过 70 公顷的。

征收上述规定以外的土地的，由省、自治区、直辖市人民政府批准，并报国务院备案。

(2) 国家建设征地的程序。国家征收土地，先依照法定程序经有审批权的人民政府审批，再由县级以上地方人民政府土地管理部门确定征地补偿安置方案，并由同级人民政府予以公告后，听取被征地的农民集体经济组织和农民的意见并组织实施。

被征收土地的所有权人、使用权人应当在公告规定的期限内，持土地权属证书到当地人民政府土地行政主管部门办理征地补偿登记。

对补偿标准有争议的，由县级以上地方人民政府协调，协调不成的，由批准征收土地的人民政府裁决。上述争议的解决不影响征收土地方案的实施。

(3) 征地安置补偿标准。征收土地的，按照被征收土地的原有用途给予补偿。征收耕地，用地者需支付、缴纳下列费用：

1) 土地补偿费。
2) 安置补助费。
3) 新菜地开发建设基金。
4) 被征收土地上的附着物和青苗补助费。
5) 被征地农民的社会保障费用。

(4) 征地补偿安置费的归属或支付对象。土地补偿费归农村集体经济组织所有；地上附着物及青苗补助费归其所有者所有。安置补助费必须专款专用，一般来说，由谁负责安置即向谁支付安置补助费。

第三节 房地产开发交易法律制度

一、房地产开发

1. 房地产开发概述

依照《中华人民共和国城市房地产管理法》的规定，房地产开发是指在依法取得土地使用权的国有土地上进行基础设施、房屋建设的行为。房地产开发是一项高投入、高风险的投资经营活动，也是一项涉及面较广的经济活动，国家通过相关法律法规对其加以调控管理。

2. 房地产开发项目管理

城市房地产管理法对此作出以下几方面规定：

(1) 执行城市规划。房地产开发必须严格执行城市规划。按照经济效益、社会效益、环境效益相统一的原则，实行全面规划、合理布局、综合开发、配套建设。我国的城市规划分为总体规划和详细规划，其中，详细规划又分为控制性详细规划和修建性详细规划。对房地产开发项目产生直接法律约束力的是详细规划。

(2) 房地产开发用途与期限。以出让方式取得土地使用权进行房地产开发的，必须按照土地使用权出让合同约定的土地用途、动工开发期限开发土地。超过出让合同约定的动工开发日期满一年未动工开发的，可以征收相当于土地使用权出让金 20％ 以下的土地闲置费；满两年未动工开发的，可以无偿收回土地使用权。但是，因不可抗力或者政府有关部门的行为或者动工开发的前期工作造成动工开发迟延的除外。

(3) 房地产开发的安全性要求。房地产开发项目的设计、施工，必须符合国家的有关标准和规范；房地产开发项目竣工，经验收合格后，方可交付使用。

3. 房地产开发企业管理

房地产开发企业也即房地产开发商或发展商，按照城市房地产管理法的规定，是以营利为目的，从事房地产开发和经营的企业。

(1) 房地产开发企业的分类。按房地产开发业务在企业经营范围中地位的不同，可将房地产开发企业分为房地产开发专营企业、兼营企业和项目公司。在房地产市场上，大量存在的是以开发单个或数个房地产项目为目的的项目公司。

(2) 房地产开发企业的设立条件。设立房地产开发企业，应当具备下列条件：

1) 有自己名称和组织机构。

2) 有固定的经营场所。

3) 有符合国务院规定的注册资本。房地产开发企业是资金密集性企业，对其注册资金的要求高于一般经营性、劳务性、中介性的企业。根据建设部《房地产开发企业资质管理规定》，房地产开发企业按照企业条件分为一、二、三、四4个资质等级，不同的资质等级规定了不同的注册资本要求。

4) 有足够的专业技术人员。房地产开发是一项专业性很强的经营活动，开发商拥有足够的技术人员系为保障开发项目产品的安全及开发中其他社会效益和环境效益实现的必要条件。目前，建设部《房地产开发企业资质管理规定》对不同资质等级的房地产开发企业规定了不同的专业技术人员要求。

5) 法律、行政法规规定的其他条件。

(3) 房地产开发企业的设立程序。设立房地产开发企业应经过以下程序：

1) 应当向工商行政管理部门申请设立登记，工商行政管理部门对不符合上述条件的，不予登记。

2) 房地产开发企业在领取营业执照的一个月内，应当到登记所在地的县级以上地方人民政府规定的房地产或建设主管部门备案。

(4) 房地产开发企业的注册资本与投资总额。房地产开发是一项需要巨额资金投入的经营活动，如果房地产开发企业的注册资本过低而投资总额过大，势必造成其投资风险巨大，给投资者、其他经营者及消费者带来巨大风险隐患。因此，城市房地产管理法规定：房地产开发企业的注册资本与投资总额的比例应当符合国家有关规定。

(5) 房地产开发的分期投资额与项目规模。有些房地产开发项目由房地产开发企业分期开发，这时如果分期投资额过小而分期项目规模过大，也将给其自身和他人带来巨大风险隐患，往往不能保证开发项目顺利完成。因此，城市房地产管理法规定：房地产开发企业分期开发房地产的，分期投资额应当与项目规模相适应，并按照土地使用权出让合同的约定，按期投入资金，用于项目建设。

二、房地产交易

1. 房地产交易概述

房地产交易是房地产交易主体之间以房地产这种特殊商品作为交易对象所从事的市场

交易活动。房地产交易是一种非常专业性的交易。房地产交易的形式、种类很多，按交易形式不同，可分为房地产转让、房地产抵押、房屋租赁；按交易客体中土地权利的不同，可分为国有土地使用权及其地上房产的交易与集体土地使用权及其地上房产的交易，前者还可进一步分为出让土地使用权及其地上房产的交易和划拨土地使用权及其地上房产的交易；按交易客体所受限制的程度不同，可分为受限交易（如划拨土地使用权及其地上房产交易，带有福利性的住房及其占用土地使用权的交易等）和非受限交易（如商品房交易等）；按交易客体存在状况的不同，可分为单纯的土地使用权交易、房地产期权交易（即商品房预售预购交易）和房地产现权交易（即现房交易）等。

本书中，将主要介绍在国有出让土地上的房地产转让、房地产抵押、房屋租赁等最常见的房产交易。

2. 房地产交易的一般规则

房地产交易应遵循以下一般规则：

（1）房地产转让、抵押时，房屋所有权和该房屋占有范围内的土地使用权同时转让、抵押。这就是"房产权与地产权一同交易规则"，该规则也是由房产权与地产权是不能分割的特点所决定的。

（2）实行房地产价格评估。房地产价格评估，应当遵循公正、公平、公开的原则，按照国家规定的技术标准和评估程序，以基准地价、标定地价和各类房屋的重置价格为基准，参照当地市场价格进行评估。

（3）实行房地产成交价格的申报。房地产权利人转让房地产，应当向县级以上地方人民政府规定的部门如实申报成交价格，不得瞒报或作不实的申报。当事人作不实申报时，国家将依法委托有关部门评估，按评估的价格作为计算税费的依据。

（4）房地产转让、抵押当事人应当依法办理权属变更或抵押登记，房屋租赁当事人应依法办理租赁登记备案。我国法律规定：房地产转让、抵押，未办理权属登记，转让、抵押行为无效。

3. 房地产转让

房地产转让，是房地产权利人通过买卖、赠予或者其他合法方式将其房地产转移他人的行为。

（1）房地产转让的一般性禁止。房地产交易客体具有合法性，是房地产转让行为合法的基本前提。城市房地产管理法规定，下列房地产不得转让：

1）以出让方式取得土地使用权的，不符合法定条件的；
2）司法机关和行政机关依法裁定、决定查封或者以其他形式限制房地产权利的；
3）依法收回土地使用权的；
4）共有房地产，未经其他共有人书面同意的；
5）权属有争议的；
6）未依法登记权属证书的；
7）法律、行政法规规定禁止转让的其他情形。

房地产转让，应签订书面转让合同，合同中应当载明土地使用权取得方式。

（2）现房买卖。现房买卖分为新建商品房买卖（一手房）和存量房（二手房）买卖。新建商品房买卖是指房地产开发企业将竣工验收合格的商品房出售给买受人，并由买受人支付房价款的行为。这就是说商品房要现售，必须已竣工验收合格，取得竣工验收合格证明，这是国家对商品房现售的基本要求。但有的省市要求房地产开发企业必须已取得商品房初始登记的房地产权证（大产证），否则均视为商品房预售。存量房（二手房）并不是一个严格的法律概念，它一般是指已经取得政府房地产行政管理部门颁发的房屋所有权属证明（小产证），可在住房二级市场上进行交易及流通，卖房人拥有完全处置权利的各类型房产。

（3）商品房预售。是指房地产开发企业将正在建设中的商品房预先出售给买受人，并由买受人支付定金或者房价款的行为，是一种比较特殊的房地产转让行为。商品房预售对预购方具有较大风险性，如不加以控制，预购方权益易受到侵犯。因此，城市房地产管理法对商品房预售规定了较之一般出让土地使用权转让更加严格的限制性条件和程序。

商品房预售，应当符合下列条件：

1) 已支付全部土地使用权出让金，取得土地使用权证书；

2) 持有建设工程规划许可证；

3) 按提供预售的商品房计算，投入开发建设的资金达到工程建设总投资的25％以上，并已经确定施工进度和竣工交付日期；

4) 向县级以上人民政府房产管理部门办理预售登记，取得商品房预售许可证明。

商品房预售人应当按照国家有关规定将预售合同报县级以上人民政府房产管理部门登记备案。商品房预售所得款项，必须用于有关的工程建设。

商品房预购人将购买的未竣工商品房再行转让的问题，由国务院规定。

4. 房地产抵押

房地产抵押，是抵押人以其合法的房地产以不转移占有的方式向抵押权人提供债务履行担保的行为。债务人不履行债务时，抵押权人有权以依法抵押的房地产拍卖所得的价款优先受偿。

（1）可抵押的房地产。城市房地产管理法规定，以下两类房地产可以设定抵押权：

1) 依法取得房屋所有权连同该房屋所占用范围内的国有土地使用权。该类抵押权客体比较宽泛，其所指的土地使用权，包括出让、划拨等各种国有土地使用权。

2) 以出让方式取得的国有土地使用权。该类土地使用权在无地上房屋或地上房屋未建成时可单独成为抵押权客体，而划拨土地使用权则只能同地上房屋一同成为抵押权客体。

（2）程序。设定房地产抵押时，抵押人所持有的土地使用权证书、房屋所有权证书是标志抵押人具有设定抵押资格的书面凭证。因此，城市房地产管理法规定，房地产抵押，应当凭土地使用权证书、房屋所有权证书办理。房地产抵押，抵押人和抵押权人应当签订书面抵押合同。

（3）划拨土地上房地产的抵押。以划拨方式取得的土地使用权不得单独设定抵押，但如果该土地上有房产，以房产设定抵押时需同时抵押房屋所占用的划拨土地使用权。这时由于抵押人对土地无处分权，需按划拨土地使用权转让的规定，报有审批权的人民政府审批。同时由于设定房地产抵押权的土地使用权是以划拨方式取得的，抵押人对土地无完全收益权，故依法拍卖该房地产后，应当从拍卖所得的价款中缴纳相当于应缴的土地使用权出让金的款额后，抵押权人方可优先受偿。

（4）新增地上物处置。房地产抵押合同签订后，土地上新增的房屋不属于抵押财产。

需要拍卖该抵押房地产时，因新增房屋与抵押财产无法实际分割，可以依法将土地上新增的房屋与抵押财产一同拍卖，但对拍卖新增房屋所得，抵押权人无权优先受偿。

5. 房屋租赁

房屋租赁，是房屋所有权人作为出租人将其房屋出租给承租人使用，由承租人向出租人支付租金的行为。

（1）程序。房屋租赁，出租人和承租人应当签订书面租赁合同，约定租赁期限、租赁用途、租赁价格、修缮责任等条款，以及双方的其他权利和义务，并向房产管理部门登记备案。

（2）住宅租赁与非住宅租赁。住宅用房的租赁，特别是公有住房及其他带有福利性的住房租赁应当执行国家和房屋所在城市人民政府规定的租赁政策。租用房屋从事生产、经营活动的，由租赁双方协商议定租金及其他租赁条款。

（3）划拨土地上房屋的租赁。以营利为目的，房屋所有权人将以划拨方式取得使用权的国有土地建成的房屋出租的，应当将租金中所含土地收益上缴国家。

第二章 商品房开发销售

第一节 商品房开发阶段及基本销售流程

一、关于房地产开发企业

房地产开发企业作为房地产开发经营的主体,在房地产开发中起着至关重要的作用,是房地产市场上最为活跃的角色之一。没有房地产开发企业对房地产的开发,便不会有房地产市场的繁荣,之后的房地产营销、销售、物业管理和房地产金融等,便成了无源之水。

一般来说,在房地产开发过程中,有的房地产开发企业是先于项目决策的,这些企业一般先于开发项目而设立,主要是一些房地产开发专营企业以及兼营企业,这些企业设立的目的主要或者很大程度上就是为了进行房地产的开发和经营。也有一些房地产开发企业是在开发过程中项目准予立项后成立的,主要是一些项目公司,这些公司是以开发项目为经营对象的企业,而且其经营的对象只限于被政府主管部门批准的项目,在完成其使命后其经营范围通常会做一定的改变甚至解散。实践中,很多专营企业或者兼营企业同时开发经营多个房地产项目,风险很大,为了规避风险,常有一些专营企业或者兼营企业与其他企业合作成立项目公司,以降低企业经营风险。

二、房地产开发的主要工作阶段

总的来说房地产开发可以分为 4 个大的阶段,即投资决策分析阶段、前期工作阶段、项目建设阶段和竣工验收与交付使用阶段,每一个阶段的工作都有不同的内容。

1. 投资决策分析阶段

投资决策分析是整个开发过程中最为基本、最为关键的一项工作,其目的就是通过一系列的调查研究和分析,为开发企业选择一个最佳的、可行的项目开发方案或舍弃项目提供依据。这一阶段主要的内容是项目选择和项目可行性研究。

项目选择是指开发商根据各个渠道获得的多种信息,形成一个开发项目的初步设想,包括项目的选址、筹资、配套建设,然后根据这一设想,进一步进行市场综合分析,并通过与城市规划部门、土地管理部门及其他的建造商、投资商的接触,使项目设想具体化。

项目的可行性研究即在项目选定之后,对该项目做更进一步的分析,主要包括市场研究、项目的财务评价及经济社会评价等。这里的市场研究已不是泛泛的市场估测,而是一系列与项目类型有关的专项调查研究,这也是影响到项目成败的关键之处。通过项目的可行性研究,可以让开发商对项目的预期收益水平有个估算,也可以对开发中的关键因素有所掌握,从而在若干个开发方案中选择最合适的方案。通过可行性研究,若开发商认为该项目预期水平不可接受,或虽有收益但风险过大,或根本没有收益,即可以放弃这一项目,避免损失。当然,如果某些项目涉及国计民生或有巨大的社会效益及生态效益时,即使经济效益不大,也应多渠道筹资并开工建设。

2. 前期工作阶段

前期工作阶段是指在投资决策分析后到正式施工之前的期间,其主要工作是获取土地使用权、落实资金和项目的规划设计。

获取土地使用权有多种途径,如出让、转让等。出让获得土地使用权的方式也有协议、招标、拍卖或挂牌等几种,开发商应从项目的需要和自身的条件出发,决定获取土地使用权的方式,并在获得土地使用权以后尽快完成土地开发工作,为下一步的正式施工做好准备。资金融通是保证开发活动顺利进行的重要条件,当项目决策以后,开发商应尽快实施筹资计划,通过一些合理有效的筹资方式落实资金,为下一步的各环节提供"血液"。

规划设计是开发建设所遵守的依据和准则,一个开发项目的规划设计应当做到既能合理安排用地,又能满足功能需要,既要保证一定的经济、社会及生态效益,又要符合规划要求,尤其是一些特殊性的规划指标,如容积率、建筑密度、人口密度等。规划设计非常重要,如工作做得好往往能使项目在市场上占据明显优势,获得较多的效益,并进一步带动下一轮的开发。

具体地说,前期工作主要包括:

(1) 获得土地使用权;
(2) 实施筹资计划;
(3) 规划方案的扩初设计;
(4) 获得规划及配套部门的许可;
(5) 征地、拆迁、安置、补偿;
(6) 施工现场的"三通一平"或"七通一平";
(7) 测算工程量和开发成本;
(8) 与建筑商初步洽谈承发包等事宜。

由于前期工作内容较多,时间较长,某些因素可能较之投资决策分析阶段已发生了变化,这就要求开发商对这些变动情况及时掌握,予以修正,以确保项目的顺利进行。

3. 项目的建设阶段

项目的建设阶段是将开发过程中涉及到的人力、材料、机械设备、资金等资源聚集在一个特定的空间与时点上,将项目建设计划付诸于正式实施的活动。这一阶段的主要工作内容包括落实承发包、施工组织、建设监理、市政和公建配套等。

由于一个开发项目涉及到多个工程,包括主体建筑、配套工程、基础设施等,如何确保各个工程互相协调建设,就需要对总体建设工程进行统一的组织管理。为了使工程按计划、保质保量地完成,开发商往往要通过招标的办法择优选取若干个不同性质的承包商,以签订正式承包合同形式来确保工程施工。

项目的监理是一项非常关键的工作内容,因为在施工过程中进度的快慢、质量的稳定性、投资成本的增减等仍然存在着较大的可变性。开发商需要聘用专业的监理人员,对施工过程中的进度、质量、成本进行严格的控制,并随时了解工程进度情况,及时解决出现的一些问题。

项目施工完成后,要抓紧做好与项目有关的市政、公建设施的配套,通常称之为"后配套"。有些省、市主管部门规定，未完成市政、公建设施配套的项目不能申请竣工验收。

4. 竣工验收与交付使用阶段

竣工验收工作是全面考核建设成果的最终环节，是由开发商组织设计部门、建设单位、使用者、质量监督部门及其他相关的管理部门，按照被批准的设计文件所规定的内容和国家规定的验收标准来进行综合检查。经验收合格的工程方可办理交付使用手续，进入使用管理。

开发一个项目的最终目的是通过房屋租售使房屋的使用价值得到实现。尽管开发商在项目建设阶段可以预售一部分，但许多房屋是在竣工后进入市场的，因此，当项目竣工验收后，开发商的主要工作就是采取有效的营销手段，促进房屋的租售，以尽快回收资金，保证收益。建成房屋是租是售，应当根据开发商自身的财力及市场变化情况来考虑。

房屋销售出去以后还有一项重要工作即物业管理，其主要任务是保证入住者方便、安全地使用物业及配套设施。物业管理机构能为入住者提供一系列生活服务，并通过维护、修缮等工作来保证物业的使用寿命及价值。物业管理与入住者关系密切，因而对开发商的市场信誉有很大影响，这项工作已被越来越多的开发商所重视。

三、商品房预售基本流程

商品房预售的一般流程为：
第一步，预购人通过中介、媒体等渠道寻找合适的楼盘；
第二步，预购人查询该楼盘的基本情况；
第三步，预购人与开发商签订商品房预售合同；
第四步，办理预售合同文本登记备案；
第五步，商品房竣工后，开发商准备办理交付房屋、初始登记手续；
第六步，与开发商签订房屋交接书；
第七步，办理交易过户、领取房屋所有权证书等手续。

四、现房买卖基本流程

现房买卖的一般流程为：
第一步，购房者或卖房人通过中介、媒体等渠道寻找交易对象；
第二步，交易双方签订房屋买卖合同；
第三步，与原房主办理房屋交接；
第四步，办理交易过户、登记领证手续。

第二节　商品房认购

一、关于认购书

签订认购书并不是买卖商品房的必须程序。认购书一般是开发商与购房者达成初步买卖意向后签订的带有预约性质的合同，约定购房者在一定时间内与开发商协商签订商品房买卖合同。签订认购书需要开发商已办妥立项、规划、报建审批等手续，一般是已经取得了《商品房销(预)售许可证》。因为房地产开发是一个周期较长的过程,从开发商办妥立项、规划、报建审批手续,到取得商品房预售许可证,必然需要一段时间。在实务中,如开发商已办妥立项、规划、报建审批手续,那么开发项目的总面积、容积率、建筑密度、绿地率等建筑指标均已基本确定,即商品房的位置、户型、朝向、结构等对商品房销售价格有实质影响的条件已确定,但尚不具备预售条件,尚未取得《商品房销(预)售许可证》,应当说此时开发商已具备签订认购书即预约合同的条件;但开发项目尚未立项就允许开发商向社会公众销售房屋,认购书就不是针对特定项目签订的,认购书上的所有条款都是不确定的,认购书是建立在空中楼阁上的,缺乏商品房买卖的现实基础,这一阶段签订的认购书与非法融资无异,应当无效。由此可见,签订认购书的前提条件是开发商已办妥立项、规划、报建审批手续。在开发商已办妥立项、规划、报建审批手续后签署的认购书,即使发生纠纷诉至法院,也不会轻易被判无效。为了更好地保护购房者的利益,不少省市的建设主管部门都要求开发商取得《商品房预售许可证》后才能对外发售,签订认购书。

认购协议应包括以下基本内容:当事人姓名或名称、预订房屋坐落地点、面积、价格,预订期限,定金数额及定金处理办法等。根据最高人民法院《关于审理商品房买卖合同纠纷案件适用法律若干问题的解释》第5条的规定,如果商品房的认购、订购、预订等协议具备《商品房销售管理办法》第16条规定的商品房买卖合同的主要内容,即当事人名称或者姓名和住所;商品房基本状况;商品房的销售方式;商品房价款的确定方式及总价款、付款方式、付款时间;交付使用条件及日期;装饰、设备标准承诺;供水、供电、供热、燃气、通信、道路、绿化等配套基础设施和公共设施的交付承诺和有关权益、责任;公共配套建筑的产权归属;面积差异的处理方式;办理产权登记有关事宜;解决争议的方法;违约责任;双方约定的其他事项等,并且出卖人已经按照约定收受购房款的,该协议应当认定为商品房买卖合同。

二、认购协议中的定金

定金是认购协议中一个很重要的内容。一般来说,出卖人通过认购、订购、预订等方式向买受人收受定金作为订立商品房买卖合同担保的,如果因当事人一方原因未能订立商品房买卖合同,定金就按法律规定的没收或双倍返还处理。但是,如果因不可归责于当事人双方的事由,导致商品房买卖合同未能订立的,出卖人应当将定金返还买受人。认购书中如使用的是订金、押金等而非定金时,一般不能将其一概认定为法律意义上的定金,但如果认购书上记明:双方未签订正式的商品房买卖合同,买受人违约订金、押金不退还,出卖人违约双倍返还订金、押金,那么,此时订金和押金即具有定金的性质。最高人民法院《关于审理商品房买卖合同纠纷案件适用法律若干问题的解释》第4条规定,出卖人通过认购、订购、预订等方式向买受人收受定金作为订立商品房买卖合同担保的,如果因当事人一方原因未能订立商品房买卖合同,应当按照法律关于定金的规定处理;因不可归责于当事人双方的事由,导致商品房买卖合同未能订立的,出卖人应当将定金返还买受人。

三、以《北京市商品房认购书》为例了解认购书的主要内容

第一条 基本情况

(一)认购人所认购的商品房(以下简称该商品房)为出卖人所开发的位于北京市_____区

_____项目中的第_____【幢】【座】_____【单元】【层】_____号房，朝向为：_____。

（二）该商品房的用途为：_____，建筑面积共_____平方米，其中，套内建筑面积_____平方米，共用部位与共用房屋分摊建筑面积_____平方米。

第二条 销售依据

（一）该商品房为预售商品房的，预售商品房批准机关为：_____，预售许可证号为：_____。

（二）该商品房为现房的，房屋所有权证号为：_____，国有土地使用证号为：_____。

第三条 价款与付款方式

（一）该商品房按照【套内建筑面积】计价，单价为_____元/平方米，总房价款为_____元人民币(大写)。

该商品房按照【建筑面积】计价，单价为_____元/平方米，总房价款为_____元人民币(大写)。

该商品房按照【套】计价，总房价款为_____元人民币(大写)。

（二）出卖人同意认购人按照下列第_____种方式付款：

1. 一次性付款。
2. 分期付款。
3. 贷款方式付款。
4. 其他方式。

认购人选择第3种方式付款，认购人可以首期支付购房总价款的_____％，其余价款可以向_____银行或住房公积金管理机构借款支付。

第四条 认购定金

认购人应当自签订本认购书之日起_____日内，向出卖人支付认购定金_____元人民币(大写)；出卖人在收取定金后，应当向认购人开具收款凭证，并注明收款时间。认购人逾期未支付认购定金的，出卖人有权解除本认购书，并有权将该商品房另行出卖给第三方。

认购人同意在支付定金之日起_____日内，与出卖人协商商品房买卖合同的相关条款(本款约定的期限为协商签约的起始时限，而非终止时限)。

第五条 认购人未在第四条第二款约定的期限内与出卖人协商商品房买卖合同相关条款的，出卖人有权解除本认购书。出卖人解除本认购书的，认购人已支付的定金不予退还，出卖人有权将该商品房另行出卖给第三方。

第六条 认购人在第四条第二款约定的期限内与出卖人协商商品房买卖合同的相关条款，但双方未达成一致意见，自第四条第二款约定的期限届满之次日起超过_____日的，本认购书自动解除；双方也可以协商解除本认购书。出卖人应当在本认购书解除之日起_____日内将已收取的定金退还认购人。

第七条 出卖人在认购人支付认购定金之日起至本认购书解除之日止，将该商品房另行出卖给第三方的，出卖人应当向认购人双倍返还定金。

第八条 该商品房的买受人为【本人】【同一户籍内亲属】【】：_____(若选择其他的，应在空格部位写出买受人姓名)。

第十条 本认购书经双方签字盖章后生效，双方签订的商品房买卖合同生效后本认购书自行终止。本认购书终止后，认购定金应当【返还认购人】【抵作商品房价款】。

(下略)

第三节 商品房预售合同的主要内容

一、商品房预售合同概述

购买商品房时一个非常重要的步骤就是签署买卖合同，因此，研究商品房买卖合同的主要内容并在合同谈判中努力实现己方目的是非常必要的。一般来说，房地产开发商在给购房者签的合同中总是尽可能多地约束购房者，以减轻自己的责任，并增加开发商免责条款等，购房者要提高警惕。为便于在房地产登记机构登记，商品房买卖可采用建设部或地方房地产管理部门制定的商品房预(销)售合同的示范文本，也可自拟合同文本，实务操作中，采用示范文本的较多，如另有约定，可协商增加合同附件。

二、《北京市商品房预售合同》的主要内容

这里以《北京市商品房预售合同》（2006 修订本）为例，来了解和掌握商品房买卖合同的主要内容。《北京市商品房预售合同》包括合同说明、当事人基本情况、合同条款(正文)和附件四部分，合同正文共二十九条，有些示范性条款中有选择性、填充性的内容，供双方选择或填充，有些条款后还留有空白行，供双方自行约定或补充约定；列示附件七个，实践中，房地产开发商大多制作《补充协议》作为附件八，对于附件八购房者更要特别注意。

北京市商品房预售合同目录

一、说明

二、双方当事人基本情况

三、合同条款

  第一条　项目建设依据

  第二条　预售依据

  第三条　基本情况

  第四条　抵押情况

  第五条　计价方式与价款

  第六条　付款方式及期限

  第七条　出卖人保证该商品房没有产权纠纷和债权债务纠纷

  第八条　规划变更的约定

  第九条　设计变更的约定

  第十条　逾期付款责任

  第十一条　交付条件

  第十二条　市政基础设施和其他设施的承诺

  第十三条　逾期交房责任

  第十四条　面积差异处理

  第十五条　交接手续

  第十六条　商品房质量、装饰、设备标准的约定

  第十七条　住宅保修责任

  第十八条　住宅节能措施

  第十九条　使用承诺

第二十条　产权登记
第二十一条　共有权益的约定
第二十二条　前期物业服务
第二十三条　专项维修资金
第二十四条　不可抗力
第二十五条　争议解决方式
第二十六条　合同生效
第二十七条　合同、附件及其效力
第二十八条　登记备案

四、合同附件
附件一：房屋平面图及在整个楼栋中的位置图
附件二：共用部位与共用房屋分摊建筑面积构成说明
附件三：该商品房取得抵押权人同意销售的证明及抵押当事人的相关约定
附件四：计价方式与房款的其他约定
附件五：付款方式及期限的约定
附件六：装饰和设备标准的约定
附件七：物业服务

主要合同条款：

第一条　项目建设依据

出卖人以【出让】【转让】【划拨】方式取得坐落于_____地块的国有土地使用权。该地块【国有土地使用证号】【城镇建设用地批准书号】为：_____，土地使用权面积为：_____，买受人购买的商品房（以下简称该商品房）所在土地用途为：_____，土地使用年限自_____年_____月_____日起至_____年_____月_____日止。

出卖人经批准，在上述地块上建设的商品房【地名核准名称】【暂定名】为：_____，建设工程规划许可证号为：_____，建筑工程施工许可证号为：_____，建设工程施工合同约定的开工日期为：_____，建设工程施工合同约定的竣工日期为：_____。

第二条　预售依据

该商品房已由_____批准预售，预售许可证号为：_____。

第三条　基本情况

该商品房所在楼栋的主体建筑结构为：_____，建筑层数为：_____层，其中地上_____层，地下_____层。

该商品房为第一条规定项目中的_____【幢】【座】第_____层_____单元_____号。该房号为【审定编号】【暂定编号】，最终以公安行政管理部门审核的房号为准，该商品房平面图及在整个楼栋中的位置图见附件一。

该商品房的用途为【住宅】【经济适用住房】【公寓】【别墅】【办公】【商业】【】：_____；【层高】【净高】为：_____米，坡屋顶净高最低为：_____米，最高为：_____米。该商品房朝向为：_____。有_____个阳台，其中_____个阳台为封闭式，_____个阳台为非封闭式。

出卖人委托预测该商品房面积的房产测绘机构是_____，其预测建筑面积共_____平方米，其中，套内建筑面积_____平方米，共用部位与共用房屋分摊建筑面积_____平方米。有关共用部位与共用房屋分摊建筑面积构成说明见附件二。

签订本合同时该商品房所在楼栋的建设工程进度状况为_____（如：正负零、地下一层……地上五层……结构封顶）。

本条所称层高是指上下两层楼面或楼面与地面之间的垂直距离。净高是指楼面或地面至上部楼板底面或吊顶底面之间的垂直距离。

合同第一至三条，是该商品房的建设依据和基本情况，其内容大多是选择或填充性内容。

合同第三条提及的合同附件一是房屋平面图，房地产开发商通常会提供一个购房者所买房屋的平面图，购房者不要接受不规范的草图或没有尺寸的示意图，而应要求房地产开发商在这个平面图上标清所有尺寸，需要文字说明的尽量详细，平面主要尺寸、墙体厚度、门窗尺寸、管道井尺寸、空调位尺寸要全，房号和房屋在整幢楼中的确切位置及朝向也要在平面图中标清楚，并在第三条的相关空格中填清楚房屋的用途、结构、层高。

附件二主要说明商品房所在楼栋的共有建筑面积及其如何分摊。共有建筑面积主要包括：①电梯井、楼梯间、垃圾道、变电室、设备间、公共门厅和过道、地下室、值班警卫室以及其他功能上为整栋建筑服务的公共用房和管理用房建筑面积。②套(单元)与共有建筑面积之间的分隔墙以及外墙墙体水平投影面积的一半，但已作为独立使用的地下室、车棚、车库、为多栋服务的警卫室、管理用房、作为人防工程的地下室等都不计入共有建筑面积。

第四条　抵押情况
与该商品房有关的抵押情况为：_____。
1. 该商品房所分摊的土地使用权及在建工程均未设定抵押。
2. 该商品房所分摊的土地使用权已经设定抵押，抵押权人为：_____，抵押登记部门为：_____，抵押登记日期为：_____。
3. 该商品房在建工程已经设定抵押，抵押权人为：_____，抵押登记部门为：_____，抵押登记日期为：_____(2和3可以同时选择)。

抵押权人同意该商品房预售的证明及关于抵押的相关约定见附件三。

关于商品房抵押的更多内容可参见本章第六节。

附件三是在商品房存在抵押时张贴抵押权人同意该商品房对外预售的承诺函。

第五条　计价方式与价款
该商品房为住宅的，出卖人与买受人约定按照下列第1种方式计算该商品房价款。其中，该商品房为经济适用住房的，出卖人与买受人约定同时按照下列第1种方式和第2种方式分别计算该商品房价款。
该商品房为非住宅的，出卖人与买受人约定按照下列第_____种方式计算该商品房价款。
1. 按照套内建筑面积计算，该商品房单价每平方米_____(币)_____元，总价款_____(币)_____佰_____拾_____亿_____仟_____佰_____拾_____万_____仟_____佰_____拾_____元整(大写)。
2. 按照建筑面积计算，该商品房单价为每平方米_____(币)_____元，总价款_____(币)_____佰_____拾_____亿_____仟_____佰_____拾_____万_____仟_____佰_____拾_____元整(大写)。
3. 按照套(单元)计算，该商品房总价款为_____(币)_____佰_____拾_____亿_____佰_____拾_____万_____仟_____佰_____拾_____元整(大写)。
4. 按照_____计算，该商品房总价款为_____(币)_____佰_____拾_____亿_____仟_____佰_____拾_____万_____仟_____佰_____拾_____元整(大写)。

具体约定见附件四。

本条所称建筑面积，是指房屋外墙(柱)勒脚以上各层的外围水平投影面积，包括阳台、挑廊、地下室、室外楼梯等，且具备有上盖，结构牢固，层高2.20米以上(含2.20米)的永久性建筑。

所称套内建筑面积，是指成套商品房(单元房)的套内使用面积、套内墙体面积和阳台建筑面积之和。

第六条　付款方式及期限

买受人采取下列第_____种方式付款。

1. 一次性付款。
2. 分期付款。
3. 贷款方式付款。买受人可以首期支付购房总价款的_____%，其余价款可以向_____银行或住房公积金管理机构借款支付。
4. 其他方式。

具体付款方式及期限的约定见附件五。

附件四主要是对商品房计价方式的详细约定或特别约定。

附件五主要约定付款的具体方式，如选择公积金贷款、商业住房贷款或组合贷款，在分期付款或其他方式的情况下，附件五还需要对付款方式进一步细化。

(1) 关于付款方式

付款方式分为一次性付款和分期付款。分期付款又包括两种情况：一种是购房者自己将房款分期付给房地产开发商；另一种情况是购房者将首期直接付给房地产开发商，余款通过贷款由银行付给房地产开发商，购房者分期向银行归还贷款，一般采用按月或按季的方式。

分期付款的期限也有多种形式：

购房者自己分期付的，通常是先交首付，然后等接到房地产开发商的交房通知后再交第二笔钱，分三期的，第三笔钱通常是等入住后一定时间内再缴纳，这种做法，购房者交的总房款通常会比一次性付款交的多，但同时可以减少期房可能发生的损失，比如房子"烂尾"，再如房价下跌幅度超过首付及购房者自己经济状况发生变化可能带来的损失等。贷款分期付款的通常都是若干年才付清，这里的关键是除了首付，分期付款从何时开始，换句话说就是贷款银行何时把购房者的贷款交给房地产开发商，购房者通常是从贷款手续一办好就开始还贷款，也就是我们通常说的"月供"。

(2) 不同贷款的选择

由于购房金额庞大，购房者买房，通常没有能力靠已有的存款支付房款，只能通过向银行贷款来完成，即使有能力的购房者，也经常会出于对期房的风险和资金利用的考虑而向银行贷款。

房屋贷款主要分为公积金贷款、商业住房贷款和组合贷款。

公积金贷款由于是政策性贷款，相对来讲利息最低，由于它的资金来源是职工向住房资金管理中心缴纳的公积金，因此，只有缴存住房公积金的购房者才能申请，贷款额度也受到严格限制。当住房资金管理中心收到的公积金发生不足时，办理的时间会减慢甚至会暂停，对于急着靠购房者缴纳的房款盖房的房地产开发商，有可能会不同意购房者采用公积金贷款的方式进行付款。

商业贷款完全属于银行的商业性活动，相对来讲利息最高，由于钱来自银行，在银行能接受的风险范围内，贷款额度通常不会受到什么限制。如果银行不愿提供足额贷款，一定是银行认为该项目建设风险较高或贷款人不还款时，通过拍卖抵押的房子无法全部收回贷出去的款。

组合贷款是公积金贷款和商业贷款两种贷款形式组合在一起，通过商业贷款补足公积金贷款额度不足部分，利息介于公积金贷款和商业贷款之间。但实践中，有的房地产开发商会因为公积金贷款放款慢而拒绝购房者以组合贷款形式付款。贴息贷款实际是组合贷款的变种，由于购房者可直接从银行获得贷款，贷款手续相对简单，时间也会比组合贷款快，所谓的贴息就是住房资金管理中心将购房者可获得的公积金贷款与商业贷款的利差返还给银行，购房者实际付的是组合贷款的利息。贴息贷款房地产开发商通常都愿接受，但需要银行和住房资金管理中心及贷款担保中心三家都同意才行。

第七条 出卖人保证该商品房没有产权纠纷，因出卖人原因造成该商品房不能办理产权登记或发生债权债务纠纷的，由出卖人承担相应责任。

_____。

第八条 规划变更的约定

出卖人应当按照规划行政主管部门核发的建设工程规划许可证规定的条件建设商品房，不得擅自变更。

出卖人确需变更建设工程规划许可证规定条件的，应当书面征得受影响的买受人同意，并取得规划行政主管部门的批准。因规划变更给买受人的权益造成损失的，出卖人应当给予相应的补偿。

第九条 设计变更的约定

（一）经规划行政主管部门委托的设计审查单位批准，建筑工程施工图设计文件的下列设计变更影响到买受人所购商品房质量或使用功能的，出卖人应当在设计审查单位批准变更之日起 10 日内，书面通知买受人。

1. 该商品房结构形式、户型、空间尺寸、朝向；
2. 供热、采暖方式；
3. _____；
4. _____；
5. _____。

出卖人未在规定时限内通知买受人的，买受人有权退房。

（二）买受人应当在通知送达之日起 15 日内做出是否退房的书面答复。买受人逾期未予以书面答复的，视同接受变更。

（三）买受人退房的，出卖人应当自退房通知送达之日起_____日内退还买受人已付房款，并按照_____利率付给利息。买受人不退房的，应当与出卖人另行签订补充协议。

_____。

第十条 逾期付款责任

买受人未按照约定的时间付款的，按照下列第_____种方式处理：

1. 按照逾期时间，分别处理((1)和(2)不作累加)

(1) 逾期在_____日之内，自约定的应付款期限届满之次日起至实际支付应付款之日止，买受人按日计算向出卖人支付逾期应付款万分之_____的违约金，并于实际支付应付款之日起_____日内向出卖人支付违约金，合同继续履行。

(2) 逾期超过_____日(该日期应当与第(1)项中的日期相同)后，出卖人有权解除合同。出卖人解除合同的，买受人应当自解除合同通知送达之日起_____日内按照累计的逾期应付款的_____%向出卖人支付违约金，并由出卖人退还买受人全部已付款。买受人愿意继续履行合同的，经出卖人同意后，合同继续履行，自约定的应付款期限届满之次日起至实际支付应付款之日止，买受人按日计算向出卖人支付逾期应付款万分之_____(该比率应当不小于第(1)项中的比率)的违约金，并于实际支付应付款之日起_____日内向出卖人支付违约金。

本条所称逾期应付款是指依照第六条约定的到期应付款与该期实际已付款的差额；采取分期付款的，按照相应的分期应付款与该期的实际已付款的差额确定。

2._____。

通过银行贷款分期付款的人则要尽量避免和房地产开发商约定按合同第十条的第1款处理。因为合同第十条写明是购房者的违约责任，并在第（2）款中将是否可以解除合同的选择权完全交给房地产开发商，并约定履约人（房地产开发商）向违约人（购房者）收取滞纳金或逾期付款的利息。但实际贷款买房出现购房者逾期付款的原因错综复杂，银行审查发放贷款的条件也不相同，因此购房者应为自己争取在第2款中另行约定。根据最高人民法院《关于审理商品房买卖合同纠纷案件适用法律若干问题的解释》第23条："因不可归责于当事人双方的事由未能订立商品房担保贷款合同并导致商品房买卖合同不能继续履行的，当事人可以请求解除合同，出卖人应当将收受的购房款本金及其利息或者定金返还买受人。"购房者可参照这条司法解释要求房地产开发商在合同上写明："因购房者是银行贷款购买本商品房，如银行审查不同意贷款的即买受人无法得到商业银行按揭贷款的，买受人有权终止本合同、房产认购协议书以及补充协议、附件等。出卖人应在买受人提出书面申请30日内，将买受人全部已付款原额退还买受人，买受人无须支付任何利息或赔偿。"

需要注意的是：在第十条中约定的购房者逾期付款要承担的违约金比率以及房地产开发商可以解约的条件，应该与后面的合同第十三条房地产开发商逾期交房的违约责任对等，也就是说房地产开发商承诺逾期交房三个月，购房者可以要求解除合同，购房者也最多承诺逾期付款三个月，房地产开发商才可要求解除合同。同样，购房者也没有必要承诺高过合同其他条款中房地产开发商承诺的在违约情况下要承担的违约金比率。

第十一条 交付条件

（一）出卖人应当在_____年_____月_____日前向买受人交付该商品房。

（二）该商品房交付时应当符合下列第1、2、_____、_____、_____项所列条件；该商品房为住宅的，出卖人还应当提供《住宅质量保证书》和《住宅使用说明书》。

1. 该商品房已取得规划验收批准文件和建筑工程竣工验收备案表；
2. 有资质的房产测绘机构出具的该商品房面积实测技术报告书；
3. 出卖人已取得了该商品房所在楼栋的房屋权属证明；
4. 满足第十二条中出卖人承诺的市政基础设施达到的条件；
5. 该商品房为住宅的，出卖人提供《住宅工程质量分户验收表》；
6. _____；
7. _____。

第十二条 市政基础设施和其他设施的承诺

出卖人承诺与该商品房正常使用直接相关的市政基础设施和其他设施按照约定的日期达到下列条件：

1. 市政基础设施

(1) 上水、下水：_____年_____月_____日达到_____；

(2) 电：_____年_____月_____日达到_____；

(3) 供暖：_____年_____月_____日达到_____；

(4) 燃气：_____年_____月_____日达到_____；

(5) _____

(6) _____

如果在约定期限内未达到条件，双方同意按照下列方式处理：

(1) _____；

(2) _____。

2. 其他设施
(1) 公共绿地：_____年_____月_____日达到_____；
(2) 公共道路：_____年_____月_____日达到_____；
(3) 公共停车场：_____年_____月_____日达到_____；
(4) 幼儿园：_____年_____月_____日达到_____；
(5) 学校：_____年_____月_____日达到_____；
(6) 会所：_____年_____月_____日达到_____；
(7) 购物中心：_____年_____月_____日达到_____；
(8) 体育设施：_____年_____月_____日达到_____；
(9) _____；
(10) _____。
如果在约定期限内未达到条件，双方同意按照下列方式处理：
(1) _____；
(2) _____。

第十三条　逾期交房责任

除不可抗力外，出卖人未按照第十一条约定的期限和条件将该商品房交付买受人的，按照下列第_____种方式处理：

1. 按照逾期时间，分别处理((1)和(2)不作累加)
(1) 逾期在_____日之内(该时限应当不小于第十条第(1)项中的时限)，自第十一条约定的交付期限届满之次日起至实际交付之日止，出卖人按日计算向买受人支付已交付房价款万分之_____的违约金(该违约金比率应当不小于第十条第(1)项中的比率)，并于该商品房实际交付之日起_____日内向买受人支付违约金，合同继续履行。
(2) 逾期超过_____日(该日期应当与第(1)项中的日期相同)后，买受人有权退房。买受人退房的，出卖人应当自退房通知送达之日起_____日内退还全部已付款，并按照买受人全部已付款的_____%向买受人支付违约金。买受人要求继续履行合同的，合同继续履行，自第十一条约定的交付期限届满之次日起至实际交付之日止，出卖人按日计算向买受人支付全部已付款万分之_____(该比率应当不小于第(1)项中的比率)的违约金，并于该商品房实际交付之日起_____日内向买受人支付违约金。

2. _____。

第十一至十三条是关于商品房的交付和逾期交房责任，是本合同中最重要的部分之一，更多内容可参见本章第七节。

第十四条　面积差异处理

该商品房交付时，出卖人应当向买受人公示其委托的有资质的房产测绘机构出具的商品房面积实测技术报告书，并向买受人提供该商品房的面积实测数据(以下简称实测面积)。实测面积与第三条载明的预测面积发生误差的，双方同意按照第_____种方式处理：

1. 根据第五条按照套内建筑面积计价的约定，双方同意按照下列原则处理：
(1) 套内建筑面积误差比绝对值在3%以内(含3%)的，据实结算房价款；
(2) 套内建筑面积误差比绝对值超出3%时，买受人有权退房。

买受人退房的，出卖人应当自退房通知送达之日起30日内退还买受人已付房款，并按照_____利率付给利息。

买受人不退房的，实测套内建筑面积大于预测套内建筑面积时，套内建筑面积误差比在3%以内(含3%)部分的房价款由买受人补足；超出3%部分的房价款由出卖人承担，产权归买受人所有。实测套内建筑面积小于预测套内建筑面积时，套内建筑面积误差比绝对值在3%以内(含3%)部分的房价款由出卖人返还买受人；绝对值超出 3% 部分的房价款由出卖人双倍返还买受人。

$$套内建筑面积误差比 = \frac{实测套内建筑面积 - 预测套内建筑面积}{预测套内建筑面积} \times 100\%$$

2. 根据第五条按照建筑面积计价的约定，双方同意按照下列原则处理：
(1) 建筑面积、套内建筑面积误差比绝对值均在 3% 以内（含 3%）的，根据实测建筑面积结算房价款；
(2) 建筑面积、套内建筑面积误差比绝对值其中有一项超出 3% 时，买受人有权退房。

买受人退房的，出卖人应当自退房通知送达之日起 30 日内退还买受人已付房款，并按照 _____ 利率付给利息。

买受人不退房的，实测建筑面积大于预测建筑面积时，建筑面积误差比在 3% 以内（含 3%）部分的房价款由买受人补足；超出 3% 部分的房价款由出卖人承担，产权归买受人所有。实测建筑面积小于合同约定建筑面积时，建筑面积误差比绝对值在 3% 以内（含 3%）部分的房价款由出卖人返还买受人；绝对值超出 3% 部分的房价款由出卖人双倍返还买受人。

$$建筑面积误差比 = \frac{实测建筑面积 - 预测建筑面积}{预测建筑面积} \times 100\%$$

3. 双方自行约定：
_____
_____。

在商品房买卖纠纷中，面积问题所占比例较大，个别房地产开发商利用购房者没有能力复测整幢建筑的建筑面积的弱点，在房屋面积上做手脚，其一方面让购房者补缴 3% 的购房款，另一方面让购房者少得 3% 套内建筑面积。房地产开发商的做法不仅使购房者要为增加的看不清的公摊面积补交购房款，还要长年为其支付物业服务费和供暖费等各种费用。

认清面积概念，了解各种面积的关系是非常重要的，关于此一部分，本书附录一中有详细解释。

一般来说，设计合理的楼房使用率，也就是通常说的得房率，高层塔楼住宅约在 72%~75% 之间，高层板楼住宅约在 78%~80% 之间，多层住宅建筑约在 85% 左右，购房者买楼前可先通过计算自己所买房子的使用率，来判断房子的设计和价格是否合理。

此外，购房者在约定套内建筑面积时应注意以下几个问题：

(1) 由于套内建筑面积含套内墙体面积，所以购房者要注意到同一座楼，买相同的套内建筑面积不一定能买到相同的套内使用面积。尽管外墙只有一半厚度计入套内建筑面积，但对砖结构的房子来说，底层的墙体面积厚，上层的墙体面积薄，所以同样的单元，楼上楼下的套内使用面积还是有差别的；同一层来讲，即使相同的套内建筑面积，把角的单元比夹在中间的单元套内使用面积也会小一些。

(2) 即使是套内使用面积也不是地毯面积，因为房间里的管道井是要计入套内使用面积的。因此购房者买房时最好让房地产开发商标清楚管道井的面积有多大。由于现在提倡户外查表，暖气也将分户计量，过去老房子里的很多竖管在新房子里会变成横管，购房者买房时要注意管道井是否只放着你买的房子的竖管，别把公共的竖管井计到自己的套内建筑面积里。

(3) 套内建筑面积还包括阳台建筑面积，购房者要搞清封闭式阳台的面积按其外围水平投影面积计算；非封闭式阳台的面积按其外围水平投影面积的一半计算。购房者还应知道阳台的封闭方式是以经过报批的商品房规划设计图为准，房地产开发商不能擅自变更其封闭方式，已出售的房子，半封闭阳台是不能随便改为全封闭阳台的。

（4）按规定有些面积是可以计算面积，有些面积是不可以计算面积的，为避免不必要的纠纷，购房者买房时最好向房地产开发商问清楚所有"不完整"（低于层高）高度的面积哪些算套内建筑面积，比如：现在比较时髦的"飘窗"算进套内建筑面积多少？房间内的分体空调机位算没算进套内建筑面积？还有房间里有楼梯、阁楼的，该部分面积如何算套内建筑面积？

第十五条 交接手续

（一）该商品房达到第十一条约定的交付条件后，出卖人应当在交付日的7日前，书面通知买受人办理交接手续的时间、地点以及应当携带的证件。双方进行验收交接时，出卖人应当出示第十一条约定的证明文件，并满足第十一条约定的其他条件。出卖人不出示证明文件或者出示的证明文件不齐全，或未满足第十一条约定其他条件的，买受人有权拒绝接收，由此产生的逾期交房责任由出卖人承担，并按照第十三条处理。

（二）验收交接后，双方应当签署商品房交接单。由于买受人原因未能按期办理交接手续的，双方同意按照下列约定方式处理：

_____；
_____。

（三）双方同意按照下列第_____种方式缴纳税费：

1. 出卖人不得将买受人缴纳税费作为交接该商品房的条件。
_____。

2. 买受人同意委托出卖人代交下列第_____、_____、_____、_____、
_____、_____种税费，并在接收该商品房的同时将上述税费交给出卖人。

（1）专项维修资金；
（2）契税；
（3）第二十三条约定的物业服务费用；
（4）供暖费；
（5）_____；
（6）_____。

3. 买受人自行向相关单位缴纳下列第_____、_____、_____、_____、
_____、_____种税费，并在接收该商品房的同时向出卖人出示缴纳税费的凭据。

（1）专项维修资金；
（2）契税；
（3）第二十三条约定的物业服务费用；
（4）供暖费；
（5）_____；
（6）_____。

第十六条 商品房质量、装饰、设备标准的约定

（一）出卖人承诺该商品房使用合格的建筑材料、构配件，该商品房质量符合国家和本市颁布的工程质量规范、标准和施工图设计文件的要求。

（二）出卖人和买受人约定如下：

1. 该商品房地基基础和主体结构质量经检测不合格的，买受人有权退房。买受人退房的，出卖人应当自退房通知送达之日起_____日内退还全部已付款，并按照_____利率付给利息，给买受人造成损失的由出卖人承担赔偿责任。因此而发生的检测费用由出卖人承担。

买受人要求继续履行合同的,应当与出卖人另行签订补充协议。_____。

2. 该商品房室内空气质量经检测不符合国家标准的,自该商品房交付之日起_____日内(该时限应当不低于60日),买受人有权退房。买受人退房的,出卖人应当自退房通知送达之日起_____日内退还买受人全部已付款,并按照_____利率付给利息,给买受人造成损失的由出卖人承担赔偿责任。因此而发生的检测费用由出卖人承担。

买受人不退房的或该商品房交付使用已超过_____日的,应当与出卖人另行签订补充协议。_____。

3. 交付该商品房时,该商品房已经由建设、勘察、设计、施工、工程监理等单位验收合格,出卖人应当与买受人共同查验收房,发现有其他问题的,双方同意按照第_____种方式处理:

(1) 出卖人应当于_____日内将已修复的该商品房交付。由此产生的逾期交房责任由出卖人承担,并按照第十三条处理。
_____。
(2) 由出卖人按照国家和本市有关工程质量的规范和标准在商品房交付之日起_____日内负责修复,并承担修复费用,给买受人造成的损失由出卖人承担赔偿责任。
(3) _____。

4. 出卖人交付的商品房的装饰、设备标准应当符合双方约定的标准。达不到约定标准的,买受人有权要求出卖人按照下列第_____种方式处理:

(1) 出卖人赔偿双倍的装饰、设备差价。
(2) _____。
(3) _____。

具体装饰和设备标准的约定见附件六。

(三) 出卖人和买受人对工程质量问题发生争议的,任何一方均可以委托有资质的建设工程质量检测机构检测,双方均有协助并配合对方检测的义务。
_____。

交接手续是为完成商品房交付的目的而根据合同约定履行的一个过程,其中较为重要的是有关费用的结算缴纳是否合理合法、交接流程是否合理等,更多内容可参见本章第七节。

第十六条中的附件六为关于商品房具体装饰和设备标准的约定,一般包括保温材料、外墙、内墙、顶棚、室内地面、门窗、厨房、卫生间、阳台、电梯及其他等,在商品房为精装修交付的情况下,约定的需更为详细。

第十七条　住宅保修责任

(一) 该商品房为住宅的,出卖人自该商品房交付之日起,按照《住宅质量保证书》承诺的内容承担相应的保修责任。

该商品房为非住宅的,双方应当签订补充协议详细约定保修范围、保修期限和保修责任等内容。

(二) 在该商品房保修范围和保修期限内发生质量问题,双方有退房约定的,按照约定处理;没有退房约定的,出卖人应当履行保修义务,买受人应当配合保修。非出卖人原因造成的损坏,出卖人不承担责任。

建设部《商品房销售管理办法》第33条规定:"房地产开发企业应当对所售商品房承担质量保修责任。当事人应当在合同中就保修范围、保修期限、保修责任等内容做出约定。保修期从交付之日起计算。商品住宅的保修期限不得低于建设工程承包单位向建设单位出具的质量保修书约定保修期的存续期;存续期少于《商品住宅实行质量保证书和住宅使用说明书制度的规定》中确定的最低保修期限的,保修期不得低于《商品住宅实行质量保证书和住宅使用说明书制度的规定》中确定的最低保修期限。"国务院发布的《建设工程质量管理条例》第 40 条规定："在正常使用条件下，建设工程的最低保修期限为：

（一）基础设施工程、房屋建筑的地基基础工程和主体结构工程，为设计文件规定的该工程的合理使用年限；

（二）屋面防水工程、有防水要求的卫生间、房间和外墙面的防渗漏，为 5 年；

（三）供热与供冷系统，为 2 个采暖期、供冷期；

（四）电气管线、给水排水管道、设备安装和装修工程，为 2 年。

其他项目的保修期限由发包方与承包方约定。

建设工程的保修期，自竣工验收合格之日起计算。"

如购房者购买的是住宅，"出卖人自商品住宅交付使用之日起，按照《住宅质量保证书》承诺的内容承担相应的保修责任"。如《住宅质量保证书》上所承诺的保修时间长度短于法定最低保修期限，则适用上述有关最低保修期限的规定。如果购房者买的是非商品住宅，则应该以合同附件的形式详细约定保修范围、保修期限和保修责任等内容。

第十八条　住宅节能措施

该商品房为住宅的，应当符合国家有关建筑节能的规定和北京市规划委员会、北京市建设委员会发布的《居民建筑节能设计标准》（DBJ 01—602—2004）的要求。未达到标准的，出卖人应当按照《居民建筑节能设计标准》的要求补做节能措施，并承担全部费用；因此给买受人造成损失的，出卖人应当承担赔偿责任。

_____。

第十九条　使用承诺

买受人使用该商品房期间，不得擅自改变该商品房的建筑主体结构、承重结构和用途。除本合同、补充协议及其附件另有约定者外，买受人在使用该商品房期间有权与其他权利人共同使用与该商品房有关的共用部位和设施，并按照共用部位与共用房屋分摊面积承担义务。

出卖人不得擅自改变与该商品房有关的共用部位和设施的使用性质。

_____。

合同第十九条即是对购房者在购买房屋所在小区内共有权利义务的一个确认，也是购房者对自己在小区所承担义务的承诺，购房者首先应该明确：购房者虽对自己购买的房屋的套内享有独立的产权，但基于公共利益和安全等理由，购房者并不能擅自改变自己所买房屋内的建筑主体结构、承重结构和用途等。

第二十条　产权登记

（一）初始登记

出卖人应当在_____年_____月_____日前，取得该商品房所在楼栋的权属证明。如因出卖人的责任未能在本款约定期限内取得商品房所在楼栋的权属证明的，双方同意按照下列第_____种方式处理：

1. 买受人有权退房。买受人退房的，出卖人应当自退房通知送达之日起_____日内退还全部已付款，并按照买受人全部已付款的_____%向买受人支付违约金。买受人不退房的，合同继续履行，自出卖人应当取得该商品房所在楼栋的权属证明期限届满之次日起至实际取得权属证明之日止，出卖人应当按日计算向买受人支付全部已付款万分之_____的违约金，并于出卖人实际取得权属证明之日起_____日内向买受人支付。

2. _____。

（二）转移登记

1. 商品房交付使用后，双方同意按照下列第_____种方式处理：
(1) 双方共同向权属登记机关申请办理房屋权属转移登记。
(2) 买受人同意委托_____向权属登记机关申请办理房屋权属转移登记，委托费用_____元人民币（大写）。

2. 如因出卖人的责任，买受人未能在商品房交付之日起_____日内取得房屋所有权证书的，双方同意按照下列第_____种方式处理：
(1) 买受人有权退房。买受人退房的，出卖人应当自退房通知送达之日起_____日内退还买受人全部已付款，并按照_____利率付给利息。买受人不退房的，自买受人应当取得房屋所有权证书的期限届满之次日起至实际取得房屋所有权证书之日止，出卖人按日计算向买受人支付全部已付款万分之_____的违约金，并于买受人实际取得房屋所有权证书之日起_____日内由出卖人支付。
(2) _____。

建设部《商品房销售管理办法》第34条规定，"房地产开发企业应当在商品房交付使用之日起60日内，将需要由其提供的办理房屋权属登记的资料报送房屋所在地房地产行政主管部门。"国务院《城市房地产开发经营管理条例》第33条规定，"预售商品房的购买人应当自商品房交付使用之日起90日内，办理土地使用权变更和房屋所有权登记手续；现售商品房的购买人应当自销售合同签订之日起90日内，办理土地使用权变更和房屋所有权登记手续"。

最高人民法院《关于审理商品房买卖合同纠纷案件适用法律若干问题的解释》第18条和第19条做出了对购房者有利的解释。该解释第18条规定，由于出卖人的原因，买受人在下列期限届满未能取得房屋权属证书的，除当事人有特殊约定外，出卖人应当承担违约责任：

（一）商品房买卖合同约定的办理房屋所有权登记的期限；
（二）商品房买卖合同的标的物为尚未建成房屋的，自房屋交付使用之日起90日；
（三）商品房买卖合同的标的物为已竣工房屋的，自合同订立之日起90日。

合同没有约定违约金或者损失数额难以确定的，可以按照已付购房款总额，参照中国人民银行规定的金融机构计收逾期贷款利息的标准计算。

该解释第19条规定，商品房买卖合同约定或者《城市房地产开发经营管理条例》第33条规定的办理房屋所有权登记的期限届满后超过一年，由于出卖人的原因，导致买受人无法办理房屋所有权登记，买受人请求解除合同和赔偿损失的，应予支持。

第二十一条 共有权益的约定
1. 该商品房所在楼栋的屋面使用权归全体产权人共有；
2. 该商品房所在楼栋的外墙面使用权归全体产权人共有；
3. _____；
4. _____。

第二十二条 附属建筑物、构筑物的约定
双方同意该商品房的地下停车库等附属建筑物、构筑物按照以下第_____种方式处理。
1. 出卖人出卖该商品房时，该商品房附属的_____、_____、_____、_____随同该商品房一并转让。
2. 出卖人出卖该商品房时，该商品房附属的_____、_____、_____、_____不随同该商品房一并转让。

第二十一条是关于业主共有权益的约定。根据《物权法》的规定，商品房所在楼栋的屋面使用权、外墙面使用权均属于业主享有共有权的共有部分，业主享有共有和共同管理的权利。此外，《物权法》第73条还规定，建筑区划内的道路，属于业主共有，但属于城镇公共道路的除外。建筑区划内的绿地，属于业主共有，但属于城镇公共绿地或者明示属于个人的除外。建筑区划内的其他公共场所、公用设施和物业服务用房，属于业主共有。第74条第3款规定，占用业主共有的道路或者其他场地用于停放汽车的车位，属于业主共有。

第二十二条是关于附属物的约定，该附属物一般也是属于除业主专有部分之外的归全体业主共有、共同管理或共同使用的部分。《物权法》第72条规定，业主对建筑物专有部分以外的共有部分，享有权利，承担义务；不得以放弃权利不履行义务。业主转让建筑物内的住宅、经营性用房，其对共有部分享有的共有和共同管理的权利一并转让。

第二十三条　前期物业服务

（一）出卖人依法选聘的物业管理企业为：_____，资质证号为：_____。

（二）前期物业管理期间，物业服务收费价格为_____/（月·平方米）（建筑面积）。价格构成包括物业区域内保洁费、公共秩序维护费、共用部位共用设施设备日常维护费、绿化养护费、综合管理费、_____、_____、_____。

地上停车管理费_____，地下停车管理费_____。

（三）物业管理企业按照第_____种方式收取物业服务费。

1. 按照年收取，买受人应当在每年的_____月_____日前缴费。

2. 按照半年收取，买受人应当分别在每年的_____月_____日前和_____月_____日前缴费。

3. 按照季收取，买受人应当分别在每年的_____月_____日前、_____月_____日前和_____月_____日前缴费。

（四）物业服务的内容和业主临时公约的内容见附件七。买受人已详细阅读附件七有关物业服务的全部内容和业主临时公约，同意由出卖人依法选聘的物业管理企业提供前期物业服务，遵守业主临时公约。

第二十三条主要是约定商品房物业管理有关事项的，前期物业管理公司是业主大会成立之前，由房地产开发商代全体业主选定的物业管理单位。附件七的内容与出卖人和物业管理企业签订的前期物业服务合同一致，一般包括物业服务内容、物业服务质量、物业收费项目及价格、业主临时公约及其他约定，购房者在签署合同前应认真阅读业主临时公约（又称临时管理规约）或业主公约（又称管理规约），关于物业管理和管理规约的更多内容可参见本篇第三章。

第二十四条　专项维修资金

买受人委托出卖人代交专项维修资金的，出卖人应当自受托之日起_____日内，向买受人提交专项维修资金缴纳凭证。

买受人自行缴纳专项维修资金的，应当在商品房交付【时】【之日起_____日内】，向物业管理企业出示专项维修资金缴纳凭证。

第二十四条主要是约定委托缴纳专项维修资金的事项，详细内容可参见本篇第三章第四节。

第二十五条　不可抗力

因不可抗力不能按照约定履行本合同的，根据不可抗力的影响，部分或全部免除责任，但因不可抗力不能按照约定履行合同的一方当事人应当及时告知另一方当事人，并自不可抗力事件结束之日起

_____日内向另一方当事人提供证明。

"不可抗力"是指不能预见、不能避免并不能克服的客观情况，我国《民法通则》、《合同法》上均有清楚的定义，购房者按照法律应接受房地产开发商在出现"不可抗力"时的免责。

如果房地产开发商在免责条款的空行中填写其他免责条款，购房者应多加注意，如常见的"因天气原因、因配套工程影响、因材料供应延误、因政府政策改变等"，有可能的话最好争取在"但如遇下列特殊原因，除双方协商同意解除合同或变更合同外，出卖人可据实予以延期"后面加上"但不得超过_____天"。

第二十六条　争议解决方式

本合同在履行过程中发生的争议，由双方当事人协商解决；协商不成的，按照下列第_____种方式解决：

1. 提交_____仲裁委员会仲裁。
2. 依法向人民法院起诉。

第二十六条给出了合同在履行过程中发生争议的解决方法，购房者可在仲裁和诉讼中进行选择。我国合同法第128条规定，当事人没有订立仲裁协议或者仲裁协议无效的，可以向人民法院起诉。也就是说，当事人没有选择仲裁或选择仲裁无效的，仍有权提起诉讼。

一般来说，仲裁和向法院起诉是解决纠纷的两种法律手段。当纠纷产生时，两种解决办法还是有一定的区别，其各自特点具体体现在以下几个方面，购房者可根据实际情况选择适用。

（1）主动性方面：对于当事人来说，"仲裁"是主动的。首先，必须是当事人双方达成协议，在房屋转让合同中选择"仲裁"作为解决纠纷的途径。其次，《仲裁法》规定，如果是一名仲裁员仲裁，则由当事人双方共同选定该仲裁员或由仲裁委员会指定；如果由三名仲裁员仲裁，双方可各选一名，第三名即首席仲裁员由双方共同选定或仲裁委员会指定。选择"诉讼"解决纠纷时，受理法院、主审法官等都不是由当事人自由选择决定的。

（2）解决时间方面：普通程序的诉讼案件，一审的审理期限为6个月，二审是3个月。我国目前采取的是两审终审制，当然一审判决后当事人也可以不要求二审。另外，如果审理过程发生特定事由，审理的时间还会延长。"仲裁"所需的时间，《仲裁法》中虽无明确规定，但各仲裁委员会在各自的仲裁规则中对时限基本上都有规定，如中国国际经济贸易仲裁委员会规定仲裁庭应当在组成后6个月(简易程序为3个月)内作出仲裁裁决。

（3）受理费用方面：仲裁的收费一般比向法院一审诉讼费要高一些。但通常低于一、二审诉讼费之和。但两者都会根据案件标的额的大小有所调整。

此外，仲裁实行一裁终裁制，即仲裁裁决一旦作出就生效，除了法律规定的可申请撤销情形外，当事人不能对仲裁裁决提出上诉、异议、复议等不服表示，只能遵守、履行。合同法第128条规定，当事人应当履行发生法律效力的判决、仲裁裁决、调解书；拒不履行的，对方可以请求人民法院执行。

第二十七条　本合同自双方签字(盖章)之日起生效。双方可以根据具体情况对本合同中未约定、约定不明或不适用的内容签订书面补充协议进行变更或补充，但补充协议中含有不合理地减轻或免除本合同中约定应当由出卖人承担的责任或不合理地加重买受人责任、排除买受人主要权利内容的，仍以本合同为准。对本合同的解除，应当采用书面形式。本合同附件及补充协议与本合同具有同等法律效力。

第二十七条规定了"补充协议"不得约定的事项，主要是房地产开发商不得滥用其在市场经济中的优势地位不合理地减轻或免除本合同中约定应当由其承担的责任或不合理地加重购房者责任、排除购房者的主要权利。无论双方如何协商签订补充协议，购房者最好在补充协议上说明补充协议和合同的关系，即如遇到解释不一致的地方以哪一个为准。

第二十八条　本合同及附件共_____页，一式_____份，具有同等法律效力，其中出卖人_____份，买受人_____份，_____份，_____份。

第二十八条是关于签订合同份数的约定，一般根据各地有关贷款银行、房屋主管部门的要求会有所不同，实践中在满足有关部门的需要后达到至少确保购房者手上持有一份正本即可。

第二十九条　自本合同生效之日起30日内，由出卖人向_____申请办理该商品房预售合同登记备案手续。出卖人自本合同生效之日起30日内未申请预售登记的，买受人可以申请预售登记。预售的商品房已抵押的，预售登记应当由出卖人和买受人双方共同申请。

第二十九条是关于签订预售合同登记备案的约定。商品房预售的登记备案制度主要是为保护购房者的合法权益，避免和预防一些不必要的纠纷，在很大程度上起着维护不动产交易安全的作用。但需要明确的是，该制度本身并不是一种物权登记，也不是合同的生效要件，它只是使购房者取得了对尚未实际存在即尚在建设过程中的商品房的具有物权性质的期待权，以取得一种准物权的效力。

《城市房地产管理法》第45条第2款规定"商品房预售人应当按照国家有关规定将预售合同报县级以上人民政府房产管理部门和土地管理部门登记备案"。《城市商品房预售管理办法》第10条规定，商品房预售，开发企业应当与承购人签订商品房预售合同。开发企业应当自签约之日起30日内，向房地产管理部门和市、县人民政府土地管理部门办理商品房预售合同登记备案手续。房地产管理部门应当积极应用网络信息技术，逐步推行商品房预售合同网上登记备案。商品房预售合同登记备案手续可以委托代理人办理。委托代理人办理的，应当有书面委托书。

第四节　商品房预售中的"五证"

商品房预售中的"五证"是指《国有土地使用证》、《建设用地规划许可证》、《建设工程规划许可证》、《建设工程施工许可证》（也称为《建设工程开工证》）、《商品房销售（预售）许可证》。其中《建设用地规划许可证》、《建设工程规划许可证》是由城市规划主管部门核发的，《国有土地使用证》由市、县土地管理部门核发，《建设工程施工许可证》由城市建设主管部门核发，《商品房预售（销售）许可证》由房屋主管部门核发。上述法律证件不齐全，将直接影响到商品房买卖合同的法律效力。也就是说，购房者存在较大的法律风险。

具体来说：

(1)《国有土地使用证》是证明土地使用者（单位或个人）履行合法程序后可依法使用国有土地的法律凭证，受法律保护。土地管理部门对直接填发的《国有土地使用证》根据国有土地使用方式不同，一般都分别加盖《划拨土地使用证专用章》、《出让（有偿）土地使用证专用章》、《交纳使用费土地使用专用章》、《临时土地使用证专用章》等。

(2)《建设工程规划许可证》是有关建设工程符合城市规划要求的法律凭证，是建设单位建设工程的法律凭证，是建设活动中接受监督检查时的法定依据。没有此证的建设单位，其工程建筑是违章建筑，不能领取房地产权属证件。该证核发的目的是确认有关建设活动的合法地位，保证有关建设单位和个人的合法权益。房地产商如未取得《建设工程规划许可证》或者违反《建设工程规划许可证》的规定进行开发建设，严重影响城市规划的，由城市规划行政主管部门责令停止建设，限期拆除或者没收违法建筑物、构筑物及其他设施，对有关责任人员，可由所在单位或者上级主管机关给予行政处分。

(3)《建设用地规划许可证》是建设单位在向土地管理部门申请征收、划拨土地前，经城市规划行政主管部门确认建设项目位置和范围符合城市规划的法定凭证，是建设单位用地的法律凭证。没有此证的用地单位属非法用地，房地产商的售房行为也属非法，不能领取房地产权属证件。该证核发的目的是为了确保土地利用符合城市规划，维护建设单位按照城市规划使用土地的合法权益。按照有关规定，房地产商即使取得建设用地的批准文件，但如未取得《建设用地规划许可证》而占用土地的，其建设用地批准文件无效。

(4)《建设工程施工许可证》(建设工程开工证)是建筑施工单位符合各种施工条件、允许开工的批准文件，是建设单位进行工程施工的法律凭证，也是房屋权属登记的主要依据之一。没有开工证的建设项目均属违章建筑，不受法律保护。当各种施工条件完备时，建设单位应当按照计划批准的开工项目向工程所在地县级以上人民政府建设行政主管部门办理施工许可证手续，领取施工许可证。未取得施工许可证的不得擅自开工。

(5)《商品房销售(预售)许可证》是市、县人民政府房地产行政管理部门允许房地产开发企业销售商品房的批准文件。如北京市的主管机关是北京市建设委员会，证书由北京市建委统一印制、办理登记审批和核发证书。房地产商在销售商品房时，如该房屋已建成，还应持有房屋所有权证书。购房者如需调查房屋的建筑质量，还可查验房地产商的工程验收证明。《商品房销售(预售)许可证》是衡量商品房预售是否合法的最直接、最关键的书面证明文件。房地产开发企业未取得商品房预售许可证明，与买受人订立的商品房预售合同，将被认定无效，除非在起诉前取得商品房预售许可证。开发商预售商品房应该出示《商品房预售许可证》，预购人应认真查验该证记载的内容是否与实际情况一致及是否包含所要预购的商品房。

第五节　关于商品房销售广告

商品房销售广告一般都载明了以下必需事项：①开发企业名称；②中介服务机构代理销售的，载明该机构名称；③预售或者出售许可证书号。如果以上事项欠缺，购房者就应慎重或再作仔细调查。此外，商品房销售广告还会标注忠告性用语，如"本广告仅作参考"、"广告中具体确定的内容，可作为购房合同附件"等。

根据国家工商总局发布的《房地产广告发布暂行规定》第4条，有下列情形的禁止发布销售广告：

(1) 在未经依法取得国有土地使用权的土地上开发建设的；
(2) 在未经国家征收的集体所有的土地上建设的；
(3) 司法机关和行政机关依法裁定、决定查封或以其他形式限制房地产权利的；
(4) 预售房地产，但未取得该项目预售许可证的；

(5) 权属有争议的；
(6) 违反国家有关规定建设的；
(7) 不符合工程质量标准，经验收不合格的；
(8) 法律、行政法规规定禁止的其他情形。

此外，该规定还对房地产广告作出一些限制，如房地产广告不得含有风水、占卜等封建迷信内容；房地产广告中表现项目位置，不得以所需时间来表示距离；房地产广告中的项目位置示意图，应当准确、清楚、比例恰当；房地产广告中不得出现融资或者变相融资的内容，不得含有升值或者投资回报的承诺。

审查房地产广告，要注意要约邀请与要约的区别，商品房的销售广告和宣传资料一般均为要约邀请，如果未写入合同，对开发商不具有约束力。但是开发商就商品房开发规划范围内的房屋及相关设施(包括商品房的基础设施和相关的配套设施，基础设施包括供暖、供电、供水、小区景观、小区内道路、停车场等，公共配套设施包括商品房规划范围内的配套和商品房规划范围外的配套，如商业、服务业以及医疗教育、公共交通等公共设施的配套)所作的说明和允诺具体确定，并对商品房买卖合同的订立以及房屋价格的确定有重大影响的，应当视为要约。最高人民法院《关于审理商品房买卖合同纠纷案件适用法律若干问题的解释》第3条规定，商品房的销售广告和宣传资料为要约邀请，但是出卖人就商品房开发规划范围内的房屋及相关设施所作的说明和允诺具体确定，并对商品房买卖合同的订立以及房屋价格的确定有重大影响的，应当视为要约。该说明和允诺即使未载入商品房买卖合同，亦应当视为合同内容，当事人违反的，应当承担违约责任。

需要注意的是，开发商在商品房销售广告中过分的吹嘘以及就商品房规划范围之外的环境和公益设施进行的虚假宣传，如未订入合同，不应视为合同的内容，但不等于不承担任何法律责任，如果因此造成买受人损失的，买受人可根据《合同法》第42条、第54条以及最高人民法院《关于贯彻执行〈中华人民共和国民法通则〉若干问题的意见(试行)》第86条的规定，要求出卖人承担缔约过失的损害赔偿责任。

第六节 商品房抵押

一、商品房抵押概述

商品房抵押，是指抵押人以其合法的商品房以不转移占有的方式向抵押权人提供债务履行担保的行为。债务人不履行债务时，抵押权人有权依法以抵押的房地产拍卖所得的价款优先受偿。抵押人，是指将依法取得的房地产提供给抵押权人，作为本人或者第三人履行债务担保的公民、法人或者其他组织。抵押权人，是指接受房地产抵押作为债务人履行债务担保的公民、法人或者其他组织。

在本书中，我们将主要介绍以支付部分购房款为目的的预购商品房贷款抵押和现房抵押。

二、预购商品房贷款抵押

预购商品房贷款抵押，是指购房者在支付首期规定的房价款后，由贷款银行代其支付其余的购房款,将所购商品房抵押给贷款银行作为偿还贷款履行担保的行为。预购商品房期权设定抵押应符合以下条件:①抵押所担保的主债权仅限于购买该商品房的贷款;②不得设定最高额抵押;③符合国家关于商品房预售管理的规定,如取得《商品房预售许可证》。

预购商品房抵押的基本流程为:

第一步,商品房预购人与商品房开发经营企业签订商品房预购合同,并已交付部分房价款。

第二步,持商品房预售合同到房地产登记机关登记备案。

第三步,抵押权人与抵押人签订抵押合同。

第四步,抵押双方持抵押合同及经房地产登记机构登记备案的商品房预售合同到房地产登记机关办理抵押登记。

第五步,抵押权人保管其他权利证明,房地产权利人领取已经注记的商品房预售合同。

第六步,债务履行完毕或贷款已经清偿,抵押双方持注销抵押申请书、其他权利证明及已经注记的商品房预售合同或房地产权利证书到房地产登记机关办理注销抵押登记手续。

三、现房抵押

现房抵押的一般流程为:

第一步,债务合同成立,债务人或第三者将自己依法拥有的房地产作担保。

第二步,抵押双方签订抵押合同。

第三步,抵押双方持抵押合同、房地产权利证书到房地产登记机构办理抵押登记手续。

第四步,抵押权人保管房地产其他权利证明,抵押人保管已经注记的房地产权利证书。

第五步,债务履行完毕,抵押双方持注销抵押申请书、房地产其他权利证明及已经注记的房地产权利证书到房地产登记机关办理注销抵押手续。

四、商品房抵押合同

商品房抵押,应当签订书面的抵押合同。抵押合同可以以在主债权合同中订立抵押条款的方式签订,也可以单独签订。签订抵押合同的,抵押合同是借款合同的从合同,抵押合同所设立的抵押权与其担保的债权同时存在。

抵押合同应当包括以下内容:

(1) 抵押人、抵押权人的名称或者个人姓名、住所;

(2) 主债权的种类、数额;

(3) 抵押房地产的处所、名称、状况、建筑面积、用地面积等;

(4) 抵押房地产的价值;

(5) 抵押房地产的占用管理人、占用管理方式、占用管理责任以及意外损毁、灭失的责任;

(6) 债务人履行债务的期限；
(7) 抵押权灭失的条件；
(8) 违约责任；
(9) 争议解决方式；
(10) 抵押合同订立的时间与地点；
(11) 双方约定的其他事项。

抵押商品房上存在两个以上抵押权的，需要变更抵押合同的抵押权人，未经其他抵押权人书面同意，不得对其他抵押权人产生不利影响。抵押人和抵押权人协商一致，可以变更抵押合同，变更抵押合同，应当签订书面的抵押变更合同。

抵押当事人约定对抵押房地产保险的，由抵押人为抵押的房地产投保，保险费由抵押人负担。抵押房地产投保的，抵押人应当将保险单移送抵押权人保管。在抵押期间，抵押权人为保险赔偿的第一受益人。

订立抵押合同时，抵押权人和抵押人在合同中不得约定在债务履行期届满而抵押权人未受清偿时，抵押物的所有权转移为债权人所有。

商品房抵押合同自签订之日起 30 日内，抵押当事人应当到房地产所在地的房地产登记处办理房地产抵押登记手续。未办理抵押登记的，不得对抗第三人。并且，根据我国担保法的有关规定，抵押合同自抵押登记之日起生效，抵押合同发生变更的，应当依法变更抵押登记。变更抵押合同自变更抵押登记之日起生效。但 2007 年 10 月 1 日生效的物权法第 15 条已对此作出了不同规定，根据物权法第 15 条，当事人之间订立有关设立、变更、转让和消灭不动产物权的合同，除法律另有规定或者合同另有约定外，自合同成立时生效；未办理物权登记的，不影响合同效力。

需要注意的是，以预购商品房贷款抵押的，须提交生效的商品房预售合同；拟设定抵押的现房已出租的，抵押人应将租赁情况告知抵押权人，并将抵押情况告知承租人。

五、商品房转让与抵押效力的法律关系

抵押人转让抵押商品房，应当告知抵押权人和买受人。买受人可代替抵押人清偿全部债务，消灭该商品房上的抵押权，并向抵押人支付房价和已清偿债务的余额后取得该商品房所有权。抵押商品房转让，未告知抵押权人和买受人的：①商品房抵押已经登记的，抵押权优先受法律保护，抵押权人可主张抵押登记后的商品房买卖合同无效，其仍可对抵押商品房主张权利，买受人不得对抗抵押权人对该商品房实现抵押权。买受人遭受损失的，可向抵押人追偿。②商品房抵押未经登记的，买卖权优先受法律保护，抵押权人不得对抗买受人，买受人取得该商品房所有权。抵押权人遭受损失的，抵押人承担赔偿责任。

第七节 商品房交付

一、商品房交付的概念

商品房交付是指房地产开发企业依据相应法律、法规和部门规章的规定以及商品房买卖合同或商品房预售合同的约定，将符合交付使用条件的房屋按期向买受人交付，买受人查验并接受房屋的过程中买卖双方所实施的行为。

二、商品房交付一般流程

第一步，房地产开发企业向买受人发出书面的入住通知。

第二步，买受人持入住通知要求的证件及其他相关资料，在入住通知要求的期限内到房地产开发企业指定的地点，查验房地产开发企业依法应当取得的书面文件。

第三步，买受人在房地产开发企业相关工作人员的陪同下实地查验所购买商品房并填写验房单。

（1）若商品房存在法定或约定的可以退房的质量问题或存在解除购房合同的其他情形，买受人应决定是否退房，并在约定的期限内书面通知房地产开发企业；

（2）若商品房存在未达到退房条件的质量问题或未达到约定标准，买受人可将商品房存在的质量问题或未达到约定标准的内容书面递交房地产开发企业，由房地产开发企业在一定期限内逐项予以修复或赔偿。

第四步，房地产开发企业对商品房存在的质量问题逐项予以修复或作出修复书面承诺并经买受人查验同意后，双方根据商品房面积实测技术报告结算房款。

第五步，买受人向房地产开发企业交纳商品房买卖合同或商品房预售合同约定的其他费用。

第六步，买受人从房地产开发企业或房地产开发企业指定的第三方处领取房屋钥匙。

第七步，买受人向房地产开发企业依法选定的前期物业管理企业或物业服务企业交纳物业管理费，并办理物业管理的相关手续。

三、商品房的交接验收

1. 商品房的交接

商品房交接是指开发商与购房者根据商品房买卖合同的约定，在一定时间内办理商品房的占有转移、结算房款及水电费用等一系列交接事务的总称。

2. 购房者在商品房交接过程中的权利

商品房达到买卖双方签订的《商品房买卖合同》约定的交付标准、使用条件后方可办理验收交接手续。买受人在商品房验收交接时依据合同约定和法律规定享有以下权利：

（1）房地产开发企业应向买受人出示《商品房买卖合同》约定的证明文件。合同约定为"工程质量验收合格交付"的，商品房交付使用前必须通过工程质量验收合格，证明文件即单位工程验收备案记录。合同约定为"完成规划、单体工程质量、消防、人防等专项验收"的，证明文件即相应的专项验收证明文件。

（2）商品房为住宅的，房地产开发企业应向买受人提供《住宅质量保证书》和《住宅使用说明书》。

（3）买受人有权对双方合同中关于供水、供电、燃气设施、排水、绿化、道路等基础设施、公共配套建筑交付条件的约定进行核检。

以上三点中，只要有某一项达不到合同约定的条件，买受人有权拒绝交接，并向房地产开发企业以书面的形式陈述拒收的事实及理由，以此取得因房地产开发企业违约而拒收商品房的证据。

（4）买受人有权检查给水、排水是否畅通、是否渗漏，墙壁、地坪、顶棚等是否起泡或有裂纹，门或窗是否严密，墙壁、门窗、卫生间及厨房是否渗漏等。若任何一项出现问题，均属于质量保修范围，买受人有权以书面形式告知房地产开发企业进行维修，但不能以此为理由拒绝商品房交接。

（5）买受人有权对装饰设备的约定进行核验。若发现商品房的装饰设备标准不符合合同的约定，有权以书面形式告知房地产开发企业，追究其赔偿双倍的装饰设备差价的违约责任，但不能以此理由拒绝交接。

（6）买受人有权要求房地产开发企业对因商品房质量问题造成的损失进行赔偿。商品房存在质量保修范围内的问题时，房地产开发企业应及时组织人员对商品房交接中买受人反映的质量问题进行维修。若房地产开发企业未及时维修，买受人应依据《房屋建筑工程质量维修办法》第14条的规定，即"在保修期内，因房屋建筑质量缺陷造成房屋所有人、使用人或第三人人身、财产损害的，房屋所有人、使用人或第三人可以向建设单位提出赔偿要求"的规定，要求房地产开发企业对因商品房质量问题造成的损失进行赔偿。

3. 商品房的验收

购房者接收房产时必须要求卖方再次陪同实地察验，看是否有所变动，是否按合同要求进行过维修改造，维修改造质量和水平是否满意，有关文件是否符合、齐全等，都应仔细察验。只有购房者对房屋进行验收并签署房屋交接单、领取房屋钥匙，开发商的交付义务才算履行完毕。

商品房交付使用时，预售人必须向预购人提供《商品房住宅质量保证书》和《住宅使用说明书》，其与合同具有同等法律效力。

房屋交付使用时，购房者要根据购房合同和开发商提供的"两书"对房屋进行验收，一般情况应查看的内容有：

（1）房屋建筑质量：根据建设部《房屋建筑工程和市政基础设施工程竣工验收备案管理暂行办法》，从2000年5月1日起，竣工验收不再由质检站担任，而是由设计、监理、建设单位和施工单位四方合验后，在工程竣工后15日内到市、区两级建委办理竣工备案。因此，住户自己要对房屋进行质量检查，如墙板、地面有无裂缝等；检查门窗开关是否平滑，有无过大的缝隙。

（2）装饰、装修材料标准：在购房合同里，买卖双方应对房屋交付使用时的装饰、装修标准有详细的约定，包括：内外墙、顶面、地面使用材料、门窗用料；厨房和卫生间，使用设施的标准和品牌；电梯的品牌和升降的舒适程度等。

（3）水、电、气管线供应情况：检查这方面情况时，首先要看这些管线是否安装到位，室内电源、天线、电话线插头是否安装齐全；其次要检查给水排水是否通畅，各种电力线是否具备实际使用的条件。

（4）房屋面积的核定：任何商品房在交付使用时，必须经有资质的专业测量单位对每一套房屋面积进行核定，得出实测面积。因此，自己验收时，只要将这个实测面积与合同中约定的面积进行核对，即可得知面积有无误差。误差较大的，应及时向开发商提出并协商解决办法。

4. "两书"的主要内容

交付商品房时，房地产开发企业应当根据《商品住宅实行质量保证书和住宅使用说明书制度的规定》，向买受人提供《住宅质量保证书》、《住宅使用说明书》。《住宅质量保证书》应当包括以下内容：

(1) 工程质量监督部门核验的质量等级。

(2) 基础设施工程、房屋建筑的地基基础工程和主体结构工程，为设计文件规定的该工程的合理使用年限。

(3) 屋面防水工程、有防水要求的卫生间、房间和外墙面的防渗漏，保修期为5年；供热与供冷系统，为2个采暖期、供冷期；电气管线、给水排水管道、设备安装和装修工程，为2年。

(4) 用户报修的单位答复和处理的时限。

《住宅使用说明书》应当对住宅的结构、性能和各部位（部件）的类型、性能标准等做出说明，并提出使用注意事项，一般应包括以下内容：

(1) 开发单位、设计单位、施工单位，委托监理的应注明监理单位。

(2) 结构类型。

(3) 装修、装饰注意事项。

(4) 上水、下水、电、燃气、热力、通信、消防等设施配置的说明。

(5) 有关设备、设施安装预留位置的说明和安装注意事项。

(6) 门、窗类型，使用注意事项。

(7) 配电负荷。

(8) 承重墙、保留墙、防水层、阳台等部位注意事项的说明。

(9) 其他应说明的问题。

四、商品房交付中的几个法律问题

1. 商品房"交付使用"

怎样才算商品房"交付使用"，最高人民法院《关于审理商品房买卖合同纠纷案件适用法律若干问题的解释》第11条明确规定，对房屋的转移占有，视为房屋的交付使用，但当事人另有约定的除外。房屋的转移占有，通俗的理解即为"交钥匙"。因此，购房者领取住宅钥匙就视为房屋的交付使用。当然，购房者也可在《商品房买卖合同》中另行约定交房的时间和条件。房屋的交付使用意味着房屋毁损、灭失的风险的转移和逾期交付时间的确定。根据有关法律，商品房"交付使用"必须是竣工验收合格后的交付，否则即便开发商向购房者交了房屋钥匙，因为违反法律法规的规定，也不能视为房屋的交付使用。

2. 商品房逾期交付的责任

开发商已经逾期交房，首先开发商是否存在免责事由是关键，即开发商是否遇到不可抗力及合同约定的其他免责事由。所谓不可抗力，是指不能预见、不能避免并不能克服的客观情况。是否构成不可抗力，需具体情况具体分析，不能一概而论。如果开发商逾期交房是因为发生了不可抗力或存在合同约定的其他免责事由，并及时履行了告知义务，则开发商可以不承担逾期交房的责任。但如果开发商没有在《商品房买卖合同》约定的期限内将发生了不可抗力或合同约定的其他免责事由告知购房者，开发商仍然要承担逾期交房的违约责任。

如果开发商逾期交房不存在免责事由，则开发商需承担商品房逾期交付的责任。这个责任包括开发商支付逾期违约金和在一定条件下购房者有权解除合同。通常在《商品房买卖合同》中对开发商支付逾期违约金数额的计算方法和支付条件及购房者解除合同的条件都有约定，则应按合同约定。对使用按揭贷款的购房者，计算违约金时的房价款是整个房屋的价款总额。当然，约定的违约金太高或太低，可以请求法院变更，但需请求方举证。另外，有时在《商品房买卖合同》中既约定有定金又约定有违约金，二者只能选择其中一个主张权利。

如果双方在开发商支付逾期违约金数额的计算方法上没有约定，应适用最高人民法院《关于审理商品房买卖合同纠纷案件适用法律若干问题的解释》第17条的规定，即"逾期交付使用房屋的，按照逾期交付使用房屋期间有关主管部门公布或者有资格的房地产评估机构评定的同地段同类房屋租金标准确定"。

如果《商品房买卖合同》中对开发商逾期交房购房者解除合同的条件没有约定时，应适用《关于审理商品房买卖合同纠纷案件适用法律若干问题的解释》第15条第1款的规定，即"出卖人迟延交付房屋或者买受人迟延支付购房款，经催告后在三个月的合理期限内仍未履行，当事人一方请求解除合同的，应予支持，但当事人另有约定的除外"。需要注意的是，购房者的解除权应当在一定期限内行使，逾期不行使的，解除权消灭。该条第2款还规定，法律没有规定或者当事人没有约定，经对方当事人催告后，解除权行使的合理期限为三个月。对方当事人没有催告的，解除权应当在解除权发生之日起一年内行使；逾期不行使的，解除权消灭。

需要注意的是，购房者不能以开发商逾期交房责任没有承担为由，拒绝接收房屋。在交房条件满足的情况下，只要开发商依约发出了交房通知，即使你没有按约前来接收房屋，也算开发商履行了交房义务。在开发商已经逾期交房且不存在免责事由的情况下，是否追究以及何时追究开发商违约责任完全是购房者自身的权利，除购房者明确表示放弃外，接收房屋本身并不意味着购房者放弃追究开发商的违约责任。

3. 商品房交付不当的责任

商品房交付不当通常包括两种情形，一种是交付的房屋及其相关资料有瑕疵但能补正的。在此情况下，购房者有权拒绝接受交付，并可要求开发商补正。如因补正而构成逾期交付时，开发商应负逾期交付的违约责任；或者接受交付，但要求开发商在合理的时间予以补正，并可要求开发商赔偿损失。

另一种情况是交付的房屋有瑕疵且无法补正的。此时购房者可作如下选择：或解除购房合同，并要求开发商承担违约责任；或接受交付，但要求开发商赔偿瑕疵部分所致损失。比如商品房面积超出约定的较多，小区环境改变较大，甚至房屋主体结构不合格等情况。

购房者解除合同后，可以要求开发商赔偿损失，损失的计算一般很难确定，因此需要购房者与开发商在《商品房买卖合同》中约定计算方法，比如赔偿损失为房价款的5%～10%，这样有利于保护购房者，否则在房价上涨比较快的时候，开发商并不担心购房者解除购房合同，购房者的利益也不能得到切实的保障。

4. 商品房保修责任

房地产开发企业应当对所售商品房承担质量保修责任。当事人应当在合同中就保修范围、保修期限、保修责任等内容做出约定。保修期从交付之日起计算。商品住宅的保修期限不得低于建设工程承包单位向建设单位出具的质量保修书约定保修期的存续期；存续期少于《商品住宅实行质量保证书和住宅使用说明书制度的规定》中确定的最低保修期限的，保修期不得低于《商品住宅实行质量保证书和住宅使用说明书制度的规定》中确定的最低保修期限。非住宅商品房的保修期限不得低于建设工程承包单位向建设单位出具的质量保修书约定保修期的存续期。

　　在保修期限内发生的属于保修范围的质量问题，房地产开发企业应当履行保修义务，并对造成的损失承担赔偿责任。商品住宅委托物业管理公司等单位维修的，应在《住宅质量保证书》中明示所委托的单位。因不可抗力或者使用不当造成的损坏，房地产开发企业不承担责任。

第三章 物业管理法律制度

第一节 物业与物业管理概述

一、物业及物业管理的概念

"物业"一词由香港传入内地,其在东南亚地区基本是作为房地产的同义词而使用的。具体而言,是指已建成并具有使用功能和经济效用的各类供居住和非居住的屋宇及与之相配套的设备、市政、公用设施,屋宇所在的建筑地块与附属的场地、庭院。物业根据其用途主要可分为:住宅、写字楼、商场、酒店旅馆、工业厂房等。

物业管理,又称物业服务,是指物业管理企业或物业服务企业接受业主、业主委员会或者其他组织的委托,对物业进行维护、修缮、管理,对物业区域内的公共秩序、交通、消防、环境卫生、绿化等事项提供协助管理、服务的有偿活动。其中,委托和有偿是物业管理的基本特点。

二、物业管理的性质和基本内容

1. 物业管理公司的性质

物业管理属于服务性工作,其主要职能是通过对物业的管理和提供的多种服务,为业主和租户创造一个舒适、方便、安全、幽雅的工作和居住环境。物业管理公司作为非生产性企业,主要是通过对物业的维修养护、清洁卫生以及直接为业主和租户提供服务来达到自己的工作目标。因此,从本质上说,物业管理公司是一个服务性企业,其服务是有偿的企业经济行为。

物业管理在某种程度上承担着某些行政管理的特殊职能,因此它是现阶段城市现代化建设的重要组成部分。由于中国城市建设管理体制正处于改革发展中,某些管理的职能和职权并没有完全转轨和明确,所以物业管理公司在向业主和租户提供服务的同时,也承担了部分政府有关部门对城市管理的职能。

物业管理的特征:

(1)社会化:物业管理社会化有两个基本含义,一是物业的所有权人要到社会上去选聘物业服务企业;二是物业服务企业要到社会上去寻找可以代管的物业。

(2)专业化:提供车辆保管、绿化养护、保洁、安全保卫等工作。

(3)市场化:市场化是物业管理的最主要特点。

2. 物业管理的基本内容

物业管理涉及的领域相当广泛,其基本内容按服务的性质和提供方式可分为:常规性的公共服务、针对性的专项服务和委托性的特约服务三大类。

(1)常规性的公共服务

这是指物业管理中公共性的管理和服务工作，是物业服务企业面向所有住用人提供的最基本的管理和服务。公共服务主要有以下 8 项：

1) 房屋共用部位的维护与管理。

2) 房屋共用设备设施及其运行的维护和管理。

3) 环境卫生、绿化管理服务。

4) 物业管理区域内公共秩序、消防、交通等协助管理事项的服务。

5) 物业装饰装修管理服务，包括房屋装修的申请与批准及对装修的设计、安全等各项管理工作。

6) 专项维修资金的代管服务。这是指物业服务企业接受业主委员会或物业产权人委托，对代管的房屋共用部位共用设施专项维修资金的管理工作。

7) 物业档案资料的管理。

8) 代收代缴收费服务。

(2) 针对性的专项服务

针对性的专项服务是指物业服务企业面向广大住用人，为满足其中一些住户、群体和单位的一定需要而提供情报的各项服务工作。专项服务的内容主要有日常生活、商业服务、文教卫体、社会福利及各类中介服务五大类。

(3) 委托性的特约服务

特约服务是为满足物业产权人、使用人的个别需求，受其委托而提供的专门服务，通常指在物业管理委托合同中未要求、物业服务企业在专项服务中也未设立的服务。特约服务实际上是专项服务的补充和完善。

上述三大类管理与服务工作是物业管理的基本内容。第一大类是最基本的工作。

3. 物业管理的主要环节

(1) 物业管理的策划阶段

1) 物业管理的早期介入：所谓物业管理的早期介入，是指物业服务企业在接管物业以前的各个阶段（即项目决策、可行性研究、规划设计、施工建设等阶段）就参与介入，提供专门的咨询意见等。

2) 制定物业管理方案：房地产开发确定后，开发企业就应尽早制定物业管理方案，也可聘请物业服务企业代为制定。

3) 选聘或组建物业服务企业。

上述 3 个环节的特点是均由房地产开发企业来主持。

(2) 物业管理的前期准备阶段

1) 物业服务企业内部机构的设置与拟定人员编制。

2) 物业管理人员的选聘和培训。

3) 物业管理制度的制订。

(3) 物业管理的启动阶段

物业管理的全面正式启动以物业的接管验收为标志。

1) 物业的接管验收包括新建物业的接管验收和原有物业的接管验收。

2) 用户入住。

3) 档案资料的建立。档案资料包括业主或租户的资料和物业的资料。

4) 首次业主大会的召开和业主委员会的成立。当物业销售和用户入住达到一定比例时(如50%),业主应在物业所在地政府主管部门或街道办事处、乡镇人民政府的指导下组织召开首次业主大会,审议和通过业主委员会章程和管理规约,选举产生委员会,至此,物业管理工作就从全面启动转向日常运作。

(4) 物业管理的日常运作阶段

1) 日常综合服务与管理,主要服务内容参见本节物业管理的基本内容中列举的项目。

2) 系统的协调,包括内外部两个系统的协调处理等。

第二节 物业管理的参与主体

一、业主、业主大会及业主委员会

1. 业主及其权利、义务

(1) 业主即房屋的所有权人,也称物业产权人或物业的主人,指房屋所有权和土地使用权人。业主可以是个人、集体、国家;在物业管理中,业主又是物业服务企业所提供的物业管理服务的对象。业主是物业管理市场的需求主体。

(2) 业主分为三个层次:单个业主;全体业主,即业主大会或业主代表大会;业主委员会。

2. 业主大会

(1) 业主大会由物业管理区域内全体业主组成,业主人数较多的,也可以组成业主代表大会(业主大会或者业主代表大会统称为"业主大会")。业主大会是代表和维护业主在物业管理活动中的合法权益,决定物业重大管理事项的业主自治管理组织。

(2) 业主大会的召开

业主大会分为定期会议和临时会议。业主大会一般每年召开一次,称为年度会议。经20%及以上的业主提议,业主委员会应当组织召开业主大会临时会议。

业主大会会议可以采用集体讨论的形式,也可以采用书面征求意见的形式;但是,应当有物业管理区域内专有部分占建筑物总面积过半数的业主且占总人数过半数的业主参加。业主可以委托代理人参加业主大会会议。

"业主大会对筹集和使用专项维修资金,改建、重建建筑物及其附属设施等事项作出决定,应当经专有部分占建筑物总面积2/3以上的业主且占总人数2/3以上的业主同意;对制定和修改业主大会议事规则及管理规约、选举业主委员会或者更换业主委员会成员、选聘和解聘物业服务企业及其他有关共有和共同管理权利的其他重大事项作出决定,应当经专有部分占建筑物总面积过半数的业主且占总人数过半数的业主同意。

3. 业主委员会

(1) 业主委员会是业主大会的执行机构。业主大会应当在首次会议召开时选举产生业主委员会。业主委员会应当自选举产生之日起30日内,向物业所在地的街道办事处和区、县人民政府房地产行政主管部门备案。

(2) 一个物业管理区域应当成立一个委员会。业主委员会应当由5~10名的单数业主担任。

二、物业服务企业

1. 物业服务企业的性质

物业服务企业是依法定程序设立，以物业管理为主，独立核算、自主经营、自负盈亏的具有独立的企业法人地位的经济组织。

2. 物业服务企业的设立

物业服务企业的设立分工商注册登记和资质审批两步。设立物业服务企业须向工商行政管理部门进行注册登记，领取营业执照后，方可开业。物业服务企业资质等级分为一级、二级、三级和临时资质。

三、物业管理的委托和物业管理合同

1. 物业管理的委托

实践中，物业管理的委托方有房地产开发企业、公房出售单位及业主委员会。

物业管理的委托有实行招标和不实行招标两种方式。不实行招标是指房地产开发企业或公房出售单位将物业直接委托给自己组建或选定的物业服务企业管理。实行投标是指房地产开发企业、公房出售单位或业主委员会以招标的方式，通过市场竞争将物业管理委托给中标的物业服务企业。招标分公开招标和邀请招标两种方式。

2. 物业管理合同

物业管理合同有以下两种类型：

(1)《前期物业管理服务合同》

前期物业管理是指业主大会与物业服务企业签订的《物业管理合同》生效前实施的物业管理。《前期物业管理服务合同》是房屋建设单位与物业服务企业之间签订的。

(2)《物业管理服务合同》

业主大会成立后，代表全体业主与选聘或中标的物业服务企业签订的《物业管理服务合同》。该合同生效时，原建设单位与物业服务企业所签订的《前期物业管理服务合同》自行失效。

签订物业管理合同时，应坚持"宜细不宜粗"的原则，即应根据项目实际情况将物业服务中的各种情况尽可能约定清楚。

第三节 管理规约及物业管理费用

一、管理规约

在实施物业管理的居住小区中，为维护全体业主和物业使用人的合法权益，维护公共环境和秩序，保障物业的安全与合理使用，应根据国家有关物业管理的法规政策制订管理规约。

管理规约即业主公约，是由全体业主承诺的，并对全体业主(也包括非业主使用人)有共同约束力的，有关业主在物业使用、维护和管理等方面权利义务的行为守则。

管理规约是物业管理中的一个重要的基础性文件。它一般是由业主委员会依据政府制定的示范文本，结合物业的实际情况进行修改补充，经业主大会讨论通过生效。在第一次业主大会召开之前，最初的管理规约可由物业服务企业依据政府制定的示范文本代为拟定，提交第一次业主大会讨论通过，并经业主签字后生效。以后根据实际情况进行的修订则只需业主大会讨论通过即生效。

二、管理规约的主要内容

1. 对公共部位、公共设施、公共环境使用和维护方面的规定

物业范围内的所有使用人对物业的公共部位、公共设施、公共环境的使用，要在国家和地方有关政策法规及《物业管理合同》规定范围内合理使用，并有自觉维护的责任；不得侵占物业共用部位和附属用地以及物业管理范围内的道路和附属设施，也不得随意接引、拆除和损坏市政公用设施；禁止在建筑物和构筑物上涂写、刻画、张贴；不得在住宅区内随意停放车辆，未经批准，禁止载重车通行。

2. 对房屋装修方面的规定

在管理规约中，一般都对房屋装修做了明确规定，如要求业主或物业使用人装修房屋时遵守有关房屋装修的制度，并事先告知物业服务企业。物业服务企业对装修房屋活动进行指导和监督，并将注意事项和禁止行为告知业主和物业使用人。业主或物业使用人违规、违章装修房屋或妨碍他人正常使用物业的现象（如渗、漏、堵、冒等），应当及时纠正，造成他人损失的应承担责任。

管理规约还规定了业主和物业使用人的行为规范。主要有：

(1) 不得擅自改变房屋结构、外貌（含外墙、外门窗、阳台等部位的颜色、形状和规格）、设计用途、功能和布局等；

(2) 不得对房屋的内外承重墙、梁、柱、板、阳台进行违章凿、拆、搭、建；

(3) 不得损坏、拆除或改造供电、供水、供气、供暖、通信、有线电视、排水、排污、消防等公用设施。

3. 对物业管理管辖范围内娱乐性场所和经营性场所的有关规定

(1) 有关环境卫生的规定和约定，如不得随意堆放杂物、乱扔垃圾、高空抛物等，不得践踏、占用绿化用地，损坏园林建筑小品等；

(2) 有关噪声的规定和约定，如不得聚众喧闹、噪声扰民等危害公共利益或其他不道德的行为等；

(3) 有关交通管理的规定和约定，如不得在公共场所、道路两侧支设摊点等；

(4) 有关治安防范的规定和约定，如不得违反规定存放易燃、易爆、剧毒、放射性等物品和排放有毒、有害、危险物质等，不得违反规定饲养家禽、家畜及宠物等。

4. 有关违反管理规约的处罚性规定

(1) 擅自拆改房屋结构及其设施设备影响房屋使用安全和正常使用或影响房屋整体外观的有关处罚规定；

(2) 私搭乱建违章建筑的有关处罚规定；

(3) 侵占房屋共用部位和房屋的附属用地以及侵占物业管理范围内的道路的有关处罚规定；

(4) 噪声扰民、污染环境方面的有关处罚规定。

三、物业管理经费的来源

物业管理经费的来源主要有以下几个方面：
(1) 定期收取物业管理服务费；
(2) 物业服务企业开展多种经营的收入和利润；
(3) 政府的扶持；
(4) 开发建设单位给予一定的支持。

四、物业管理收费原则

(1) 物业服务收费应当遵循合理、公开以及费用与服务水平相适应的原则，区别不同物业的性质和特点，由业主和物业服务企业按照国务院价格主管部门会同国务院建设行政主管部门制定的物业服务收费办法，在物业服务合同中约定。

(2) 物业管理服务收费包括公共性服务费和特约服务费两大类。物业管理服务收费应当根据所提供服务的性质、特点等不同情况，分别实行政府定价、政府指导价和经营者定价。

(3) 业主应当根据物业服务合同的约定交纳物业服务费用。业主与物业使用人约定由物业使用人交纳物业服务费用的，从其约定，业主负连带交纳责任。已竣工但尚未出售或者尚未交给物业买受人的物业，物业服务费用由建设单位交纳。

(4) 物业服务企业接受供水、供电、供气、供热、通信、有线电视等单位委托代收有关费用的，不得向业主收取手续费等额外费用。

(5) 实行政府定价和政府指导价的物业管理服务收费标准，由物业服务企业根据实际提供的服务项目和各项费用开支情况，向物价部门申报，由物价部门征求物业管理行政主管部门同意后，以独立小区为单位核定。实行政府指导价的物业服务企业可在政府指导价格规定幅度内确定具体收费标准。

第四节 专项维修资金

一、专项维修资金的性质和用途

专项维修资金属全体业主所有，专项用于物业共用部位、共用设备设施保修期满后的大中修和更新、改造。

(1) 物业的共用部位是指物业主体承重结构部位（包括基础、承重墙体、柱、梁、楼板、屋顶等）、户外墙面、门厅、楼梯间、走廊通道等。

(2) 物业的共用设备设施是指物业区域内，由全体业主共同拥有并使用的上下水管道、落水管、水箱、加压水泵、电梯、天线、供电线路、共用照明、消防设施、绿地、道路、沟渠、池井、非经营性停车场库、公益性文体设施和共用设施使用的房屋等。

二、专项维修资金的筹集

专项维修资金的筹集分以下两种情况：

(1) 商品房销售：商品住房在销售时，购房者与售房单位应当签订有关专项维修资金缴交约定。自1999年起，根据建设部《住宅共用部位共用设施设备维修基金管理办法》的规定，购房者应当按照房款2%～3%的比例向售房单位缴交专项维修资金。2008年2月1日以后，根据建设部、财政部最新颁布的《住宅专项维修资金管理办法》第7条第1款规定，商品住宅的业主、非住宅的业主按照所拥有物业的建筑面积交存住宅专项维修资金，每平方米建筑面积交存首期住宅专项维修资金的数额为当地住宅建筑安装工程每平方米造价的5%～8%。第12条第1款规定，商品住宅的业主应当在办理房屋入住手续前，将首期住宅专项维修资金存入住宅专项维修资金专户。

(2) 公有住房出售：公房出售以后，专项维修资金由售房单位和购房者双向筹集。《住宅专项维修资金管理办法》第8条规定，出售公有住房的，按照下列规定交存住宅专项维修资金：①业主按照所拥有物业的建筑面积交存住宅专项维修资金，每平方米建筑面积交存首期住宅专项维修资金的数额为当地房改成本价的2%。②售房单位按照多层住宅不低于售房款的20%、高层住宅不低于售房款的30%，从售房款中一次性提取住宅专项维修资金。第12条第2、3款规定，已售公有住房的业主应当在办理房屋入住手续前，将首期住宅专项维修资金存入公有住房住宅专项维修资金专户或者交由售房单位存入公有住房住宅专项维修资金专户。公有住房售房单位应当在收到售房款之日起30日内，将提取的住宅专项维修资金存入公有住房住宅专项维修资金专户。

三、专项维修资金的使用

业主委员会成立前，专项维修资金的使用由售房单位或售房单位委托的管理单位提出使用计划，经当地房地产行政主管部门审核后划拨。

业主委员会成立后，专项维修资金的使用由物业服务企业提出年度使用计划，经业主委员会审定后实施。

四、专项维修资金的管理

专项维修资金属于代管基金。

(1) 业主大会成立前，专项维修资金由当地房地产行政主管部门代管。

(2) 业主大会成立后，经业主委员会同意，房地产行政主管将专项维修资金移交给物业服务企业代管。

(3) 物业服务企业发生变换时，代管的专项维修资金账目经业主委员会审核无误后，应当办理账户转移手续。

(4) 专项维修资金应当在银行专户储存，专款专用。

(5) 业主转让房地产所有权时，结余专项维修资金不予退还，随房屋所有权同时过户。

(6) 因房屋拆迁或者其他原因造成住房灭失时，专项维修资金代管单位应当将专项维修资金账面余额按业主个人缴纳比例退还给业主。

第四章 房地产权属登记制度

第一节 房地产权属登记概述

一、房地产权属登记的概念

房地产权属登记是指经权利人申请，由房地产权属登记机关将有关申请人的房地产权利事项记载于房地产登记簿并进行公示的行为。房地产权属登记制度是我国物权法中的一项重要制度。《物权法》第6条规定，不动产物权的设立、变更、转让和消灭，应当依照法律规定登记。《城市房地产管理法》规定，国家实行土地使用权和房屋所有权登记发证制度。

房地产权属登记管理即是用法律的手段对房地产进行登记，审查确认产权、核发权属证书，办理权属的转移变更的行为，建立准确、完整的权属档案资料等，从而建立正常的产权登记秩序，更好地保护权利人的合法权益。房地产权属登记发证制度是权属管理的首要核心内容。在权属登记有公信力的国家或地区，房地产权属登记实质上就是以国家或政府的声誉来保证某一房地产权利的归属和可靠性，从而使这一房地产权利能够得到国家法律的保护。

二、房地产权属登记管理的原则

1. 房屋所有权与该房屋所占用的土地使用权实行权利主体一致的原则

房地产是一个有机的不可分割的整体。因此，房屋所有权人和该房屋占用的土地使用权人，必须同属一人（包括法人和自然人），法律、法规另有规定的除外。在办理产权登记时，如发现房屋所有权人与该房屋所占用的土地使用权人不属同一人时，应查明原因，查不清的，暂不予办理登记。

2. 房地产权属登记的属地管理原则

房地产是坐落在一定的自然地域上的不可移动的资产。因此，房地产权属登记管理必须坚持属地管理原则，即只能由市（县）房地产管理部门负责所辖区范围内的房地产产权管理工作；房地产权利人也只能到房屋所在地的市（县）房地产管理部门办理产权登记。

三、房地产权属登记的目的和意义

（1）保护房地产权利人的合法权益。
（2）保证交易安全，减少交易成本。
（3）房地产权属登记是房地产管理的基础工作。
（4）权属登记为城市规划、建设、管理提供科学依据。

第二节 我国的房地产权属登记制度

一、我国现行的房地产登记制度

我国现行的房地产登记制度，主要有以下几点：

1. 房地产权属登记由不同登记机关分别登记

房屋与所占用的土地使用权是不可分割的，房地产权属的登记本应当是一次进行的，证书也应当只领取一个，但由于我国对房地产事项由房屋与土地分部门管理，所以房地产权属登记一般是土地使用权和房屋所有权登记分别在土地管理机关和房地产管理机关进行。

2. 房地产权属登记为房地产权利动态登记

当事人对房地产权利的取得、变更、丧失均须依法登记，不经登记，不具对抗第三人的效力。房地产权属登记，不仅登记房地产静态权利，而且也登记权利动态过程，使第三人可以就登记情况，推知该房地产权利状态。

3. 房地产权属登记具有公信力

依法登记的房地产权利受国家法律保护。房地产权利一经登记机关在登记簿上注册登记，该权利对抗善意第三人在法律上有绝对效力。

4. 房地产权属登记实行及时登记制度

房地产权利初始登记后，涉及权利转移、设定、变更等，权利人必须在规定的期限内申请登记，若不登记，房地产权利便得不到法律的有效保护，且要承担相应的责任。

5. 颁发权利证书

房地产权属登记机关对产权申请人登记的权利，按程序登记完毕后，还要给权利人颁发权属证书。权属证书为权利人权利之凭证，由权利人持有和保管。

二、登记发证的法定机关

市、县房地产管理部门是房屋所有权登记发证的法定机关。

《城市房地产管理法》规定："由县级以上人民政府房产管理部门核实并颁发房屋所有权证书。"国务院 1983 年颁发的《城市私有房屋管理条例》中规定："城市私有房屋所有人，须到房屋所在地房产管理部门办理所有权登记手续，经审查核实后，领取房屋所有权证书。"国务院 1994 年《关于深化城镇住房制度改革的决定》中规定："职工购买住房，都要到房产管理部门办理住房过户和产权转移登记手续，同时要办理相应的土地使用权变更登记手续，并领取统一制定的产权证书。"2000 年国务院法制办对建设部《关于请求解释〈城市房地产管理法〉中房产管理部门的函》的复函中明确了核发房屋所有权证书的部门，是指县级以上人民政府行使房产行政管理职能的部门。建设部令第 99 号《城市房屋权属登记管理办法》规定："直辖市、市、县人民政府房地产行政主管部门负责本行政区域内的房屋权属登记管理工作。"依据上述法律、法规的规定，市（县）房地产行政主管部门是法定的房屋所有权登记发证机关，其他部门办理的房屋所有权登记和发放的房屋所有权证书，不具有法律效力，不受国家法律的保护，一个城市只能设立一个房屋权属登记机关。

三、房地产权属登记发证机构的分工和工作程序

作为国家一级的管理机构，在国务院内部的分工是：国家建设部负责全国房屋所有权的确权、登记、发证管理工作，国土资源部负责全国土地使用权的确权、登记、发证管理工作。

省级地方的房地产权属发证管理工作机构的分工及其职权由各省、自治区、直辖市人民政府根据具体情况，具体确定。

市、县一级房地产登记发证的管理机构分工及工作程序分两种情况：

1. 房、地分管体制

《城市房地产管理法》对工作程序作了如下规定："以出让或者划拨方式取得土地使用权，应当向县级以上地方人民政府土地管理部门申请登记，经县级以上地方人民政府土地管理部门核实，由同级人民政府颁发土地使用权证书。""在依法取得的房地产开发用地上建成房屋的，应当凭土地使用权证书向县级以上地方人民政府房产管理部门申请登记，由县级以上人民政府房产管理部门核实并颁发房屋所有权证书。""房地产转让或者变更时，应当向县级以上地方人民政府房产管理部门申请房产变更登记，并凭变更后的房屋所有权证书向同级人民政府土地管理部门申请土地使用权变更登记，经同级人民政府土地管理部门核实，由同级人民政府更换或者更改土地使用权证书。""法律另有规定的，依照有关法律的规定办理。"

2. 房、地统管体制

《城市房地产管理法》规定："经省、自治区、直辖市人民政府规定，县级以上地方人民政府由一个部门统一负责房产管理和土地管理工作的，可以制作颁发统一的房地产权证书。"房、地实行统一管理的有广东、上海、重庆等省、市。

目前全国房地产权属登记管理体制，大体有以下四种模式：

（1）按土地的行政管理与经营管理划分权限的管理模式。即土地管理部门负责城乡地籍、地政管理和土地的出让、权属登记管理；房地产管理部门负责土地的开发利用、房地产转让、出租、抵押和房屋所有权的登记发证管理。这种模式在产权登记发证方面实行"两家各发一个证"的做法，即土地管理部门发土地使用权证，房地产管理部门发房屋所有权证。

（2）按土地出让前后时间段划分权限的管理模式。即土地管理部门负责土地出让和出让前的工作，土地出让以后的一切管理工作由房地产管理部门负责。这种模式，即房地产管理局负责城区土地出让后的土地地政、地籍管理，并统一发房屋所有权证和土地使用权证。这种模式实行由房地产管理部门"一家发两证"的做法。

（3）按城、乡划分权限的管理模式即城市范围内土地的出让、转让、出租、抵押以及土地使用权和房屋所有权的登记发证管理工作均由市房地产管理局负责。农村地区的土地管理由土地局负责。这种模式在产权登记发证方面实行由房地产管理局"一家发两证"的做法。

（4）实行"房地合一"的管理模式。即市政府把房地产管理局和市土地管理局合署办公，实行"一套人马，两块牌子"的体制，作为城乡房地产的主管部门。这种模式在产权登记发证方面实行只发一个"房地产证"的做法。

四、房地产权属登记的种类

房地产权属登记分为房屋权属登记和土地登记两大类别。

1. 房屋权属登记

房屋权属登记具体包括房屋总登记、房屋初始登记、房屋转移登记、房屋变更登记、房屋他项权利登记、房屋注销登记6种。

（1）房屋总登记

房屋总登记也叫静态登记，是在一定行政区域和一定时间内进行的房屋权属登记。进行总登记是因为没有建立完整的产籍或原有的产籍因其他原因造成产籍散失、混乱，必须全面清理房屋产权、整理产籍，建立新的产权管理秩序。

总登记应由县级以上人民政府在规定的登记期限开始之日起30日内发布公告，公告应当载明以下有关事项：总登记的区域、申请的期限（注明起止日期）、申请人应当提交的有关证件（告知登记人应携带的证件和有关文件）、受理登记的地点（可以是登记机关所在地或登记机关设立的登记点）、其他应当公告的事项（如登记费用、不登记的责任等）。

（2）房屋初始登记

初始登记是指新建房屋申请人，或原有但未进行过登记的房屋申请人原始取得所有权而进行的登记。在依法取得的房地产开发用地上新建成的房屋和集体土地转化为国有土地上的房屋，权利人应当向登记机关申请办理房屋所有权初始登记。在开发用地上新建成的房屋登记，权利人应向登记机关提交建设用地规划许可证、建设工程规划许可证及土地使用权证书等证明文件。集体土地转化为国有土地上的房屋，权利人应向登记机关提交用地证明等有关文件。

（3）房屋转移登记

转移登记是指房屋因买卖、赠予、交换、继承、划拨、转让、分割、合并、裁决等原因致使其权属发生转移而进行的登记，权利人应当自事实发生之日起90日内申请转移登记。申请转移登记，权利人应提交原房地产权属证书以及与房地产转移相关的合同、协议、证明等文件。

（4）房屋变更登记

变更登记是指房地产权利人因法定名称改变，或是房屋状况发生变化而进行的登记。如权利人法定名称变更或者房地产现状、用途变更、房屋门牌号码的改变、路名的更改、房屋的翻、改建或添建而使房屋面积增加或减少、部分房屋拆除时，房地产权利人均应自事实发生之日起30天内申请变更登记，由房地产权利人提交房地产权属证书以及相关的证明文件办理。

（5）房屋他项权利登记

他项权利登记是指设定抵押等他项权利而进行的登记，其结果表现为取得《房屋他项权证》。申请他项权利登记，权利人应提交的证明文件有：①以地上无房屋（包括建筑物、构筑物及在建工程）的国有土地作为抵押物的，应提交国有土地使用权证，土地使用权出让、抵押合同及相关协议和证明文件；②以房屋及其占用土地作为抵押物的，除应提交前款所列证明文件外，还应提交房屋权属证书。

(6) 房屋注销登记

注销登记是指房屋权利因房屋或土地灭失、土地使用年限届满、他项权利终止、权利主体灭失等而进行的登记。以下几种情况均应申请注销登记：

1）房屋灭失，所有权的要素之一客体灭失，房屋所有权不复存在；

2）土地使用权年限届满，房屋所有权人未按城市房地产管理法的规定申请续期，或虽申请续期而未获批准的，土地使用权由国家无偿收回；按房屋所有权和该房屋占用范围内土地使用权权利主体一致的原则，原所有人的房屋所有权也不复存在；

3）他项权利终止。抵押权是因主债权的消灭，如债的履行以及房屋灭失或抵押权的行使而使抵押权归于消灭。房地产权利丧失时，原权利人应申请注销登记。申请注销登记，申请人应提交房地产权属证书、相关的合同、协议文件。房地产权利灭失，而当事人在规定期限内未办理注销登记的，由登记机关予以注销登记。

2. 土地登记

土地登记是指县级以上人民政府依法将土地的权属、面积、用途等情况登记在专门的簿册上，同时向土地的所有者、土地的使用者颁发土地证书，以确认土地使用权、土地所有权的一种法律制度。土地登记分为土地总登记、土地初始登记、土地变更登记、土地注销登记、土地其他登记等。

（1）土地总登记，是指在一定时间内对辖区内全部土地或者特定区域内土地进行集中、统一的全面登记。

（2）土地初始登记是指土地总登记之外对设立的土地权利进行的登记，包括对划拨、出让、租赁国有建设用地的使用权人进行的建设用地使用权登记，对所有、使用集体土地的所有权人、使用权人进行的集体土地所有权初始登记、集体建设用地使用权初始登记、集体农用地使用权初始登记，以及土地使用权抵押登记、地役权登记等。

（3）土地变更登记是指因土地权利人发生改变，或者因土地权利人姓名或者名称、地址和土地用途等内容发生变更而进行的登记。主要包括出让土地使用权转让登记、划拨土地使用权转移登记，因法人或者其他组织合并、分立、兼并、破产等原因致使土地使用权发生转移的登记，因处分抵押财产而取得土地使用权的登记等。

（4）土地注销登记是指因土地权利的消灭等而进行的登记。具有以下情形的，应办理土地注销登记，如依法收回国有土地的、依法征收农民集体土地的、人民法院或仲裁机构的生效法律文书裁决原土地权利消灭的、自然灾害造成土地权利消灭的、非住宅国有建设用地使用权期限届满国有建设用地使用权人未申请续期或者申请续期未获批准的、土地抵押权终止或地役权终止的，当事人应当办理有关土地注销登记。

（5）其他登记，包括更正登记、异议登记、预告登记及查封登记等。更正登记是指土地权利人或利害关系人认为土地登记簿记载的事项错误的，申请人可以持原土地权利证书和证明登记错误的相关材料或土地权利人同意更正的书面文件办理。异议登记是指利害关系人对土地登记簿上有关权利主体、内容的正确性提出不同意见的登记。预告登记是指当事人签订土地权利转让的协议后，为了限制债务人处分该不动产，保障债权人将来取得物权而作的登记。预告登记后，债权消灭或者自能够进行土地登记之日起三个月内当事人未申请土地登记的，预告登记失效。预告登记期间，未经预告登记权利人同意，不得办理土地权利的变更登记或者土地抵押权、地役权登记。查封登记是指土地主管部门根据人民法院提供的查封裁定书和协助执行通知书，报经人民政府批准后将查封或者预查封的情况在土地登记簿上加以记载。

五、申请房地产权属登记的条件及当事人申请登记的时限

1. 申请房地产权属登记应同时具备以下 4 个条件

（1）申请人或代理人具有申请资格。权利人为法人、其他组织的，应使用法定名称，由其法定代表人申请；权利人为自然人的，应使用其身份证件上的姓名。共有的房地产，由共有人共同申请。如权利人或申请人委托代理申请登记时，代理人应向登记机关交验代理人的有效证件，并提交权利人（申请人）的书面委托书。设定房地产他项权利登记，由相关权利人共同申请；

（2）有明确具体的申请请求；

（3）申请登记的房地产产权来源清楚、合法，证件齐全，没有纠纷，且不属于被限制转移或被查封以及违章建筑的房屋；

（4）属受理登记的登记机关管辖。

2. 当事人申请登记的时限

总登记：申请人应当在地方人民政府公告的期限申请。

初始登记：新建的房屋，申请人应当在房屋竣工后 90 日内向登记机关提出申请；集体土地上的房屋因土地所有权变为国家土地，申请人应当自这一事实发生之日起 30 日内申请；转移登记应当在事实发生之日起 90 日内提出申请，变更、注销登记和他项权利登记，都应当在事实发生之日起 30 日内提出申请。

3. 房地产权属登记程序

房屋权属登记按受理登记申请、权属审核、公告、核准登记并颁发房屋权属证书等程序进行。

（1）受理登记申请

受理登记申请是申请人向房屋所在地的登记机关提出书面申请，填写统一的登记申请表，提交有关证件。如其手续完备，登记机关则受理登记。房屋所有权登记申请必须由房屋所有权人提出，房屋他项权利登记应由房屋所有人和他项权利人共同申请。

申请人申请权属时应如实填写登记申请表。对委托代理申请登记的，应收取委托书并查验代理人的身份证件。不能由其他人持申请人的身份证件申请登记。

工作人员在查验各类证件、证明和申请表、墙界表各栏目内容后，接受申请人的登记申请，并按收取的各类书证，向申请人出具收件收据。

登记机关自受理登记申请之日起 7 日内应当决定是否予以登记，对暂缓登记、不予登记的，应当书面通知权利人（申请人）。

（2）权属审核

主要是审核查阅产籍资料、申请人提交的各种证件，核实房屋现状即权属来源等。权属审核一般采用"三审定案"的方法，即采用初审、复审和审批的方法。随着我国权属登记制度的日益完善，对一部分房屋权属的确定，可以视情况采用更为简捷的方法。如：已经由房地产开发企业申请备案登记的房屋，房屋及其分层分户的状况已十分明确，权属转移手续也较为规范，这样就可以采用初审和审批的方法，省去复审过程。对于商品房甚至

可以采用直接登记当即发证的方法，收件后随即审批并打印权属证书。

　　1) 初审。初审是对申请人提交的证件、证明以及墙界情况、房屋状况等进行核对，并初步确定权利人主张产权的依据是否充分、是否合法，初审工作要到现场查勘，并着重对申请事项的真实性进行调查。

　　2) 复审。复审是权属审查中的重要环节，复审人员一般不到现场调查，但要依据初审中已确定的事实，按照法律、法规及有关规定，并充分利用登记机关现存的各项资料及测绘图件，反复核对，以确保权属审核的准确性。复审人员应对登记件负责全面审查，着重对登记所适用的法律、法规负责。

（3）公告

　　公告是对可能有产权异议的申请，采用布告、报纸等形式公开征询异议，以便确认产权。公告并不是房屋权属登记的必经程序，登记机关认为有必要时才进行公告。

　　但房屋权属证书遗失的，权利人应当及时登报声明作废，并向登记机关申请补发，登记机关应当作出补发公告，经 6 个月无异议的方可予以补发房屋权属证书。

（4）核准登记、颁发房屋权属证书

　　1) 核准登记。经初审、复审、公告后的登记件，应进行终审，经终审批准后，该项登记即告成立，终审批准之日即是核准登记之日。

　　终审一般由直接负责权属登记工作的机构指定的专人进行。终审是最后的审查，对有疑问的内容，终审人员应及时向有关人员指出，对复杂的问题，也可采用会审的办法，以确保确权无误。

　　2) 权属证书的制作。经终审核准登记的权利，可以制作权属证书。

　　填写房屋权属证书应当按建设部关于制作颁发全国统一房屋权属证书的通知的规定来填写。无论是使用计算机缮证或是手工缮证，在缮证后都要由专人进行核对，核对各应填写项目是否完整、准确，附图与登记是否一致，房屋权属证书附图中是否按要求注明施测的房产测绘单位名称，房屋套内建筑面积、房屋分摊的共有建筑面积，附图上尺寸是否标注清楚准确，相关的房屋所有权证、房屋他项权证和共有权证的记载是否完全一致，核对人员要在审批表核对人栏内签字以示负责，核对无误的权属证书即可编造清册，并在权属证书上加盖填发单位印章。

　　3) 权属证书的颁发。

　　向权利人核发权属证书是权属登记程序的最后一项。通知权利人领取权属证书一般可采用在登记机关决定管理登记时填发领证通知单或寄发统一的领证通知书的办法，告知权利人在规定时间携带收件收据、身份证件以及应缴纳的各项费用到指定地点领取。

　　登记费用一般包括登记费和权证工本费。

　　发证时应当请权利人自己检查一下权属证书上所载明的各登记事项是否准确，房屋权属证书应当发给权利人或权利人所委托的代理人。房屋他项权登记时房屋所有权证应发还给房屋所有权人，他项权证应发给他项权利人。发证时，领证人、发证人都应在审批表相应的栏目内签字并注明发证日期。发证完毕后，将收回的收件收据及全部登记文件及时整理，装入资料袋，及时办理移交手续，交由产籍部门管理。

4. 登记发证的时限

　　登记机关受理登记申请后，凡权属清楚、产权来源资料齐全的，应当按照规定的时间核准登记,并颁发房屋权属证书。

六、几种特殊情况下的权属登记

1. 房改售房权属登记

为保证住房制度改革的顺利实施,保障产权人的合法权益,规范房改中公有住房出售后的权属登记及发证工作,建设部对房改售房权属登记发证作了以下规定:

(1) 职工以成本价购买的住房,产权归个人所有,经登记核实后,发给《房屋所有权证》,产别为"私产",注记:"房改出售的成本价房,总价款:××元"。

(2) 职工以标准价购买住房,拥有部分产权。经登记核实后,也发给《房屋所有权证》,产别为"私产(部分产权)",注记:"房改出售的标准价房,总价款:××元,售房单位××××,产权比例为××(个人);××(单位)"。

(3) 以成本价或标准价购买的住房,产权来源为"房改售房"。

(4) 数人出资购房并要求核发《房屋共有权证》的,经登记核实后,可发给权利人《房屋共有权证》,并根据投资比例注记每人所占份额。

(5) 对于集资建房、合作建房、单位补贴房、解困房等,原则上应以建房时所订立的协议(或合同)中所规定的产权划分条款为准。产权划分条款订立不明确的,应由当事人再行协商,补签协议予以明确,按补签协议划分产权。以后,各类建房协议(或合同)凡涉及产权划分的,都应明确规定房屋建成后的产权分配。

2. 直接代为登记

按照《城市房屋权属登记管理办法》直接代为登记的房屋分为两种情况:

(1) 房地产行政主管部门直管的公房,由登记机关直接代为登记;

(2) 依法由房地产行政主管部门代管的房屋、无人主张权利的房屋以及法律、法规规定的其他情形,登记机关可依法直接代为登记。直接代为登记,应按正常的登记程序进行。由于这类房屋权属状态不明,不予颁发房屋所有权证等。这类房屋权利状态确定后,再由房屋所有权人重新提出申请。

3. 商品房的初始登记

房地产开发企业在获得开发地块并建成房屋后,应当按《城市房地产管理法》第61条的规定:"凭土地使用权证书向县级以上地方人民政府房产管理部门申请登记,由县级以上地方人民政府房产管理部门核实并颁发房屋所有权证书。"作这样的规定,可以使商品房的管理更为规范,也更有利于维护消费者的合法权益。在实际工作中,由于开发企业将房屋建成时,有一部分或者大部分已经预售,余下的房屋也将陆续出售,很多地方都采用备案的方法。其与一般的初始登记的区别在于,在按正常的登记手续登记后不立即给开发企业发统一的权属证书,而是将每一处的房屋状况分为若干个单位(如按套)分别记录在案或输入计算机,然后允许购买商品房的客户凭购房合同(商品房买卖合同或预售合同)和发票直接办理房产交易和转移登记手续。

4. 分割出售房屋的登记

一些房地产开发企业将房屋以 $1m^2$ 为单位进行销售的,实为融资。由于这种房屋所有权的客体不明确,没有明确的位置和权属界址,房屋所有权无法确认。建设部发出通知,要求各地登记机关不得为"一平方米单位"出售的房屋办理权属登记手续。此外,

《商品房销售管理办法》规定，商品住宅按套销售，不得分割拆零销售。

5. 在建工程和预售商品房抵押登记

建设部《城市房地产抵押管理办法》中分别规定了在建工程抵押和预购商品房贷款抵押。在建工程抵押时，当事人应按《城市房地产抵押管理办法》第 28 条的规定，在抵押合同中载明有关内容。登记机关在办理登记时，要按这一内容进行审核。在建工程竣工时，如抵押权仍未消灭，抵押人在申请领取房屋权属证书时，当事人应重新办理房产抵押登记。

预购商品房抵押也称为房屋期权抵押。购房者在签订购房合同时，双方只是产生了债的关系，购房者获得的仅仅是债权，尚不是房屋所有权。房屋权属登记机关受理预购商品房抵押登记时，应审核出售房屋一方是否获得商品房预售许可证。在房屋竣工交付使用时，对已办理预购商品房抵押登记的，应在领取房屋所有权证时同时办理房屋抵押登记。

七、注销房屋权属证书

《城市房屋权属登记管理办法》规定："有下列情形之一的，登记机关有权注销房屋权属证书：

（1）申报不实的；

（2）涂改房屋权属证书的；

（3）房屋权利灭失，而权利人未在规定期限内办理房屋权属注销登记的；

（4）因登记机关的工作人员工作失误造成房屋权属登记不实的。

注销房屋权属证书，登记机关应当作出书面决定，送达当事人，并收回原发放的房屋权属证书或者公告原房屋权属证书作废。"

另外，人民法院或者仲裁机构生效的法律文书确定房地产管理部门应当注销房屋权属证书的、原登记证明文件被有权机关依法撤销的和其他依法应当注销的，房地产管理部门应当按照《城市房屋权属登记管理办法》规定的程序注销房屋权属证书。

第五章 房地产交易税费

第一节 税收制度概述

一、税收制度的概念

所谓税收制度一般是指国家通过立法程序规定的各种税收法令和征收管理办法的总称。它是国家向纳税单位和个人征税的法律依据和工作规程,规定了国家和纳税人之间的征纳关系。税收制度有广义和狭义之分。狭义的税收制度是指各种税的基本法律制度,体现了税收的征纳关系;广义的税收制度是指税收基本法规、税收管理体制、税收征收管理制度以及国家机关之间因税收管理而发生的各种关系。

二、税收制度及其构成要素

税收制度会随着地区和时间的差别而有所不同。由于各国的政治、经济条件不同,因此,各国的税收制度也不相同,具体征收管理办法更是千差万别。就单个国家或地区而言,由于不同时期的政治经济形势变化,其税收制度也会有所变化,甚至会发生根本性变革。尽管各国税收制度的结构和体系存在差异,但其基本构成要素是大致相同的,这些基本构成要素包括:纳税人、课税对象、税率、纳税环节、纳税期限、减免税和违章处理等。

1. 纳税人

纳税人是纳税义务人的简称,是税法规定的直接负有纳税义务的单位和个人,又称纳税主体。纳税人主要说明向谁征税和由谁纳税的问题。纳税人包括自然人和法人。所谓自然人,是指依法在民事上享有权利、承担义务的人,包括本国公民和居住在本国的外国公民。所谓法人是指依法成立并能以自己的名义独立参与民事活动,享有民事权利和承担民事义务的社会组织。

2. 课税对象

课税对象又称税收客体,它是指税法规定的征税的目的物,是征税的根据。每一种税都必须明确对什么征税,每一种税的课税对象都不会完全一致。课税对象是一种税区别于另一种税的主要标志。在现代社会,国家的征税对象主要包括所得、商品和财产三大类,国家的税制往往也是以对应于这三类课税对象的所得税、商品税和财产税为主体。

课税对象的具体化是税目,它体现了征税的广度。税目主要有两方面的作用:一是明确征税的具体范围,凡列入税目者征,不列入税目者不征;二是解决课税对象的归类,每一个税目就是课税对象的具体类别。此种归类便于国家对同一课税对象的不同情况(税目)实行区别对待,制定不同的税率,为一定的经济政策目的服务。

3. 税率

税率是税额与课税对象之间的比例,通常用百分比来表示。税率的高低,直接关系到国家征税的数量和纳税人的税收负担,体现了征税的深度,因而它是税收制度的中心环节。税率主要有如下几种形式。

(1) 比例税率。它是不分课税对象的数额大小,只规定一个比例的税率,一般适用于对流转额的征税。比例税率还可分为统一比例税率和差别比例税率。前者是指一种税只设置一个比例税率,所有的纳税人都按同一税率纳税。后者是指一种税按照不同的标准设两个或两个以上的比例税率。

(2) 累进税率。它是对同一课税对象,规定不同等级的税率,课税对象数额越大,税率越高;数额越小,税率也越低。也就是说,课税对象税额小的税负轻,税额大的税负重。

累进税率分为全额累进税率、超额累进税率、超率累进税率和超倍累进税率四种。全额累进税率是把课税对象的全部数额都按照所属级距的税率计算应纳税额的税率;超额累进税率是把课税对象按税额的大小划分为若干等级,对每一级距分别规定相应的税率为累进依据,按超率方式计算应纳税额的税率;超倍累进税率则是以课税对象数额相当于计税基础数的倍数为累进依据,按超倍方式计算应纳税额的税率。超倍累进实际上是超率累进的一种特殊形式。

累进税率一般适用于对所得额的课征,就所得额的大小来确定高低不同的税率,既可适应纳税人的负担能力,又便于充分发挥税收调节企业利润和纳税人收入的作用。

(3) 定额税率。它又称为固定税额,即按照课税对象规定一个固定的税额,而不采用百分比的形式。如我国对盐课征资源税,就是采用这种税率,规定每吨盐征税若干元。定额税率与比例税率、累进税率等的主要区别在于计税标准的不同。定额税率一般运用于从量征收,即按课税对象的一定数量作为计税标准;比例税率及累进税率等一般适用于从价征收,即按课税对象的一定价格作为计税标准。

4. 纳税环节和纳税期限

纳税环节是税法中规定的纳税人履行纳税义务的环节,它规定征纳税行为在什么阶段发生,以及是单一环节课征还是多环节课征。确定纳税环节是为了保证税款的及时入库,有效发挥税收的调节作用,尽可能减少税收征纳成本。

纳税期限是指纳税人发生纳税义务后向国家缴纳税收的期限。各种税收都需要明确规定缴纳税款的期限,这是税收的及时性所决定的。规定纳税期限,是为了促使纳税人及时依法纳税,以便及时地保证国家财政支出的需要。同时,也是税收强制性和固定性的体现。

5. 附加、加成和减免

纳税人税负的轻重,主要通过税率的高低来调节,除此之外,附加、加成和减免也是对纳税人税收负担的调节措施。

加重纳税人负担的措施有附加和加成。附加是地方附加的简称,是地方政府在征税之外附加征收的一部分税款。一般来说,附加收入是为解决地方机动财力的需要,留给地方使用。加成是加成征税的简称,是对特定纳税人的一种加税措施,主要是为了实现某种限制政策以调节经济。加一成即加征征税的10%,其余以此类推。

减轻纳税人负担的措施有减税、免税以及规定起征点和免征额。减税是对应纳税额减征一部分,免税是对应纳税额全部免征,从而起到照顾专门纳税人以及调节经济的作用。起征点是税法规定的课税对象达到一定数额才开始征税的数量标准。在此数量之下,纳税人无义务纳税,超过这一数量,按课税对象全额计税。免征额是税法规定的课税对象数额中免于征税的数额，即只就其超过免征额的部分征税。

6. 违章处理

违章处理是针对纳税人违反税法有关征管条款行为所规定的惩罚措施。纳税人的违章行为一般包括偷税、漏税、欠税和抗税等不同情况。偷税是指纳税人使用欺骗手段故意不交或少交税款的违法行为；漏税是指纳税人因非主观原因，未交或少交税款的违章行为；欠税是指纳税人未按税法规定如期纳税的违章行为；抗税则主要是纳税人对抗国家税法拒绝纳税的违法行为。漏税和欠税属于一般违章行为，不构成犯罪；偷税和抗税则属于违法犯罪行为。国家对违章行为的处理方式主要有：批评教育、强行扣款、加收滞纳金、罚款以及追究刑事责任等。

第二节 我国现行房地产交易税费

一、房产税

房产税是以房屋为征税对象，按房屋的计税余值或租金收入为计税依据，向产权所有人征收的一种财产税。现行的房产税是第二步利改税以后开征的，1986年9月15日，国务院正式发布了《中华人民共和国房产税暂行条例》，从当年10月1日开始实施。

房产税的特点：①房产税属于财产税中的个别财产税，其征税对象只是房屋；②征收范围限于城镇的经营性房屋；③区别房屋的经营使用方式规定征税办法，对于自用的按房产计税余值征收，对于出租、出典的房屋按租金收入征税。

1. 纳税义务人

房产税的纳税义务人包括：

（1）产权属国家所有的，由经营管理单位纳税；产权属集体和个人所有的，由集体单位和个人纳税。

（2）产权出典的，由承典人纳税。

（3）产权所有人、承典人不在房屋所在地的，由房产代管人或者使用人纳税。

（4）产权未确定及租典纠纷未解决的，亦由房产代管人或者使用人纳税。

（5）无租使用其他房产的问题。纳税单位和个人无租使用房产管理部门、免税单位及纳税单位的房产，应由使用人代为缴纳房产税。

2. 征税对象

房产税的征税对象是房产。所谓房产，是指有屋面和围护结构，能够遮风避雨，可供人们在其中生产、学习、工作、娱乐、居住或储藏物资的场所。但独立于房屋的建筑物如围墙、暖房、水塔、烟囱、室外游泳池等不属于房产。但室内游泳池属于房产。由于房地产开发企业开发的商品房在出售前，对房地产开发企业而言是一种产品，因此，对房地产开发企业建造的商品房，在售出前，不征收房产税；但对售出前房地产开发企业已使用或出租、出借的商品房应按规定征收房产税。

3. 征税范围

城市、县城、建制镇、工矿区，但不包括农村的房屋。

4. 计税依据

（1）从价计征：房产税依照房产原值一次减除10%～30%后的余值计算缴纳，扣除比例由当地政府规定。

房产原值：应包括与房屋不可分割的各种附属设备或一般不单独计算价值的配套设施，主要包括散热器、卫生、通风设施等。

纳税人对原有房屋进行改建、扩建的，要相应增加房屋的原值。

还应注意以下三点问题：

1) 对投资联营的房产，在计征房产税时应予以区别对待。共担风险的，按房产余值作为计税依据，计征房产税；对收取固定收入，应由出租方按租金收入计缴房产税。

2) 对融资租赁房屋的情况，在计征房产税时应以房产余值计算征收，租赁期内房产税的纳税人，由当地税务机关根据实际情况确定。

3) 新建房屋交付使用时，如中央空调设备已计算在房产原值之中，则房产原值应包括中央空调设备；旧房安装空调设备，一般都作单项固定资产入账，不应计入房产原值。

（2）从租计征：房产出租的，以房产租金收入为房产税的计税依据。

5. 税率及计算

（1）从价计征的税率及计算

从价计征是按房产的原值减除一定比例后的余值计征，年税率为1.2%，其公式为：

$$应纳税额 = 应税房产原值 \times (1-扣除比例) \times 1.2\%$$

（2）从租计征的税率及计算

从租计征是按房产的租金收入计征，税率为12%，其公式为：

$$应纳税额 = 租金收入 \times 12\%$$

但对个人按市场价格出租的居民住房，用于居住的，可暂减按4%的税率征收房产税应纳税额。

6. 税收优惠

（1）国家机关、人民团体、军队自用的房产免征房产税。但上述免税单位的出租房产不属于免税范围。

（2）由国家财政部门拨付事业经费的单位自用的房产免征房产税。但如学校的工厂、商店、招待所等应照章纳税。

（3）宗教寺庙、公园、名胜古迹自用的房产免征房产税。但经营用的房产不免。

（4）个人所有非营业用的房产免征房产税。但个人拥有的营业用房或出租的房产，应照章纳税。

（5）对行使国家行政管理职能的中国人民银行总行所属分支机构自用的房地产，免征房产税。

7. 征收管理和纳税申报

纳税义务发生时间：将原有房产用于生产经营，从生产经营之月起，缴纳房产税。其余均从次月起缴纳。

二、城镇土地使用税

城镇土地使用税是以国有土地为征税对象，以实际占用的土地单位面积为计税标准，按规定税额对拥有土地使用权的单位和个人征收的一种税。

1. 纳税人

城镇土地使用税的纳税人就是在城市、县城、建制镇、工矿区范围内使用国有土地的单位和个人。前文所称单位，包括国有企业、集体企业、私营企业、股份制企业、外商投资企业、外国企业以及其他企业和事业单位、社会团体、国家机关、军队以及其他单位；所称个人，包括个体工商户以及其他个人。外国企业和外商投资企业自2007年1月1日起被正式纳入城镇土地使用税范围。

我国城镇土地使用税法明确规定了以下具体情况下的土地使用税纳税人的确定方式：

(1) 土地使用税由拥有土地使用权的单位或个人缴纳，拥有土地使用权的纳税人不在土地所在地的，由代管人或实际使用人纳税；

(2) 土地使用权未确定或权属纠纷未解决的，由实际使用人纳税；

(3) 土地使用权共有的，由共有各方分别缴纳城镇土地使用税。

2. 计税依据

土地使用税以纳税人实际占用的土地面积为计税依据。

3. 税额标准

城镇土地使用税根据不同地区和各地经济发展状况实行等级幅度税额标准，2007年之前的每平方米应税土地的税额标准如下：大城市每年0.5～10元；中等城市每年0.4～8元；小城市每年0.3～6元；县城、建制镇、工矿区每年0.2～4元。经过批准，落后地区的税额标准可以适当降低，发达地区的税额标准可以适当提高。

自2007年1月1日起，国务院决定将城镇土地使用税每平方米年税额在原《中华人民共和国城镇土地使用税暂行条例》规定的基础上提高2倍，即土地使用税每平方米年税额如下：

(1) 大城市1.5～30元；

(2) 中等城市1.2～24元；

(3) 小城市0.9～18元；

(4) 县城、建制镇、工矿区0.6～12元。

4. 计税方法

城镇土地使用税的应纳税额按照纳税人实际占用的土地面积和规定的适用税额标准计算。应纳税额计算公式：

$$应纳税额＝纳税人实际占用的土地面积 \times 适用税额标准$$

5. 纳税地点和纳税期限

(1) 土地使用税由土地所在地的税务机关征收。

(2) 土地使用税一般按年计算、分期缴纳。

6. 主要免税规定

(1) 国家机关、人民团体、军队自用的土地；

(2) 由国家财政部门拨付事业经费的单位自用的土地；

(3) 宗教寺庙、公园、名胜古迹自用的土地；

(4) 市政街道、广场、绿化地带等公共用地；

(5) 直接用于农、林、牧、渔业的生产用地；

(6) 经批准开山填海整治的土地和改造的废弃土地,从使用的月份起免缴土地使用税5~10年;

(7) 由财政部另行规定免税的能源、交通、水利设施用地和其他用地。

三、土地增值税

土地增值税是对转让国有土地使用权、地上建筑物及其附着物并取得收入的单位和个人,就其转让房地产所取得的增值额征收的一种税。

1. 纳税人

土地增值税的纳税人为转让国有土地使用权、地上建筑物及其附着物并取得收入的单位和个人。

2. 征税范围

转让房地产,包括国有土地使用权以及地上建筑物及其附着物。

3. 计税依据

转让房地产的增值收入。

4. 应税收入及扣除项目

应税收入:货币收入、实物收入、其他收入。

扣除项目:

(1) 取得土地使用权所支付的金额:包括纳税人为取得土地使用权所支付的地价款和纳税人在取得土地使用权时按国家统一规定缴纳的有关费用。

(2) 房地产开发成本:包括土地的征用及拆迁补偿费、前期工程费、建筑安装工程费、基础设施费、公共配套设施费、开发间接费。

(3) 房地产开发费用:是指与房地产开发项目有关的销售费用、管理费用和财务费用。

(4) 旧房及其建筑物的评估价格:由政府批准设立的房地产评估机构评定的重置成本乘以成新度折旧率。

(5) 与转让房地产有关的税金:营业税、城建税、印花税、教育费附加。

(6) 其他扣除项目:对从事房地产开发的纳税人可按取得土地使用权所支付的金额和房地产开发成本之和加计20%的扣除。

5. 税率

四级超额累进税率见表5-1。

土地增值税税率表　　　　表5-1

档次	级距	税率	速算扣除系数	税额计算公式	说明
1	增值额未超过扣除项目金额50%的部分	30%	0	增值额30%	扣除项目指取得土地使用权所支付的金额;开发土地的成本、费用;新建房及配套设施的成本、费用或旧房及建筑物的评估价格;与转让房地产有关的税金;财政部规定的其他扣除项目
2	增值额超过扣除项目金额50%,未超过100%的部分	40%	5%	增值额40%－扣除项目金额5%	
3	增值额超过扣除项目金额100%,未超过200%的部分	50%	15%	增值额50%－扣除项目金额15%	
4	增值额超过扣除项目金额200%的部分	60%	35%	增值额60%－扣除项目金额35%	

6. 应纳税额

$$应纳税额 = \Sigma 每级距的土地增值额 \times 适用税率$$

四、契税

契税是在不动产发生买卖、典当、赠予或交换等情形造成产权发生转移变动时,向产权承受人征收的一种税。

1. 纳税人

契税的纳税人是境内转移土地、房屋权属,承受的单位和个人。

2. 征税对象

境内转移土地、房屋权属,包括:国有土地使用权出让、土地使用权的转让、房屋买卖、房屋赠予、房屋交换。

3. 计税依据

国有土地使用权出让、土地使用权的出售、房屋买卖:成交价格。

房屋赠予、土地使用权赠与:参照成交价格或指导价格。

房屋、土地使用权交换:价格差额。

以划拨方式取得土地使用权,经批准转让房地产时,由房地产转让者补缴契税。计税依据为补交的土地使用权出让费用或者土地收益。同时,受让方也要依法缴纳契税。

4. 税率

3‰~5‰的幅度税率,实践中,对普通商品房转让契税一般都减半征收。

5. 应纳税额

$$应纳税额 = 计税依据 \times 税率$$

6. 征纳方式

一次性缴纳。

五、营业税

营业税是以纳税人开展经营活动取得的营业收入为课税对象征收的一种税。

1. 纳税人

营业税的纳税人是指在我国境内提供应税劳务、转让无形资产或者销售不动产的单位和个人。

2. 营业税的税目和税率

营业税的征税范围是:在中华人民共和国境内提供应税劳务、转让无形资产或销售不动产。营业税的税目税率如下:

交通运输业	3‰
建筑业	3‰
金融保险业	5‰
邮电通信业	3‰
文化体育业	3‰
娱乐业	5‰~20‰
服务业	5‰

| 转让无形资产 | 5% |
| 销售不动产 | 5% |

3. 应纳税额的计算

营业税以营业额作为计税依据,计算公式为:

$$应纳税额 = 营业额 \times 税率$$

六、城市维护建设税

城市维护建设税是国家对缴纳增值税、消费税、营业税的单位和个人就其实际缴纳的"三税"税额为计税依据而征收的一种税。

(1) 纳税人:缴纳增值税、消费税、营业税的单位和个人。

(2) 计税依据:纳税人实际缴纳的"三税"税额。

(3) 征税范围:城市、县城、建制镇以及税法规定征税的其他地区。

(4) 税率:纳税人所在地差别比例税率。

(5) 应纳税额:应纳税额=纳税人实际缴纳的增值税、消费税、营业税税额×适用税率。

七、教育费附加

教育费附加是国家对缴纳增值税、消费税、营业税的单位和个人就其实际缴纳的"三税"税额为计税依据而征收的一种专项基金。

(1) 缴费人:缴纳增值税、消费税、营业税的单位和个人。

(2) 计税依据:纳税人实际缴纳的"三税"税额。

(3) 附加率:增值税、消费税、营业税税额的2%;对从事生产卷烟和经营烟叶产品的单位,减半征收教育费附加。

(4) 应纳费额=纳税人实际缴纳的增值税、消费税、营业税税额×教育费附加率

八、个人所得税

个人所得税是以个人(自然人)取得的各项应税所得为课税对象征收的一种税。

1. 纳税人

个人所得税的纳税人是指在中国境内有住所,或者虽无住所但在境内居住满一年,以及无住所又不居住或居住不满一年但从中国境内取得所得的个人,包括中国公民、个体工商户、外籍个人、华侨、香港、澳门、台湾同胞等。

(1) 居民与非居民纳税人的判定标准

根据国际惯例,我国对居民纳税人和非居民纳税人的划分,采用了国际上常用的住所标准和居住时间标准。

住所标准:因户籍、家庭、经济利益关系而在中国境内习惯性居住的个人。所谓习惯性居住或住所,是指因户籍、家庭、经济利益关系而在中国境内习惯性居住的个人,习惯性居住是指个人因学习、工作、探亲、旅游等原因消除以后,没有理由在其他地方继续居留时,所要回到的地方,而不是指实际居住或在某一特定时期内的居住地。

居住时间标准:我国规定的时间是一个纳税年度内在中国境内住满365日,即以居住

满一年为时间标准，达到这个标准的个人即为居民纳税人。

(2) 居民和非居民纳税人的纳税义务

居民纳税人的纳税义务范围：中国的居民个人，应就其来源于中国境内和境外的所得，向我国政府履行全面纳税义务，依法缴纳个人所得税。

非居民纳税人的纳税义务范围：中国的非居民纳税人，只就其来源于中国境内的所得向我国政府履行有限纳税义务，依法缴纳个人所得税。

2. 征税对象

个人所得税的征税对象是个人取得的应税所得。具体包括：工资、薪金所得，个体工商户的生产、经营所得，对企事业单位的承包、承租经营所得，劳务报酬所得，稿酬所得，特许权使用费所得，利息、股息、红利所得，财产租赁所得，财产转让所得，偶然所得，经国务院财政部门确定征税的其他所得11类所得。

3. 计税办法

(1) 财产转让所得的计税方法

财产转让所得以个人每次转让财产取得的收入额减除财产原值和合理费用后的余额为应纳税所得额。其中，"每次"是指以一件财产的所有权一次转让取得的收入为一次。

$$应纳税所得额 = 每次收入额 - 财产原值 - 合理费用$$

财产转让所得适用20%的比例税率。

(2) 财产租赁所得的计税方法

财产租赁所得一般以个人每次取得的收入，定额或定率减除规定费用后的余额为应纳税所得额。每次收入不超过4000元，定额减除费用800元；每次收入在4000元以上，定率减除20%。财产租赁所得以一个月内取得的收入为一次。

财产租赁所得适用20%的比例税率。

九、印花税

印花税，是对经济活动或经济交往中书立、使用、领受具有法律效力的凭证的单位和个人征收的一种税。

(1) 纳税人：在中华人民共和国境内书立、使用、领受印花税法所列举的凭证并应依法履行纳税义务的单位和个人。

(2) 税目：13个，包括购销合同、加工承揽合同、建设工程勘察设计合同、建筑安装工程承包合同、财产租赁合同、货物运输合同、仓储保管合同、借款合同、财产保险合同、技术合同10类合同以及产权转移书据、营业账簿和权利、许可证照。

(3) 税率：比例税率，0.5‰、3‰、5‰、1‰、2‰；定额税率，权利、许可证照和其他账簿，5元/件。

(4) 应纳税额：应纳税额＝应税凭证计税金额(应税凭证件数)×适用税率。

(5) 缴纳方式：自行贴花、汇贴或汇缴、委托代征。

十、与房地产交易有关的其他费用

1. 土地出让金

各级政府土地管理部门将土地使用权出让给土地使用者，按规定向受让人收取的土地出让的全部价款(指土地出让的交易总额),或土地使用期满,土地使用者需要续期而向土地管理部门缴纳的续期土地出让价款,或原通过行政划拨获得土地使用权的土地使用者,将土地使用权有偿转让、出租、抵押、作价入股和投资,按规定补交的土地出让价款。

2. 综合地价款

综合地价款是购房家庭购买超过规定面积标准的经济适用住房时,须在办理立契过户手续前,到房屋管理部门暂按超过核定的经济适用住房总价部分的10%补交的一种综合价款,补缴之后,超过规定面积购买的住房部分按经济适用住房产权管理,并应在产权证中注明,今后上市时该部分不再补交土地出让金。

3. 房地产交易手续费

房地产交易手续费是指由政府依法设立的,由房地产主管部门设立的房地产交易机构为房屋权利人办理交易过户等手续所收取的费用。

4. 房屋权属登记费

即房屋所有权登记费,是指县级以上地方人民政府行使房产行政管理职能的部门依法对房屋所有权进行登记,并核发房屋所有权证书时,向房屋所有权人收取的登记费,不包括房产测绘机构收取的房产测绘(或勘丈)费用。

5. 专项维修资金(公共维修基金)

专项维修资金,是指物业保修期满后用于物业共用部位、共用设施设备发生损坏时,进行中修、大修、翻新和更新改造等所需储存的资金,因此专项维修资金又称物业的养老金,一般为商品房总价的2‰~3‰,或按当地住宅建筑安装工程每平方米造价的5%~8%,根据商品住宅总建筑面积交存首期资金。

第二篇 验 房

开发商在向购房人交房时,建筑应该完成了合格标准的质量验收,为什么我们还要验房?因为住宅是一个在特定场地建造且基本露天、基本手工作业的大宗商品,工程质量的控制是一个贯穿建造工期、所有建造者参与的全面的、复杂的过程。住宅不仅要满足现代生活居住的各项使用功能,如安全、保温、防风、防雨、供热、照明、配电、给水排水、电视、网络、门禁、标高、净高等,同时要满足人们的观感需求,如墙面、地面和顶棚的垂直度和平整度以及机电设备末端的安装质量等。尽管在我们验房前开发商完成了质量验收,但是,有些项目的验收是在建造过程中,按照检验批量的一定比例抽样检查验收的;有些如墙表面开裂、地面起砂等质量问题可能在检验批验收完成之后一段时间才显现;有些施工单位会有工程粗制滥造、质量验收不严格的问题等。因此,购房人在接收房子前,再次以使用者的身份,对所购房子质量进行检查和核验是十分必要的。

第六章 住宅工程中常见质量问题

第一节 初装修住宅常见质量问题

一、初装修住宅及质量标准

初装修住宅又称为"毛坯房",这类住宅在交房时应按设计文件的要求,完成建筑的外装修、外门窗、阳台、雨罩、户门及屋面工程;完成室内公共区域即门厅、楼梯间、电梯间全部装修工程;完成建筑给水排水、供热、电气设备、管线安装及照明工程;完成室内厨房和卫生间的给水口、排水口、地面防潮或防水工程;完成室外台阶、散水、坡道等工程。每户户门及阳台门以内的房间墙面、地面、顶棚完成到装修基层,装修面层在住户收房后自行施工;户内房间门及门框通常也不安装,但门洞口预留了安装门框的预埋件,由住户自行安装;厨房水盆及卫生间洁具通常只安装基本设备或不安装设备。

购房人在初装修住宅验房前,有必要了解初装修住宅的施工质量应该如何控制,什么是初装修住宅合格质量标准。

初装修住宅的施工质量应该在施工全过程进行控制,我们通常分为三个阶段:

第一阶段称为质量预控。建筑材料、构件或设备在进场施工前,由施工管理人员和监理工程师对其现场可测可量的内容如品种、规格、外观等进行检查;对其性能检测报告、出厂合格证等质量证明文件进行核验;对重要的材料、构件或设备应按照国家有关规定进行见证取样送检复验，这些质量控制活动是为了保证工程使用的材料、构件或设备符合质量标准，避免不合格品用于工程。

第二阶段称为质量过程控制。 在施工过程中对每一个分项工程的施工工艺、用材、工序和质量等进行预检、隐检、交接检和必要的现场检测。

第三阶段称为质量验收。 质量验收不仅仅指施工完成之后的最终验收，施工过程中的隐蔽工程验收也是质量验收的重要组成部分。一个专业工程（分部工程）的质量验收是将这个专业的各个分项工程按照完成的批量和时间分批次（检验批）进行的，验收的依据是国家现行有关施工质量验收规范。按照规定：验收规范中强制性条文的要求经检查必须合格；主控项目的要求应全部合格；一般项目的要求也应合格，但是在允许偏差检查项目中，允许有20%以下（各专业要求不同）的不符合，但不应该影响使用功能和主要装修效果。验收调试阶段的一些试验、检测、试运行项目必须合格。

如果这三个阶段都得到很好的控制，施工记录和工程资料真实完整，质量验收合格，工程即符合合格质量标准。

二、常见质量问题

1. 门窗

（1）进户门变形，饰面破损，锁具开启不灵活；

（2）门窗包括玻璃、型材、锁具、小五金、密封条、配件等，滑轮开启不灵活，有异常损伤变形，所有门窗应逐一启闭，观察；

（3）外墙窗边框及底板有渗漏水。

2. 房屋墙顶及地面

有开裂、空鼓；墙顶面抹灰层有爆灰、起粉、露筋锈迹，平整度、垂直度不符合要求。

3. 厨卫墙地面

（1）有渗漏；

（2）地面开裂、起鼓、空鼓。

4. 给水排水及水表

（1）排水管不通畅，有堵塞（包括阳台、地漏、厨房落水、卫生间地漏及洗衣机、台盆浴缸落水）；

（2）排水管有开裂、破损及修补痕迹；

（3）厨卫顶部落水管及接口、管周围观察渗漏水；

（4）水表接口及运转有无异常。

5. 电线电路及电表

（1）配电箱不合理，不符合客户装饰线路使用要求；

（2）配电箱导线间、导线对地电阻绝缘值测试不符合要求；

（3）所有插座漏电保护器不动作；

（4）弱电系统（有线、网络、电话）线路不通畅；

（5）配电箱各回路分路片有质量问题。

第二节　精装住宅施工常见质量问题

一、一般抹灰工程

1. 抹灰层空鼓

抹灰层空鼓表现为面层与基层，或基层与底层不同程度的空鼓。

2. 抹灰层裂缝

抹灰层裂缝是指非结构性面层的各种裂缝，墙、柱表面的不规则裂缝、龟裂，窗套侧面的裂缝等。

3. 抹灰层不平整

抹灰层表面接槎明显，或大面呈波浪形，或明显凹凸不平整。

4. 阴阳角不方正

外墙大角，内墙阴角，特别是平顶与墙面的阴角四周不平顺、不方正；窗台八字角（仿古建筑例外）。

二、吊顶工程

1. 整体紧缝吊顶质量缺陷

（1）接槎明显。

（2）吊顶面层裂缝，特别是拼接处裂缝。

（3）面层挠度大，不平整，甚至变形。

2. 分格缝吊顶质量缺陷

（1）分格缝不均匀，纵横线条不平直、不光洁。

（2）⊥形分格板块呈锅底状变形，木夹板板块见钉印。

（3）底面不平整，中部下坠。

3. 扣板式吊顶质量缺陷

（1）扣板拼缝与接缝明显。

（2）板面变形或挠度大，扣板脱落。

三、隔断墙工程

1. 接槎明显，拼接处裂缝

石膏板、FC 板等板材配置轻钢龙骨或铝合金龙骨组成的隔断墙，其板材拼接处接槎明显，或出现裂缝，FC 板尤为严重。

2. 门框固定不牢固

门框安装后出现松动或镶嵌的灰浆腻子脱落。

3. 细部做法不妥

隔断墙与原墙、平顶交接处不顺直，门框与墙板面不交圈，接头不严、不平；装饰压条、贴面制作粗糙，见钉子印。

四、饰面砖(板)工程

1. 粘贴锦砖与条形面砖的质量缺陷
(1) 粘贴不牢固、空鼓甚至脱落。
(2) 排缝不均匀，非整砖、不规范。
(3) 勾缝不密实、不光洁、深浅不统一。
(4) 面砖不平整、色泽不一致。
(5) 无釉面砖表面污染、不洁净。

2. 粘贴大理石与花岗石的质量缺陷
(1) 大理石或花岗石固定不牢固。
(2) 大理石或花岗石饰面空鼓。
(3) 接缝不平，嵌缝不实。
(4) 大理石纹理不顺，花岗石色泽不一致。

3. 干挂大理石与花岗石的质量缺陷
(1) 干挂大理石或花岗石固定不牢固。
(2) 接缝不平整，嵌缝不密实、不均匀、不平直。

4. 砖石饰面泛碱
面砖、大理石与花岗石饰面沿板缝泛白色结晶物，污染饰面。

五、涂料工程

1. 漆膜皱纹与流坠
油漆饰面上漆膜干燥后收缩，形成皱纹，出现流坠现象。

2. 漆面不光滑，色泽不一致
漆面粗糙，漆膜中颗粒较多，色泽深浅不一致。

3. 涂层裂缝、脱皮
漆面开裂、脱皮。

4. 涂层不均匀，刷纹明显
涂层厚薄、深浅不均匀，刷纹明显，表面手感不平整、不光洁。

5. 装饰线与分色线不平直、不清晰，涂料污染
(1) 阳台底面涂料与墙面阴角等相邻不同饰面的分色线不平直、不清晰。
(2) 墙面、台垛、踢脚线等不同颜色的装饰线、分色线不平直、不清晰。
(3) 不同颜色的涂料分别(先后)涂刷时，污染相邻的不同饰面或部件。

六、裱糊工程

1. 裱糊面皱纹、不平整
裱糊面未铺平，呈皱纹、麻点与凹凸不平状。

2. 接槎明显，花饰不对称
裱糊面层搭接处重叠，接槎明显，纸(布)粘贴花纹不对称。

七、玻璃工程

1. 油灰及其批嵌不符合规范要求

油灰面皱皮、龟裂、脱落；底油灰未批嵌，或不饱满，面油灰棱角不规范。

2. 玻璃固定不牢固

玻璃安装后，手轻击玻璃声音不洪亮，玻璃松动，固定不牢。

八、地面工程

1. 水泥地面

（1）地面起砂

地面表面粗糙，不坚固，使用后表面出现水泥灰粉，随走动次数增多，砂粒逐步松动，露出松散的砂子和水泥灰。

（2）地面、踢脚板空鼓

地面与踢脚板产生空鼓，用小锤敲击有空鼓声，严重时会开裂甚至剥落，影响使用。

（3）地面不规则裂缝

这种裂缝在底层回填土的地面上以及预制板楼地面或整浇板楼地面上都会出现，裂缝的部位不固定，形状也不一，有的为表面裂缝，也有贯穿裂缝。

（4）楼梯踏步高度、宽度不一

楼梯踏步的高度或宽度不一致，最常发生在梯段的首级或末级。

（5）散水坡下沉、断裂

建筑物四周散水坡沿外墙开裂、下沉，在房屋转角处或较长散水坡的中间断裂。

2. 板块地面（地砖、大理石、花岗石）

（1）地面空鼓、脱壳

用小锤轻击地面有空鼓声，严重处板块与基层脱离。

（2）接缝不平，缝口宽度不均

相邻板块接缝高差大，板块缝口宽度不一。

（3）带地漏地面倒泛水

地漏处地面偏高，造成地面积水和外流。

3. 木质地面

（1）木板松动或起拱

木地板使用后产生松动，踏上去有响声或木地板局部拱起。

（2）拼缝不严

木质板块拼缝不严密，缝隙偏大，影响使用和外观。

4. 楼地面渗漏

（1）穿楼板管根部渗漏

楼面的积水通过厨房、卫生间楼板与管道的接缝处渗漏。

（2）地面渗漏

厨房、卫生间地面的楼板，在板下或板端承载墙面出现渗漏水。地面是钢筋混凝土现浇板时，也会出现渗漏水现象。

九、门窗工程

1. 木门窗工程
门窗框变形，木门、窗扇翘曲。

2. 塑钢门窗安装工程
(1) 门窗框松动，四周边嵌填材料不正确。
(2) 门窗框外形不符合要求。
(3) 门窗开启不灵活。
(4) 雨水渗漏。

第三节　验房程序及常用工具

一、验房程序

(1) 先看外部：外立面、外墙瓷砖和涂料、单元门、楼道。
(2) 再查内部：入户门、门、窗、顶棚、墙面、地面、墙砖、地砖、上下水、防水存水、强弱电、暖气、燃气、通风、排烟、排气。
(3) 后测相邻：闭存水试验、水表空转等问题必须和楼上楼下邻居配合。

二、验房常用工具

(1) 量具：5m盒尺、25~33cm直角尺、50~60cm丁字尺、1m钢直尺。
(2) 电钳工具：带两头和三头插头的插排（即带指示灯的插座）；各种插头：电话、电视、宽带；万用表；摇表；多用螺丝刀（"一"字和"十"字）；5号电池2节、测电笔；手锤；小锤；大灯、小灯。
(3) 验房专用工具：垂直检测尺、水平检测尺；多功能内外直角检测尺；2m靠尺；5m拉通线；多功能垂直校正器；游标塞尺（楔形塞尺）；对角检测尺；反光镜；伸缩杆；水平仪等。

第四节　常见质量问题图片（见彩插）

本节列出了门窗、抹灰、地面、吊顶安装、饰面板（砖）安装、涂饰、卫生器具及管道安装、电气安装及其他工程常见的质量问题图片，供读者参考，详见彩插部分。

第七章 验 房 表 格

水泥混凝土面层质量检验表

表 7-1

<table>
<tr><td colspan="3">质量检验依据</td><td colspan="2">《建筑地面工程施工质量验收规范》(GB 50209—2002)</td><td></td></tr>
<tr><td></td><td rowspan="2">规范条款</td><td colspan="2">检验项目</td><td rowspan="2">检验方法</td><td rowspan="2">检验结果</td></tr>
<tr><td></td><td>项 目</td><td>内 容</td></tr>
<tr><td rowspan="3">主控项目</td><td>5.2.3</td><td>骨料粒径</td><td>水泥混凝土采用的粗骨料,其最大粒径不应大于面层厚度的2/3,细石混凝土面层采用的石子粒径不应大于15mm</td><td>观察;检查材质合格证明文件及检测报告</td><td></td></tr>
<tr><td>5.2.4</td><td>面层强度等级</td><td>应符合设计要求,且水泥混凝土面层强度等级不应小于C20;水泥混凝土垫层兼面层强度等级不应小于C15</td><td>检查配合比通知单及检测报告</td><td></td></tr>
<tr><td>5.2.5</td><td>面层与下一层结合</td><td>应结合牢固,无空鼓、裂纹</td><td>用小锤轻击检查。
注:空鼓面积不应大于400cm²,且每自然间(标准间)不多于2处可不计</td><td></td></tr>
<tr><td rowspan="5">一般项目</td><td>5.2.6</td><td>表面质量</td><td>面层表面不应有裂纹、脱皮、麻面、起砂等缺陷</td><td>观察</td><td></td></tr>
<tr><td>5.2.7</td><td>表面坡度</td><td>面层坡度应符合设计要求,不得有倒泛水和积水现象</td><td>观察;采用泼水或坡度尺检查</td><td></td></tr>
<tr><td>5.2.8</td><td>踢脚线与墙面结合</td><td>应紧密结合,高度一致,出墙厚度均匀</td><td>用小锤轻击;钢尺检测;观察。
注:局部空鼓长度不应大于300mm,且每自然间(标准间)不多于2处可不计</td><td></td></tr>
<tr><td>5.2.9</td><td>楼梯踏步</td><td>宽度、高度应符合设计要求。楼层梯段相邻踏步高度差不应大于10mm,每踏步两端宽度差不应大于10mm;旋转楼梯梯段的每踏步两端宽度的允许偏差为5mm。楼梯踏步的齿角应整齐,防滑条应顺直</td><td>钢尺检查与观察</td><td></td></tr>
<tr><td>5.2.10</td><td colspan="2">表面允许偏差

| 表面平整度(mm) | 5 |
| 踢脚线上口平直(mm) | 4 |
| 缝格平直(mm) | 3 |</td><td>钢尺检查与观察</td><td></td></tr>
</table>

水泥砂浆面层质量检验表

表 7-2

质量检验依据			《建筑地面工程施工质量验收规范》(GB 50209—2002)		
	规范条款	检验项目		检验方法	检验结果
		项 目	内 容		
主控项目	5.3.2	水泥及砂粒径	水泥采用硅酸盐水泥、普通硅酸盐水泥，其强度等级不应小于32.5，不同品种、不同强度等级的水泥严禁混用；砂应为中粗砂，当采用石屑时，其粒径应为1~5mm，且含泥量不应大于3%	观察；检查材质合格证明文件及检测报告	
	5.3.3	面层强度等级	水泥砂浆面层的体积比(强度等级)必须符合设计要求；且体积比应为1:2，强度等级不应小于M15	检查配合比通知单及检测报告	
	5.3.4	面层与下一层的结合	结合应牢固，无空鼓、裂纹。注：空鼓面积不应大于400cm²，且每自然间(标准间)不多于2处可不计	用小锤轻击检查	
一般项目	5.3.5	表面坡度	面层坡度应符合设计要求，不得有倒泛水和积水现象	观察；采用泼水或坡度尺检查	
	5.3.6	表面质量	面层表面应洁净，无裂纹、脱皮、麻面、起砂等缺陷	观察	
	5.3.7	踢脚线与墙面的结合	应紧密结合，高度一致，出墙厚度均匀	用小锤轻击；钢尺检测；观察。注：局部空鼓长度不应大于300mm，且每自然间(标准间)不多于2处可不计	
	5.3.8	楼梯踏步	宽度、高度应符合设计要求。楼层梯段相邻踏步高度差不应大于10mm，每踏步两端宽度差不应大于10mm，旋转楼梯梯段的每踏步两端宽度的允许偏差为5mm。楼梯踏步的齿角应整齐，防滑条应顺直	钢尺检查与观察	
	5.3.9	表面允许偏差	表面平整度(mm) 4	钢尺检查与观察	
			踢脚线上口平直(mm) 4		
			缝格平直(mm) 3		

隔离层质量检验表

表7-3

质量检验依据		《建筑地面工程施工质量验收规范》(GB 50209—2002)			
	规范条款	检验项目		检验方法	检验结果
		项目	内容		
主控项目	4.10.7	材料质量	必须符合设计要求和国家产品标准的规定	观察；检查材质合格证明文件及检测报告	
	4.10.8	隔离层设置要求	厕浴间和有防水要求的建筑地面必须设置防水隔离层。楼层结构必须采用现浇混凝土或整块预制混凝土板，混凝土强度等级不应小于C20；楼板四周除门洞外，应做混凝土翻边，其高度不应小于120mm。施工时结构层标高和预留孔洞位置应准确，严禁乱凿洞	观察和钢尺检查	
	4.10.10	防水层防水要求	防水隔离层严禁渗漏，坡向应正确、排水通畅	观察和蓄水、泼水检查或坡度尺检查及检查检验记录	
一般项目	4.10.11	隔离层厚度	应符合设计要求	观察；用钢尺检查	
	4.10.12	隔离层与下层的粘结	粘结应牢固，不得有空鼓	用小锤轻击	
	4.10.12	防水涂层	防水涂层应平整、均匀，无脱皮、起壳、裂缝、鼓泡等缺陷	观察	
	第4.10.13	允许偏差和检验方法	表面平整度(mm) 3	用2m靠尺和楔形塞尺检查	
			标高(mm) ±4	用水准仪检查	
			坡度(mm) 不大于房间相应尺寸的2/1000，且不大于30	用坡度尺检查	
			厚度(mm) 在个别地方不大于设计厚度的1/10	用钢尺检查	

室内给水管道及配件安装工程质量检验表

表7-4

质量检验依据		《建筑给水排水及采暖工程施工质量验收规范》(GB 50242—2002)			
	规范条款	检验项目		检验方法	检验结果
		项目	内容		
主控项目	4.2.3	生活给水系统管道冲洗和消毒	生活给水系统管道在交付使用前必须冲洗和消毒，并经有关部门取样检验，符合国家《生活饮用水标准》方可使用	检查有关部门提供的检测报告	
	12.2.3	中水管道严禁与生活饮用水管道连接	中水供水管道严禁与生活饮用水给水管道连接，并应采取下列措施： (1)中水管道外壁应涂浅绿色标志； (2)中水池(箱)、阀门、水表及给水栓均应有"中水"标志	观察	

续表

质量检验依据	《建筑给水排水及采暖工程施工质量验收规范》(GB 50242—2002)			
	规范条款	检验项目	检验方法	检验结果
		项目 / 内容		
一般项目	4.2.5	给水排水管铺设的平行、垂直净距	给水引入管与排水排出管的水平净距不得小于1m。室内给水与排水管道平行敷设时，两管间的最小水平净距不得小于0.5m；交叉铺设时，垂直净距不得小于0.15m。给水管应铺在排水管上面，若给水管必须铺在排水管的下面时，给水管应加套管，其长度不得小于排水管管径的3倍	尺量检查	
	4.2.7	给水水平管道坡度坡向	给水水平管道应有2‰～5‰的坡度坡向泄水装置	水平尺和尺量检查	
	4.2.9	管道支、吊架	管道的支、吊架安装应平整牢固，其间距应符合50242标准中3.3.8、3.3.9、3.3.10条的规定	观察、尺量及手扳检查	
	4.2.10	水表安装	水表安装在便于检修、不受曝晒、污染和冻结的地方。安装螺翼式水表，表前与阀门应有不小于8倍水表接口直径的直线管段。表外壳距墙表面净距为10～30mm；水表进水口中心标高按设计要求，允许偏差为±10mm	观察和尺量检查	
	12.2.6	中水管道与其他管道平行交叉铺设的净距	中水管道与生活饮用水管道、排水管道平行埋设时，其水平净距离不得小于0.5m；交叉埋设时，中水管道应位于生活饮用水管道下面，排水管道的上面，其净距离不应小于0.15m	观察和尺量检查（核查验收记录）	

室内采暖管道及配件安装工程质量检验表

表 7-5

质量检验依据	《建筑给水排水及采暖工程施工质量验收规范》(GB 50242—2002)			
	规范条款	检验项目	检验方法	检验结果
		项目 / 内容		
主控项目	8.2.1	管道安装坡度	管道安装坡度，当设计未注明时，应符合下列规定：(1) 气、水同向流动的热水采暖管道和汽、水同向流动的蒸汽管道及凝结水管道，坡度应为3‰，不得小于2‰；(2) 气、水逆向流动的热水采暖管道和汽、水逆向流动的蒸汽管道，坡度不应小于5‰；(3) 散热器支管的坡度应为1%，坡向应利于排气和泄水	观察；水平尺、拉线、尺量检查（核查验收记录）	

续表

质量检验依据		《建筑给水排水及采暖工程施工质量验收规范》（GB 50242—2002）			
	规范条款	检验项目		检验方法	检验结果
		项目	内容		
主控项目	8.6.1	采暖系统	采暖系统安装完毕，管道保温之前应进行水压试验。不渗、不漏	观察	
	8.6.2	采暖系统冲洗、试运行和调试	系统试压合格后，应对系统进行冲洗并清扫过滤器及除污器	现场观察，直至排出水不含泥沙、铁屑等杂质，且水色不浑浊为合格	
一般项目	8.2.7	热量表、疏水器、除污器等	热量表、疏水器、除污器、过滤器及阀门的型号、规格、公称压力及安装位置应符合设计要求	对照图纸查验产品合格证	
	8.2.9	采暖入口及分户计量入户装置安装	采暖系统入口装置及分户热计量系统入户装置，应符合设计要求。安装位置应便于检查、维护和观察	现场观察（核查验收记录）	
	8.2.10	管道连接及散热器支管安装	散热器支管长度超过1.5m时，应在支管上安装管卡	尺量；观察	
	8.2.11		上供下回式系统的热水干管变径应顶平偏心连接，蒸汽干管变径应底平偏心连接	观察	
	8.2.12		在管道干管上焊接垂直或水平分支管时，干管开孔所产生的钢渣及管壁等废弃物不得残留管内，且分支管道在焊接时不得插入干管内	观察	
	8.2.13		膨胀水箱的膨胀管及循环管上不得安装阀门		
	8.2.14		当采暖热媒为110～130℃的高温时，管道可拆卸件应使用法兰，不得使用长丝和活接头。法兰垫料应使用耐热橡胶板	观察；查验进料单	
	8.2.15		焊接钢管管径大于32mm的管道转弯，在作为自然补偿时应使用煨弯。塑料管及复合管除必须使用直角弯头的场合外应使用管道直接弯曲转弯		
	8.2.16		管道、金属支架和设备的防腐和涂漆应附着良好，无脱皮、起泡、流淌和漏涂缺陷	现场观察	

室内采暖辅助设备、散热器及金属辐射板安装工程质量检验表

表 7-6

质量检验依据		《建筑给水排水及采暖工程施工质量验收规范》(GB 50242—2002)		检验方法	检验结果
	规范条款	检验项目			
		项 目	内 容		
主控项目	8.3.1	散热器水压试验	不渗不漏	观察	
	8.4.1	金属辐射板水压试验	不渗不漏	观察	
	8.4.2	金属辐射板安装	水平安装的辐射板应有不小于5‰的坡度坡向回水管	水平尺、拉线和尺量检查。核查验收记录	
	8.4.3		辐射板管道及带状辐射板之间的连接，应使用法兰连接	观察	
一般项目	8.3.3	散热器的组对	应平直紧密，组对后的平直度允许偏差： | 散热器类型 | 片数 | 允许偏差(mm) | |---|---|---| | 长翼型 | 2～4 | 4 | | | 5～7 | 6 | | 铸铁片式 钢制片式 | 3～15 | 4 | | | 16～25 | 6 |	拉线和尺量	
	8.3.4		组对散热器的垫片应符合： (1) 组对散热器垫片应使用成品，组对后垫片外露不应大于1mm。 (2) 散热器垫片材质当设计无要求时，应采用耐热橡胶	观察和尺量检查	
	8.3.5	散热器的安装	散热器支架、托架安装应准确，埋设牢固。散热器支架、托架数量，应符合设计或产品说明书要求。如设计未注时，则应符合规定 | 散热器型式 | 安装方式 | 每组片数 | 上部托钩或卡架数 | 下部托钩或卡架数 | 合计 | |---|---|---|---|---|---| | 长翼型 | 挂墙 | 2～4 | 1 | 2 | 3 | | | | 5 | 2 | 2 | 4 | | | | 6 | 2 | 3 | 5 | | | | 7 | 2 | 4 | 6 | | 柱型柱翼型 | 挂墙 | 3～8 | 1 | 2 | 3 | | | | 9～12 | 1 | 3 | 4 | | | | 13～16 | 2 | 4 | 6 | | | | 17～20 | 2 | 5 | 7 | | | | 21～25 | 2 | 6 | 8 | | 柱型柱翼型 | 带足落地 | 3～8 | 1 | — | 1 | | | | 8～12 | 1 | — | 1 | | | | 13～16 | 2 | — | 2 | | | | 17～20 | 2 | — | 2 | | | | 21～25 | 2 | — | 2 |	现场清点检查（核查验收记录）	
	8.3.6		散热器背面与装饰后的墙内表面安装距离，应符合设计或产品说明书要求。如设计未注明，应为30mm	尺量检查	

续表

质量检验依据	《建筑给水排水及采暖工程施工质量验收规范》(GB 50242—2002)			
	规范条款	检验项目		检验方法	检验结果
		项目	内容		
一般项目	8.3.8	散热器表面防腐涂漆	铸铁或钢制散热器表面的防腐及面漆应附着良好，色泽均匀，无脱落、起泡、流淌和漏涂缺陷	现场观察	
	8.3.7	散热器安装允许偏差	散热器背面与墙内表面距离(mm) 3	尺量	
			与窗中心线或设计定位尺(mm) 20		
			散热器垂直度(mm) 3	吊线和尺量	

一般抹灰工程质量检验表

表 7-7

质量检验依据	《建筑装饰装修工程质量验收规范》(GB 50210—2001)					
	规范条款	检验项目		检验方法	检验结果	
		项目	内容			
主控项目	4.2.2	基层表面	尘土、污垢、油渍等应清除干净，并应洒水润湿	检查施工记录		
	4.2.3	材料品种和性能	品种、性能符合设计要求	产品合格证书、进场验收记录		
			水泥的凝结时间和安定性复验应合格	复验报告		
			砂浆的配合比应符合设计要求	施工记录		
	4.2.5	层粘结及面层质量	抹灰层与基层之间及各抹灰层之间必须粘结牢固，抹灰层应无脱层、空鼓，面层应无爆灰和裂缝	观察；用小锤轻击检查；检查施工记录		
一般项目	4.2.6	表面质量	(1)普通抹灰表面应光滑、洁净、接槎平整，分格缝应清晰。 (2)高级抹灰表面光滑、洁净、颜色均匀、无抹纹，分格缝和灰线应清晰美观	观察；手摸检查		
	4.2.7	细部质量	护角、孔洞、槽、盒周围的抹灰表面应整齐、光滑，管道后面的抹灰表面应平整	观察		
	4.2.9	分格缝	抹灰分格缝的设置应符合设计要求，宽度和深度应均匀，表面应光滑，棱角应整齐	观察；尺量检查		
	4.2.10	滴水线	有排水要求的部位应做滴水线(槽)。滴水线(槽)应整齐顺直，滴水线应内高外低，滴水槽的宽度和深度均不应小于10mm	观察；尺量检查		
	4.2.11	允许偏差和检验方法	允许偏差(mm)			普通抹灰	高级抹灰
			项目	普通抹灰	高级抹灰		
			1. 立面垂直度	4	3	用2m垂直检测尺	
			2. 表面平整度	4	3	用2m靠尺和塞尺	
			3. 阴阳角方正	4	3	用直角检测尺	
			4. 分格条(缝)直线度	4	3	拉5m线，不足5m拉通线，用钢直尺检查	
			5. 墙裙、勒脚上口直线度	4	3		

注：1. 普通抹灰，本表第3项阴阳角方正可不检查；
  2. 顶棚抹灰，本表第2项表面平整度可不检查，但应平顺。

明龙骨吊顶工程质量检验表

表 7-8

质量检验依据	《建筑装饰装修工程质量验收规范》（GB 50210—2001）《住宅装饰装修工程施工规范》（GB 50327—2001）				
	规范条款	检验项目		检验方法	检验结果
		项目	内容		
主控项目	6.3.2（GB 50210）8.3.1（GB 50327）	吊顶标高、尺寸、起拱和造型	应符合设计：（1）主龙骨吊点间距、起拱高度应符合设计要求。当无设计要求时，吊点间距应小于1.2m，应按房间短向跨度的1‰～3‰起拱。（2）吊杆应通直，距主龙骨端部距离不得超过300mm。当吊杆与设备相遇时，应调整吊点构造或增设吊杆。（3）次龙骨应紧贴主龙骨安装。固定板材的次龙骨间距不得大于600mm，在潮湿地区和场所，间距宜为300～400mm。用沉头自攻螺钉安装饰面板时，接缝处次龙骨宽度不得小于40mm	观察；施工记录和隐蔽工程验收记录	
	6.3.3（GB 50210）	材料质量	品种、型号、图案和颜色应符合设计要求	观察；产品合格证书、进场验收记录、性能检测报告和复验报告	
	6.3.4、6.3.6（GB 50210）	安装质量	吊杆、龙骨和饰面材料的安装必须牢固	观察；手扳检查	
	6.3.5（GB 50210）	吊杆、龙骨的材质、安装间距及表面处理	吊杆、龙骨的材质、规格、安装间距及连接方式应符合设计要求。金属吊杆、龙骨应经过表面防腐处理；木吊杆、龙骨应进行防腐、防火处理	观察、尺量检查；产品合格证书、性能检测报告，进场验收记录和隐蔽工程验收记录	
	6.2.6（GB 50210）	石膏板的安装	石膏板的接缝应按其施工工艺标准进行板缝防裂处理。安装双层石膏板时，面层板与基层板的接缝应错开，并不得在同一根龙骨上接缝	观察	
一般项目	6.3.7（GB 50210）	材料质量	饰面材料表面应洁净、色泽一致，不得有翘曲、裂缝及缺损。压条应平直、宽窄一致	观察；尺量检查	
	6.3.8（GB 50210）	饰面板上的灯具、烟感器等设备位置	饰面板上的灯具、烟感器、喷淋头、风口箅子等设备的位置应合理、美观，与饰面板的交接应吻合、严密	观察	
	6.3.9（GB 50210）	金属吊杆、龙骨的安装	金属吊杆、龙骨的接缝应均匀一致，角缝应吻合，表面应平整，无翘曲、锤印。木质吊杆、龙骨应顺直，无劈裂、变形	检查隐蔽工程验收记录和施工记录	
	6.3.10（GB 50210）	吊顶内填充材料的品种和铺设厚度	吊顶内填充吸声材料的品种和铺设厚度应符合设计要求，并应有防散落措施	检查隐蔽工程验收记录和施工记录	

续表

质量检验依据	《建筑装饰装修工程质量验收规范》（GB 50210—2001）《住宅装饰装修工程施工规范》（GB 50327—2001）							
	规范条款	检验项目					检验方法	检验结果
		项 目	内 容					
一般项目	6.3.11 (GB 50210)	安装允许偏差	项目	允许偏差(mm)				检验方法	
				纸面石膏板	金属板	矿棉板	木板、塑料板、格栅		
			表面平整度	3	2	2	2	用 2m 靠尺和塞尺检查	
			接缝直线度	3	1.5	3	3	拉 5m 线，不足 5m 拉通线，用钢直尺检查	
			接缝高低差	1	1	1.5	1	用钢直尺和塞尺	

暗龙骨吊顶工程质量检验表

表 7-9

质量检验依据	《建筑装饰装修工程质量验收规范》（GB 50210—2001）《住宅装饰装修工程施工规范》（GB 50327—2001）				
	规范条款	检验项目		检验方法	检验结果
		项 目	内 容		
主控项目	6.2.2 (GB 50210) 8.3.1 (GB 50327)	吊顶标高、尺寸、起拱和造型	应符合设计； (1) 主龙骨吊点间距、起拱高度应符合设计要求。当无设计要求时，吊点间距应小于 1.2m，应按房间短向跨度的 1‰～3‰起拱。 (2) 吊杆应通直，距主龙骨端部距离不得超过 300mm。当吊杆与设备相遇时，应调整吊点构造或增设吊杆。 (3) 次龙骨应紧贴主龙骨安装。固定板材的次龙骨间距不得大于 600mm，在潮湿地区和场所，间距宜为 300～400mm。用沉头自攻螺钉安装饰面板时，接缝处次龙骨宽度不得小于 40mm	观察；施工记录和隐蔽工程验收记录	
	6.2.3 (GB 50210)	材料质量	品种、型号、图案和颜色应符合设计要求	观察；产品合格证书、进场验收记录、性能检测报告和复验报告	
	6.2.4 (GB 50210)	安装质量	吊杆、龙骨和饰面材料的安装必须牢固	观察；手扳检查；隐蔽工程验收记录和施工记录	
	6.2.5 (GB 50210)	吊杆、龙骨的材质、安装间距及表面处理	吊杆、龙骨的材质、规格、安装间距及连接方式应符合设计要求。金属吊杆、龙骨应经过表面防腐处理；木吊杆、龙骨应进行防腐、防火处理	观察；尺量检查；产品合格证书、性能检测报告、进场验收记录和隐蔽工程验收记录	
	6.2.6 (GB 50210)	石膏板的安装	石膏板的接缝应按其施工工艺标准进行板缝防裂处理。安装双层石膏板时，面层板与基层板的接缝应错开，并不得在同一根龙骨上接缝	观察	

续表

质量检验依据		《建筑装饰装修工程质量验收规范》（GB 50210—2001） 《住宅装饰装修工程施工规范》（GB 50327—2001）			
	规范条款	检验项目		检验方法	检验结果
		项目	内容		
一般项目	6.2.7 (GB 50210)	材料质量	饰面材料表面应洁净、色泽一致，不得有翘曲、裂缝及缺损。压条应平直、宽窄一致	观察；尺量检查	
	6.2.8 (GB 50210)	饰面板上的灯具、烟感器等设备位置	饰面板上的灯具、烟感器、喷淋头、风口算子等设备的位置应合理、美观，与饰面板的交接应吻合、严密	观察	
	6.2.9 (GB 50210)	金属吊杆、龙骨的安装	金属吊杆、龙骨的接缝应均匀一致，角缝应吻合，表面应平整，无翘曲、锤印。木质吊杆、龙骨应顺直，无劈裂、变形	检查隐蔽工程验收记录和施工记录	
	6.2.10 (GB 50210)	吊顶内填充材料的品种和铺设厚度	吊顶内填充吸声材料的品种和铺设厚度应符合设计要求，并应有防散落措施	检查隐蔽工程验收记录和施工记录	
	6.2.11 (GB 50210)	安装允许偏差	见下表	见下表	

项目	允许偏差(mm)				检验方法
	纸面石膏板	金属板	矿棉板	木板、塑料板、格栅	
表面平整度	3	2	2	2	用2m靠尺和塞尺检查
接缝直线度	3	1.5	3	3	拉5m线，不足5m拉通线，用钢直尺检查
接缝高低差	1	1	1.5	1	用钢直尺和塞尺

溶剂型涂料涂饰工程质量检验表

表 7-10

质量检验依据		《建筑装饰装修工程质量验收规范》（GB 50210—2001）			
	规范条款	检验项目		检验方法	检验结果
		项目	内容		
主控项目	10.3.2	材料质量	品种、型号、性能	产品合格证书、进场验收记录、性能检测报告	
	10.3.3	涂饰颜色、光泽和图案	颜色和图案应符合设计要求	观察；核实验收资料	
	10.3.4	涂饰综合质量	涂饰均匀、粘结牢固，不得漏涂、透底、起皮和掉粉	观察；手摸检查	
	10.3.5	基层处理	(1) 新建筑物的混凝土或抹灰基层在涂饰涂料前应涂刷抗碱封闭底漆。 (2) 旧墙面在涂饰涂料前应清除疏松的旧装修层，并涂刷界面剂	观察；手摸检查；检查施工记录	
一般项目	10.3.8	与其他材料和设备相接处	涂层与其他装修材料和设备衔接处应吻合，界面应清晰	观察	

续表

质量检验依据		《建筑装饰装修工程质量验收规范》（GB 50210—2001）				
	规范条款	检验项目		检验方法	检验结果
		项目	普通涂饰	高级涂饰		
一般项目	10.3.6 色漆的涂饰质量和检验方法	项目	普通涂饰	高级涂饰	观察	
		颜色	均匀一致	均匀一致		
		光泽、光滑	光泽基本均匀，光滑无挡手感	光泽均匀一致，光滑	观察；手摸检查	
		刷纹	刷纹通顺	无刷纹	观察	
		裹棱、流坠、皱皮	明显处不允许	不允许		
		装饰线、分色线直线度允许偏差（mm）	2	1	拉5m线，不足5m拉通线，用钢直尺检查	
	10.3.7 清漆的涂饰质量和检验方法	项目	普通涂饰	高级涂饰	观察；手摸检查	
		颜色	基本一致	均匀一致		
		木纹	棕眼刮平、木纹清楚	棕眼刮平、木纹清楚		
		光泽、光滑	光泽基本均匀，光滑无挡手感	光泽均匀一致，光滑		
		刷纹	无刷纹	无刷纹		
		裹棱、流坠、皱皮	明显处不允许	不允许		

水性涂料涂饰工程质量检验表

表 7-11

质量检验依据		《建筑装饰装修工程质量验收规范》（GB 50210—2001）			
	规范条款	检验项目		检验方法	检验结果
		项目	内容		
主控项目	10.2.2	材料质量	品种、型号、性能	产品合格证书、进场验收记录、性能检测报告	
	10.2.3	涂饰颜色和图案	颜色和图案应符合设计要求	观察；核实验收资料	
	10.2.4	涂饰综合质量	涂饰均匀、粘结牢固，不得漏涂、透底、起皮和掉粉	观察；手摸检查	
	10.2.5	基层处理	（1）新建筑物的混凝土或抹灰基层在涂饰涂料前应涂刷抗碱封闭底漆。 （2）旧墙面在涂饰涂料前应清除疏松的旧装修层，并涂刷界面剂	观察；手摸检查；检查施工记录	
一般项目	10.2.9	与其他材料和设备相接处	涂层与其他装修材料和设备衔接处应吻合，界面应清晰	观察	

续表

质量检验依据			《建筑装饰装修工程质量验收规范》(GB 50210—2001)		检验方法	检验结果
	规范条款	检验项目				
		项目	内　容			
一般项目	10.2.6	薄涂料涂饰质量和检验方法	项目	普通涂饰	高级涂饰	观察	
			颜色	均匀一致	均匀一致		
			泛碱、咬色	允许少量轻微	不允许		
			流坠、疙瘩	允许少量轻微	不允许		
			砂眼、刷纹	允许少量轻微砂眼，刷纹通顺	无砂眼，无刷纹		
			装饰线、分色线直线度允许偏差(mm)	2	1	拉5m线，不足5m拉通线，用钢直尺检查	
	10.2.7	厚涂料涂饰质量和检验方法	项目	普通涂饰	高级涂饰	观察	
			颜色	均匀一致	均匀一致		
			泛碱、咬色	允许少量轻微	不允许		
			点状分布	—	疏密均匀		
	10.2.8	复层涂料涂饰质量和检验方法	颜色	均匀一致		观察	
			泛碱、咬色	不允许			
			喷点疏密程度	均匀，不允许连片			

美术涂料涂饰工程质量检验表

表 7-12

质量检验依据		《建筑装饰装修工程质量验收规范》(GB 50210—2001)		检验方法	检验结果
	规范条款	检验项目			
		项　目	内　容		
主控项目	10.4.2	材料质量	品种、型号、性能应符合设计要求	产品合格证书、进场验收记录、性能检测报告	
	10.4.3	涂饰综合质量	涂饰均匀、粘结牢固，不得漏涂、透底、起皮和反锈	观察；手摸检查	
	10.4.4	基层处理	(1)新建筑物的混凝土或抹灰基层在涂饰涂料前应涂刷抗碱封闭底漆。 (2)旧墙面在涂饰涂料前应清除疏松的旧装修层，并涂刷界面剂	观察；手摸检查；检查施工记录	
	10.4.5	套色、花纹、图案	应符合设计要求	观察	
一般项目	10.4.6	表面质量	涂饰表面应洁净，不得有流坠现象	观察	
	10.4.7	仿花纹涂饰	饰面应具有被模仿材料的纹理	观察	
	10.4.8	套色涂饰的图案	不得移位，纹理和轮廓应清晰	观察	

木门窗安装工程质量检验表

表 7-13

质量检验依据		《建筑装饰装修工程质量验收规范》（GB 50210—2001）			
	规范条款	检验项目		检验方法	检验结果
		项 目	内 容		
主控项目	5.2.2、5.2.4 《建筑木门、木窗》(JG/T 122)	门窗的木材	品种、材质等级、规格、尺寸、框扇的线型、人造木板的甲醛含量、木材含水率、防火、防腐、防虫处理	产品合格证书、材料进场验收记录、复验报告（性能检测报告）；观察	
	5.2.5	门窗结合处和安装配件处	不得有木节或已填补的木节。如有允许限值以内的死节或直径较大的虫眼时，应用同一材质的木塞加胶填补。对于清漆制品，木塞的木纹和色泽应与制品一致	观察	
	5.2.6	门窗框和厚度大于 50mm 的门窗扇	应用双榫连接。榫槽应采用胶料严密嵌合，并应用胶楔加紧	观察；手扳检查	
	5.2.7	胶合板门、纤维板门、模压门	不得脱胶。胶合板不得刨透表层单板，不得有戗槎。制作胶合板门、纤维板门时，边框和横楞应在同一平面上，面层、边框及横楞应加压胶结。横楞和上、下冒头应各钻两个以上透气孔，透气孔应通畅	观察	
	5.2.8	门窗	品种、类型、规格	产品合格证书、材料进场验收记录	
			开启方向、安装位置及连接方式	核对验收报告	
	5.2.9	门窗安装	安装牢固	手扳检查	
			预埋木砖的防腐处理、木门窗框固定点的数量、位置及固定方法	观察；隐蔽工程验收记录和施工记录	
	5.2.10	门窗扇安装	安装牢固、开关灵活、关闭严密、无倒翘	观察；开启和关闭检查；手扳检查	
	5.2.11	配件质量及安装	型号、规格、数量	产品合格证书、材料进场验收记录	
			安装牢固、安装位置、功能	观察；开启和关闭检查；手扳检查	
一般项目	5.2.12、5.2.13、5.2.14	表面质量	表面应洁净、不得有刨痕、锤印。割角、拼缝应严密平整。框、扇裁口应顺直，刨面应平整。槽、孔应边缘整齐，无毛刺	观察	
	5.2.15	缝隙填嵌材料	木门窗与墙体填嵌材料符合设计要求；填嵌应饱满；寒冷地区外门窗（或门窗框）与砌体间的空隙应填充保温材料	轻敲门窗框；隐蔽工程验收记录和施工记录	
	5.2.16	批水、盖口条等细部	批水、盖口条、压缝条、密封条的安装应顺直，与门窗结合应牢固、严密	观察；手扳检查	

续表

质量检验依据			《建筑装饰装修工程质量验收规范》(GB 50210—2001)				检验方法	检验结果	
规范条款		检验项目							
	项目		内 容						
			项目	留缝限值(mm)		允许偏差(mm)			
				普通	高级	普通	高级		普通	高级
一般项目	5.2.18	安装留缝限值及允许偏差和检验方法	门窗槽口对角线长度差	—	—	3	2	用钢尺检查		
			门窗框的正、侧面垂直度	—	—	2	1	用1m垂直检测尺		
			框与扇、扇与扇接缝高低差	—	—	2	1	用钢直尺和塞尺		
			门窗扇对口缝	1~2.5	1.5~2	—	—	用塞尺检查		
			工业厂房双扇大门对口缝	2~5	—	—	—			
			门窗扇与上框间留缝	1~2	1~1.5	—	—			
			门窗扇与侧框间留缝	1~2.5	1~1.5	—	—			
			窗扇与下框间留缝	2~3	2~2.5	—	—			
			门扇与下框间留缝	3~5	3~4	—	—			
			双层门窗内外框间距	—	—	4	3	用钢尺检查		
			无下框时门扇与地面间留缝 外门	4~7	5~6	—	—	用塞尺检查		
			内门	5~8	6~7	—	—			
			卫生间门	8~12	8~10	—	—			
			厂房大门	10~20	—	—	—			

金属门窗安装工程质量检验表

表 7-14

质量检验依据			《建筑装饰装修工程质量验收规范》(GB 50210—2001)		检验结果
	规范条款	检验项目		检验方法	
		项目	内容		
主控项目	5.3.2	金属门窗	品种、类型、规格、尺寸、型材壁厚、性能	产品合格证书、进场验收记录、复验记录(性能检测报告)	
			开启方向、安装位置、连接方式、防腐处理、填嵌、密封处理	观察;核对验收报告;隐蔽工程验收记录	
	5.3.3	门窗框和副框安装、预埋件	安装牢固	手扳检查	
	5.3.4	门窗扇安装	安装牢固、开关灵活、关闭严密、无倒翘	观察;开启和关闭检查;手扳检查	
	5.3.5	配件质量及安装	型号、规格、数量、	核对验收报告	
			安装牢固、安装位置、功能	观察;开启和关闭检查;手扳检查	

续表

质量检验依据			《建筑装饰装修工程质量验收规范》(GB 50210—2001)			
	规范条款	检验项目		检验方法	检验结果
		项目	内容		
一般项目	5.3.6	表面质量	表面应洁净、平整、光滑、色泽一致，无锈蚀。大面应无划痕、碰伤。漆膜或保护层应连续	观察	
	5.3.7	推拉扇开关力	开关力不应大于100N	用弹簧秤检查	
	5.3.8	框与墙体间缝隙	采用密封胶密封，填嵌饱满。密封表面光滑、顺直，无裂纹	观察；轻敲门窗框检查；隐蔽工程记录	
	5.3.9	门窗扇密封	橡胶密封条或毛毡密封条应安装完好，不得脱槽	观察；开启和关闭检查	
	5.3.10	排水孔	排水孔畅通，位置和数量应符合设计	观察	
	5.3.12	安装允许偏差	项目 / 允许偏差(mm)		
			门窗槽口宽度、高度 ≤1500mm / 1.5	用钢尺检查	
			门窗槽口宽度、高度 >1500mm / 2		
			门窗槽口对角线长度差 ≤2000mm / 3	用钢尺检查	
			门窗槽口对角线长度差 >2000mm / 4		
			门窗框的正、侧面垂直度 / 2.5	用垂直检测尺检查	
			门窗横框的水平度 / 2	用1m水平尺和塞尺	
			门窗横框标高 / 5	用钢尺检查	
			门窗竖向偏离中心 / 5	用钢尺检查	
			双层门窗内外框间距 / 4	用钢尺检查	
			推拉门窗与框搭接量 / 1.5	用钢直尺检查	

塑料门窗安装工程质量检验表

表7-15

质量检验依据			《建筑装饰装修工程质量验收规范》(GB 50210—2001)			
	规范条款	检验项目		检验方法	检验结果
		项目	内容		
主控项目	5.4.2	塑料门窗质量	品种、类型、规格、尺寸；内衬增强型钢的规格、壁厚性能	产品合格证书、进场验收记录、复验记录(性能检测报告)	
			开启方向、安装位置、连接方式、填嵌、密封处理	核对验收报告、隐蔽工程验收记录	
	5.4.3	门窗框、副框和扇的安装	安装牢固	观察；手扳检查	
			固定片或膨胀螺栓的数量与位置应正确，连接方式应符合设计要求。固定点应距窗角、中横框、中竖框 150～200mm，固定点间距应不大于600mm	隐蔽工程验收记录；尺量检查	

续表

质量检验依据	《建筑装饰装修工程质量验收规范》(GB 50210—2001)				
	规范条款	检验项目		检验方法	检验结果
		项目	内容		
主控项目	5.4.4	拼樘料与框连接	拼樘料内衬增强型钢应与型材内腔紧密吻合；其两端必须与洞口固定牢固。窗框必须与拼樘料连接紧密，固定点间距不应大于600mm	观察；开启和关闭检查；尺量检查；手扳检查；检查进场验收记录	
	5.4.5	门窗扇安装	开关灵活、关闭严密、无倒翘。推拉门窗必须有防脱落措施	观察；开启和关闭检查；手扳检查	
	5.4.6	配件质量及安装	型号、规格、数量	核对验收报告	
			安装牢固、安装位置、功能	观察；尺量检查；手扳检查	
	5.4.8	表面质量	洁净、平整、光滑，大面应无划痕、碰伤	观察	
	5.4.9	密封条及旋转门窗间隙	密封条不脱槽。旋转窗间隙应基本均匀	观察	
	5.4.10	门窗开关力	(1) 平开窗扇平铰链的开关力不大于80N；滑撑铰链的开关力应不大于80N，并不小于30N。 (2) 推拉门窗扇的开关力应不大于100N	观察；用弹簧秤检查	
	5.4.11	玻璃密封条、玻璃槽口	玻璃密封条与玻璃及玻璃槽口的接缝应平整，不得卷边、脱槽	观察	
	5.4.12	排水孔	应畅通，位置和数量应符合设计要求	观察；核对验收报告	
一般项目		项目		允许偏差(mm)	检验方法	检验结果
	5.4.13	安装允许偏差	门窗槽口宽度、高度	≤1500mm	2	用钢尺检查
				>1500mm	3	
			门窗槽口对角线长度差	≤2000mm	3	用钢尺检查
				>2000mm	5	
			门窗框的正、侧垂直度		3	用1m垂直检测尺检查
			门窗横框的水平度		3	用1m水平尺和塞尺检查
			门窗横框标高		5	用钢尺检查
			门窗竖向偏离中心		5	用钢直尺检查
			双层门窗内外框间距		4	用钢尺检查
			同樘平开门窗相邻扇高度差		2	用钢尺检查
			平开门窗铰链部位配合间隙		+2；−1	用塞尺检查
			推拉门窗扇与框搭接量		+1.5；−2.5	用钢直尺检查
			推拉门窗扇与竖框平行度		2	用1m水平尺和塞尺

饰面板(砖)工程质量检验表

表 7-16

质量检验依据		《建筑装饰装修工程质量验收规范》(GB 50210—2001) 《住宅装饰装修工程施工规范》(GB 50327—2001)		检验方法	检验结果
	规范条款	检验项目		检验方法	检验结果
		项目	内容		
主控项目	8.2.2 (GB 50210)	材料品种和性能	饰面板品种、规格、颜色和性能应符合设计要求；木龙骨、木饰面板和塑料饰面板的燃烧性能等级、木材含水率应符合设计要求	观察、检查产品合格证书、进场验收记录、性能检测报告和复验报告	
			室内花岗石的放射性	复验报告 施工记录	
			粘贴用水泥的凝结时间、安定性和抗压强度		
	12.3.1 (GB 50327)	墙面板(砖)铺贴	一、墙面砖 (1) 非整宽度不宜小于整砖的1/3，非整砖应排在次要部位或阴角处，每墙面不宜有两列非整砖。 (2) 墙面砖表面应平整、接缝应平直、缝宽应均匀一致。阴角砖应压向正确，阳角线宜做成45°角对接。 (3) 墙面突出物处，应整砖套割吻合，不得用非整砖拼凑铺贴	观察；用小锤轻击，如无空鼓；隐蔽工程验收记录和施工记录	
			二、墙面石材 (1) 强度较低或较薄的石材应在背面粘贴玻璃纤维网布。 (2) 采用湿作业法施工的石材应进行防碱背涂处理		
			三、木饰面板 (1) 基层有防潮要求的应进行防潮处理。 (2) 龙骨、木质基层板应进行防火处理。 (3) 饰面板安装前应选配，颜色、木纹对接应自然谐调。 (4) 饰面板接缝应在龙骨上，接缝应平整。 (5) 镶接式木装饰墙可用射钉从凹榫边倾斜射入。 (6) 安装封边收口线条时应用射钉固定，钉的位置应在线条的凹槽处或背视线的一侧		
	14.3.1 (GB 50327)	地面板(砖)铺贴	(1) 天然石材采用湿作业法施工的石材应进行防碱背涂处理；采取防止污染的防护措施。 (2) 铺贴后应及时清理表面，嵌缝颜色应与地面颜色一致	观察；用小锤轻击，如无空鼓；检查；检查施工记录	
一般项目	8.2.5 (GB 50210)	表面	饰面板(砖)板表面应平整、洁净、色泽一致，无裂痕和缺损。石材表面应无泛碱等污染；天然石材不得有隐伤等缺陷	观察	

续表

质量检验依据	《建筑装饰装修工程质量验收规范》(GB 50210—2001) 《住宅装饰装修工程施工规范》(GB 50327—2001)							
	规范条款	检验项目						检验方法	检验结果
		项目	内 容						

	规范条款	项目	检查项目	允许偏差(mm)					检验方法	检验结果
				石材光面	瓷板	木材	塑料	金属		
一般项目	8.2.9 (GB 50210)	饰面板安装允许偏差和检验方法	立面垂直度	2	2	1.5	2	2	用2m垂直检测尺	
			表面平整度	2	1.5	1	3	3	用2m靠尺和塞尺	
			阴阳角方正	2	2	1.5	3	3	用直角检测尺	
			接缝直线度	2	2	1	1	1	拉5m线,不足5m拉通线,用钢直尺检测	
			墙裙、勒脚上口直线度	2	2	2	2	2	拉5m线,不足5m拉通线,用钢直尺检测	
			接缝高低差	0.5	0.5	0.5	1	1	用钢直尺和塞尺	
			接缝宽度	1	1	1	1	1	用钢直尺	

	规范条款	项目	检查项目	允许偏差(mm)	检验方法	检验结果
				内墙面砖		
一般项目	8.3.11 (GB 50210)	饰面砖粘贴允许偏差和检验方法	立面垂直度	2	用2m垂直检测尺	
			表面平整度	3	用2m靠尺和塞尺	
			阴阳角方正	3	用直角检测尺	
			接缝直线度	2	拉5m线,不足5m拉通线,用钢直尺检测	
			接缝高低差	0.5	用钢直尺和塞尺	
			接缝宽度	1	用钢直尺	

裱糊与软包工程质量检验表

表 7-17

质量检验依据	《建筑装饰装修工程质量验收规范》(GB 50210—2001) 《住宅装饰装修工程施工规范》(GB 50327—2001)				
	规范条款	检验项目		检验方法	检验结果
		项目	内容		
主控项目	11.1.5 (GB 50210)	基层处理	(1)新建筑物的混凝土或抹灰基层墙面在刮腻子前应涂刷抗碱封闭底漆。 (2)旧墙面在裱糊前应清除疏松的旧装修层,并涂刷界面剂。 (3)基层腻子应平整、坚实、牢固,无粉化、起皮和裂缝;腻子的粘结强度应符合《建筑室内用腻子》(JG/T 3049)N型的规定。 (4)基层表面颜色应一致。 (5)裱糊前应用封闭底胶涂刷	检查施工记录	

续表

质量检验依据		《建筑装饰装修工程质量验收规范》（GB 50210—2001）《住宅装饰装修工程施工规范》（GB 50327—2001）		检验方法	检验结果
	规范条款	检验项目			
		项目	内容		
主控项目	11.2.5、11.3.5 (GB 50210)	基层表面	（1）裱糊：达到高级抹灰标准；各幅拼接应横平竖直，拼接处花纹、图案吻合，不离缝、不搭接，不显拼缝。 （2）软包：单块软包面料不得有接缝，四周应绷压严密	观察、手摸	
	11.2.2、11.3.2 (GB 50210)	材料品种和性能	（1）壁纸、墙布、软包面料、内衬材料、边框的材质的种类、规格、图案、颜色和燃烧性能等级必须符合设计要求及国家现行标准的有关规定。 （2）木材的含水率应符合设计要求	产品合格证书、进场验收记录、性能检测报告	
一般项目	11.2.6、11.3.6 11.3.8、(GB 50210) 12.3.4 (GB 50327)	表面质量	（1）裱糊后的壁纸、墙布表面应平整，色泽一致，不得有波纹起伏、气泡、裂缝、皱折及污斑，斜视无胶痕。 （2）软包表面应平整、洁净、无凹凸不平及皱折；图案应清晰、无色差，整齐、美观。 （3）电气盒等交接处应严密、顺直、无毛边；电气盒盖等开洞处，套割尺寸应准确。 （4）软包清漆涂饰木制边框的颜色、木纹应协调一致	观察；手摸检查	
	11.3.9 (GB 50210)	项目	软包工程安装的允许偏差(mm)和检验方法		
		（1）垂直度	3	用1m垂直检测尺	
		（2）边框宽度	0； −2	用钢尺	
		（3）对角线长度差	3	用钢尺	
		（4）裁口、线条接缝高低差	1	用钢直尺和塞尺	

细部工程质量检验表

表 7-18

质量检验依据		《建筑装饰装修工程质量验收规范》（GB 50210—2001）《住宅装饰装修工程施工规范》（GB 50327—2001）		检验方法	检验结果
	规范条款	检验项目			
		项目	内容		
主控项目	12.2、12.3、12.4、12.5 (GB 50210) 11.2 (GB 50327)	材料品种和性能	（1）材质、规格、木材的燃烧性能等级和含水率、花岗石的放射性及人造木板的甲醛含量应符合设计要求和国家现行标准的有关规定。 （2）护栏玻璃使用公称厚度不小于12mm的钢化玻璃；当护栏一侧距楼地面高度为5m及以上时，使用钢化夹层玻璃	产品合格证书、进场验收记录、复验报告	

续表

质量检验依据	《建筑装饰装修工程质量验收规范》（GB 50210—2001）《住宅装饰装修工程施工规范》（GB 50327—2001）				
	规范条款	检验项目		检验方法	检验结果
		项 目	内 容		
主控项目	12.2、12.3、12.4、12.5（GB 50210）11.2（GB 50327）	施工安装要求	(1) 造型、尺寸、固定方法符合设计要求，安装牢固。(2) 配件品种、规格符合设计要求，配件齐全。(3) 护栏高度、栏杆间距、安装位置符合设计要求，安装牢固	观察、尺量检查、手扳检查	
一般项目	12.2、12.3、12.4、12.5（GB 50210）11.2（GB 50327）	表面质量	表面平整、洁净、色泽一致，线条顺直，不歪斜，没有裂缝、翘曲、损坏	观察；手摸检查	

橱柜安装的允许偏差

项 目	允许偏差(mm)	检验方法	检验结果
(1) 外形尺寸	3	用钢尺	
(2) 立面垂直度	2	用1m垂直检测尺	
(3) 门与框架的平行度	2	用钢尺	

窗帘盒、窗台板和散热器罩安装的允许偏差

项 目	允许偏差(mm)	检验方法	检验结果
(1) 水平度	2	用1m水平尺和塞尺	
(2) 上口、下口直线度	3	拉5m线，不足5m拉通线，用钢直尺	
(3) 两端距窗洞口长度差	2	用钢直尺	
(4) 两端出墙厚度差	3	用钢直尺	

门窗套安装的允许偏差

项 目	允许偏差(mm)	检验方法	检验结果
(1) 正、侧面垂直度	3	用1m垂直检测尺	
(2) 门窗套上口水平度	1	用1m水平检测尺和塞尺	
(3) 门窗套上口直线度	3	拉5m线，不足5m拉通线，用钢直尺	

护栏和扶手安装的允许偏差

续表

质量检验依据	《建筑装饰装修工程质量验收规范》（GB 50210—2001） 《住宅装饰装修工程施工规范》（GB 50327—2001）				
	规范条款	检验项目		检验方法	检验结果
		项 目	内 容		
一般项目	12.2、12.3、12.4、12.5（GB 50210） 11.2（GB 50327）	项 目	允许偏差(mm)	检验方法	检验结果
		(1) 护栏垂直度	3	用1m垂直检测尺	
		(2) 栏杆间距	3	用钢尺	
		(3) 扶手直线度	4	拉通线，用钢直尺	
		(4) 扶手高度	3	用钢尺	

花饰安装的允许偏差

项 目		允许偏差(mm)		检验方法	检验结果
		室内	室外		
条型花饰的水平度或垂直度	每米	1	2	拉线和用1m垂直检测尺	
	全长	3	6		
单独花饰中心位置偏移		10	15	拉线和用钢直尺	

卫生器具及管道安装工程质量检验表

表 7-19

质量检验依据	《住宅装饰装修工程质量验收规范》（GB 50327—2001）				
	规范条款	检验项目		检验方法	检验结果
		项 目	内 容		
主控项目	15.1、15.2	材料品种和性能	(1) 品种、规格、颜色符合设计要求。 (2) 采用节水型器具	产品合格证书、进场验收记录	
	15.3	安装	(1) 金属固定件应防腐，安装牢固。 (2) 连接件易于拆卸、维修。排水管道连接采用有橡胶垫片排水栓；卫生器具与金属固定件的连接表面安置铅质或橡胶垫片；各种陶瓷器具不得采用水泥砂浆窝嵌。 (3) 各种卫生器具与台面、墙面、地面等接触部位均采用硅酮胶或防水密封条密封。 (4) 管道敷设横平竖直，管卡位置及管道坡度符合规范要求。 (5) 阀门位置正确且平正，便于使用和维修。 (6) 冷热水管安装左热右冷，平行间距不小于200mm。当冷热水供水系统采用分水器供水时，应采用半柔性管材连接	观察、尺量	

电气安装工程质量检验表

表 7-20

质量检验依据		《住宅装饰装修工程质量验收规范》(GB 50327—2001)	检验方法	检验结果
规范条款	检验项目 项目	检验项目 内容		
16.1、16.2	材料品种和性能	(1) 电器、电料的规格、型号符合设计要求及国家现行电器产品标准的有关规定。 (2) 包装完好，材料外观不应有破损，附件、备件齐全。 (3) 塑料电线保护管及接线盒必须是阻燃型产品，外观不应有破损。 (4) 金属电线保护管及接线盒外观不应有折扁和裂缝，管内无毛刺，管口平整。 (5) 通信系统使用的终端盒、接线盒与配电系统的开关、插座，宜选用同一产品。	产品合格证书、进场验收记录	
主控项目 16.3	安装	(1) 配电箱户表后应根据室内用电设备的不同功率分别配线供电；大功率家用电设备应独立配线安装插座。 (2) 相线与零线的颜色不同；同一住宅相线(L)颜色应统一，零线(N)宜用蓝色，保护线(PE)必须用黄绿双色线。 (3) 暗线敷设必须配管。当管线长度超过15m或有两个直角弯时，应增设拉线盒。 (4) 同一回路电线应穿同一根管内，但管内总根数不应超过8根，电线总截面积(包括绝缘外皮)不应超过管内截面积的40%。 (5) 电源线与通信线不得穿入同一根管内。 (6) 电源线及插座与电视线及插座的水平间距不应小于500mm。 (7) 电线与供暖、热水、燃气管之间的平行距离不应小于300mm，交叉距离不应小于100mm。 (8) 穿入配管导线的接头应设在接线盒内，接头搭接应牢固，绝缘带包缠应均匀紧密。 (9) 电源插座面向插座的左侧应接零线(N)，右侧应接相线(L)，中间上方应接保护地线(PE)。 (10) 吊灯自重在3kg及以上，严禁安装在木楔、木砖上。 (11) 同一室内的电源、电话、电视等插座面板应在同一水平标高上，高差应小于5mm。 (12) 厨房、卫生间应安装防溅插座，开关安装在门外开启侧的墙体上。 (13) 电源插座底边距地宜为300mm，平开关板底边距地宜为1400mm	观察、尺量	

附 录

附录一 房地产有关名词解释

1. 独立式住宅

独立式住宅(包括别墅)：是指独门独户的独栋住宅，包括较经济的"小独栋"和相对豪华的别墅。

独立式住宅最大的优点是"顶天立地"，有一个私人的天空和土地。而且由于是独栋住宅，所以居住质量相对较高，一般每个房间都能拥有良好的采光，户内能够实现自然通风，户内基本上可以隔绝外界干扰。独立式住宅周围一般有或大或小的配套花园，社区有较大的中心绿地，环境较好。

独立式住宅由于住户之间距离太大，较难形成紧密的邻里关系，同时由于建筑布局分散，每户到配套设施的交通距离较大，常常超过人的步行距离，所以独立式住宅的住户基本上只能依靠汽车交通。

独立式住宅是住宅中的高档产品，面积一般不低于 200 平方米，总价高，购置独立式住宅需要有较强的经济实力。当今独立式住宅的使用有两种趋势：一是作为家庭的日常居所，一般距离城市很近，交通较方便；另一种是作为周末别墅，也就是所谓的"5＋2"模式的"2"，即周一到周五住在城市内的公寓，周末 2 天在郊区的别墅度过。由此也产生了独立式住宅的两种形式："小独栋"和别墅。

2. 联排式住宅

联排式住宅(包括 Townhouse)：指由几幢二层至四层的住宅并联而成有独立门户的住宅形式，又分为联排城市住宅和联排别墅(Townhouse)。

联排城市住宅是欧洲许多城市的主要住宅形式，是指在城区联排而建的城区市民住宅，这样的住宅均是沿街的，由于沿街面的限制，所以都在基地上表现为大进深小面宽，立面式样则体现为新旧混杂，各式各样。

美国的联排别墅(Townhouse)则是汽车兴起后住宅郊区化的产物，建在郊区或小城镇，不直接邻市区道路，即使门前是车行道也只是社区道路。Townhouse 原始含义是"联排住宅，有天有地，独立的院子和车库"，一般是一次性成片建造，立面式样一致，平面组合比较自由。

我国的联排别墅(Townhouse)更接近后者，但也表现出美国联排别墅(Townhouse)同样的特点，一般采用跃层或复式结构。联排别墅在住宅功能上和独立式住宅相差无几，主要差别是多了两堵共用的墙壁和院墙，这样必然增加了一定的相互干扰，同时也增加了邻居间的交往机会。由于比独立式住宅少了两个采光面和通风面，联排式住宅的采光和通风条件比独立式住宅有所下降，但是依然能达到良好效果。联排式住宅的住户基本上也必须依靠汽车交通，住宅前后一般各有一个小花园。

双拼别墅是联排别墅的一个特例，特点上介于独立式住宅与联排别墅之间，两户之间共用一堵墙壁，每户有三个参光面，居住品质也介于独立式住宅与联排别墅之间。

3. 多层住宅

多层住宅：指四层到六层由两个或两个以上户型上下叠加而成的住宅。多层住宅可以不设电梯，楼梯往往作为多层住宅的主要上下楼通道。

现在房地产市场上的叠拼别墅(也有叫叠加式别墅的)一般四至六层，由每单元二至三层的别墅户型上下叠加而成，实际上就是采用别墅户型的多层住宅，其中少数设置有电梯。

多层住宅一般一梯两户，每户都能实现南北自然通风，基本能实现每间居室的采光要求。多层住宅一般采用单元式，共用面积很小，这有利于提高面积利用率，但是同时也限制了邻里的交往。多层住宅的住户(除了一部分首层住户)均没有自家花园。

在现阶段我国的都市里，多层住宅多属于中高档住宅，购买者一般是为了追求较高的生活品质，合理的户型设计和优美的社区环境是关注的焦点。

4. 中高层住宅

中高层住宅：指7层和7层以上，以电梯以主要交通方式的住宅。国家《住宅设计规范》规定：7层及以上的住宅必须设置电梯。

高层住宅由于其高度，楼层越高景观视野越好，所以一般高层住宅楼层越高单价越贵，而且离地面越远，大气的流动速度越大，自然通风效果越好。但是由于高层住宅离土地更远，住户对土地的亲和力较差，特别是不利于孩子的成长。高层住宅如果设计不妥，容易造成局部小气候的恶化，形成高楼风。

高层住宅中根据层数通常把7~11层的叫做小高层，可以只设置一部电梯，12层以上的住宅要求设置两部电梯。高层住宅根据自然通风条件又分为板式高层和塔式高层。

5. 通廊式住宅

通廊式住宅(Gallery Building of Apartment)：是指由共用楼梯、电梯通过内、外廊进入各套住房的住宅。现在外廊式住宅已经比较少见。内廊式住宅由于节省交通面积在经济型住宅中很有市场，但是内廊式住宅无法实现户内自然通风，半数以上户型没有南向日照，比较适宜作为过渡性住宅。

6. 保障性住房

保障性住房指政府在对中低收入家庭实行分类保障过程中所提供的限定供应对象、建设标准、销售价格或租金标准，具有社会保障性质的住房。包括两限商品住房、经济适用住房、政策性租赁住房以及廉租房。

7. 两限房

两限房，又称两限两竞房，即"限套型、限房价"、"竞地价、竞房价"。为降低房价，解决本地居民自住需求，按照国务院有关文件要求，各地政府实施土地供应时在限套型、限房价的基础上，采取竞地价、竞房价的办法，以公开招标的方式确定开发建设行为。

8. 经济适用房

经济适用房是指具有社会保障性质的商品住宅，具有经济性和适用性的特点。经济性是指住宅价格相对于市场价格比较适中，能够适应中低收入家庭的承受能力；适用性是指在住房设计及其建筑标准上强调住房的使用效果，而非建筑标准。经济适用房是国家为解决中低收入家庭住房问题而修建的普通住房，这类住宅因减免了土地出让金及工程报建中的部分费用，其成本低于普通商品房。

9. 政策性租赁房

政策性租赁房指通过政府或政府委托的机构，按照市场租价向中低收入的住房困难家庭提供可租赁的住房，同时，政府对承租家庭按月支付相应标准的租房补贴。其目的是解决家庭收入高于享受廉租房标准而又无力购买经济适用房的低收入家庭的住房困难。

10. 廉租房

廉租房指政府以租金补贴或实物配租的方式，向符合城镇居民最低收入且住房困难的家庭提供的社会保障性质的住房。廉租房的分配形式以租金补贴为主，实物配租和租金减免为辅。我国的廉租房只租不售，出租给城镇居民中最低收入者。

11. 小产权房屋

小产权房屋：简单来说，国家发产权证的叫大产权。如开发商办理合法的立项开发手续后，办理土地出让手续并按规定上缴给国家土地出让金和使用税(费)，由国家发放给开发商土地使用证和房屋预售许可证，这样的房屋称为大产权房屋。而国家不发产权证的，由乡镇政府发证书的叫小产权，也就是说在农民的集体土地上，仅有乡(镇)政府或村委会的盖章以证明其权属，并没有国家房管部门的盖章，这种房屋被视为乡产权，即小产权房屋。

12. 住宅的结构形式

住宅的结构是指住宅的承重骨架（如房屋的梁柱、承重墙等），其作用是保证住宅在使用期限内，把作用在住宅上的各种荷载或作用力，可靠地承担起来，同时在保证住宅的强度、刚度和耐久性的情况下，把所有的作用力可靠地传到地基中去。

由于住宅建筑的形式有多种多样，加上其房间面积大小、开间进深以及组合方式的不同，相应采用的结构也就有所不同。商品住宅的结构形式主要是以其承重结构所用的材料来划分的。一般可以分为砖混结构、砖木结构和钢筋混凝土结构三种形式。

(1) 砖混结构住宅

砖混结构是指建筑物中竖向承重结构的墙、附壁柱等采用砖或砌块砌筑，柱、梁、楼板、屋面板、桁架等采用钢筋混凝土结构。通俗地讲，砖混结构是以小部分钢筋混凝土及大部分砖墙承重的结构，又称钢筋混凝土混合结构。因为砖混结构的主要承重结构是黏土砖，所以砖的形状及强度就决定了房屋的强度。可以这样说，砖的形状越规则，砂浆的强度越高，灰缝越薄越均匀，砌体的强度就越高，房屋的耐用年限就越长。

砖混结构的优点主要表现在：

1) 由于砖是最小的标准化构件，对施工场地和施工技术要求低，可砌成各种形状的墙体，各地都可生产。
2) 它具有很好的耐久性、化学稳定性和大气稳定性。
3) 可节省水泥、钢材和木材，不需模板，造价较低。
4) 施工技术与施工设备简单。
5) 砖的隔声和保温隔热性要优于混凝土和其他墙体材料，因而在住宅建设中运用得最为普遍。

(2) 砖木结构住宅

砖木结构住宅是指建筑物中承重结构的墙、柱采用砖砌筑或砌块砌筑，楼板结构、屋架用木结构而共同构筑成的房屋。这种结构的房屋在我国中小城市中非常普遍。它的空间分隔较方便，自重轻，并且施工工艺简单，材料也比较单一。不过，它的耐用年限短，设施不完备，而且占地多，建筑面积小，不利于解决城市人多地少的矛盾。

(3) 钢筋混凝土结构住宅

钢筋混凝土结构住宅是指房屋的主要承重结构，如柱、梁、板、楼梯、屋盖用钢筋混凝土制作，墙用砖或其他材料施工建造的房屋。这种结构具有抗震性能好、整体性强、抗腐蚀耐火能力强、经久耐用等优点，并且房间的开间、进深相对较大，室内活动空间也相应增加，室内空间分隔较自由。钢筋混凝土结构建筑依其施工方式的不同可分为：现浇钢筋混凝土结构与预制装配式钢筋混凝土结构两大类。

13. 建筑面积及其计算

建筑面积亦称建筑展开面积，它是指住宅建筑外墙外围线测定的各层平面面积之和。它是表示一个建筑物建筑规模大小的经济指标。它包括三项，即使用面积、辅助面积和结构面积。因为建筑面积是计算商品房价格的结算数据，所以对于购房者来说，了解建筑面积的计算方法是非常重要的。在住宅建筑中，计算建筑面积的范围和方法是：

(1) 单层建筑物不论其高度如何，均按一层计算，其建筑面积按建筑物外墙勒脚以上的外围水平面积计算。单层住宅如内部带有部分楼层（如阁楼）也应计算建筑面积。

(2) 多层或高层住宅建筑的建筑面积，是按各层建筑面积的总和计算，其底层按建筑物外墙勒脚以上外围水平面积计算，二层或二层以上按外墙外围水平面积计算。

(3) 地下室、半地下室等及相应出入口的建筑面积，按其上口外墙（不包括采光井、防潮层及其保护墙）外围的水平面积计算。

(4) 用深基础做地下架空层加以利用，层高超 2.2m 的，按架空层外围的水平面积的一半计算建筑面积。

(5) 穿过建筑物的通道，建筑物内的门厅、大厅不论高度如何，均按一层计算建筑面积。大厅内回廊部分按其水平投影面积计算建筑面积。

(6) 电梯井、提物井、垃圾道、管道井和附墙囱等均按建筑物自然层计算建设面积。

(7) 住宅建筑内的技术层(放置各种设备和修理养护用)，层高超过 2.2m 的，按技术层外围水平面积计算建筑面积。

(8) 独立柱雨篷，按顶盖的水平投影面积的一半计算建筑面积；多柱雨篷，按外围水平面积计算建筑面积。

(9) 突出房屋的有围护结构的楼梯间、水箱间、电梯机房等，按围护结构外围水平面积计算建筑面积。

(10) 两个建筑物之间有顶盖的架空通廊，按通廊的投影面积计算建筑面积。无顶盖的架空通廊按其投影面积的一半计算建筑面积。

(11) 突出墙面的门斗、眺望间，按围护结构外围水平面积计算建筑面积。

(12) 封闭式阳台、挑廊按其外围水平投影面积计算建筑面积。凹阳台按其阳台净面积(包括阳台栏板)的一半计算建筑面积。挑阳台按其水平投影面积的一半计算建筑面积。

(13) 住宅建筑内无楼梯，设室外楼梯(包括疏散梯)的，其室外楼梯按每层水平投影面积计算建筑面积；楼内有楼梯，并设室外楼梯(包括疏散梯)的，其室外楼梯按每层水平投影面积的一半计算建筑面积。

另外，在住宅的建筑中，不计算建筑面积的范围有：

(1) 突出墙面的构件配件、艺术装饰和挂(壁)板，如：柱、垛、勒脚等。

(2) 检修、消防专用的室外爬梯，宽度在 60cm 以内的钢梯。

(3) 独立不贴于外墙的烟囱、烟道、贮水池等构筑物。

(4) 没有围护结构的屋顶水箱间。

(5) 层高在 2.2m 以内的技术层(设备层)。

(6) 单层住宅的分隔操作间、控制室、仪表间等单层房间。

(7) 层高小于 2.2m 的深基础地下架空层，坡地建筑物吊脚架空间。

从以上可以看出，住宅的建筑面积计算起来比较复杂，不仅规定多，而且专业性、技术性非常强。在购房时，购房者如果对计算出的结果有疑问，可以咨询专业人员或请专门测量机构，依照国家标准重新测量计算。

14. 套内建筑面积

(1) 成套房屋的套内建筑面积(GB/T 17986.1—2000 B1.1)

成套房屋的套内建筑面积由套内房屋使用面积、套内墙体面积、套内阳台建筑面积三部分组成。

1) 套内的使用面积(GB/T 17986.1—2000 B1.2)：

套内房屋使用面积为套内房屋使用空间的面积，以水平投影面积按以下规定计算：

① 套内房屋使用面积为套内卧室、起居室、过厅、过道、厨房、卫生间、厕所、储藏室、壁橱等空间面积的总和。

② 套内部楼梯按自然层数的面积总和计入使用面积。

③ 不包括含在结构面积内的套内内部烟囱、通风道、管道井均计入使用面积。

④ 内墙面装饰厚度计入使用面积。

2) 套内墙体面积(GB/T 17986.1—2000 B1.3)：

套内墙体面积是套内使用空间周围的维护或承重墙体或其他承重支撑体所占的面积，其中各套之间的分隔墙和套与公共建筑空间的分隔以及外墙(包括山墙)等共有墙，均按水平投影面积的一半计入套内墙体面积。套内自有墙体按水平投影面积全部计入套内墙体面积。

3) 套内阳台建筑面积(GB/T 17986.1—2000 B1.4)：

套内阳台建筑面积均按阳台外围与房屋外墙之间的水平投影面积计算。其中封闭的阳台按水平投影全部计算建筑面积，未封闭的阳台按水平投影的一半计算建筑面积。

(2) 房屋的共有建筑面积(GB/T 17986.1—2000 B1.4)

房屋共有建筑面积系指各产权业主共同占有或共同使用的建筑面积。共有建筑面积的内容包括：电梯井、管道井、楼梯间、垃圾道、变电室、设备间、公共门厅、过道、地下室、值班警卫室等，以及为整栋服务的公共用房和管理用房的建筑面积，以水平投影面积计算。

共有建筑面积还包括套与公共建筑空间之间分隔墙，以及外墙（包括山墙）水平投影面积一半的建筑面积。

独立使用的地下室、车棚、车库，为多栋服务的警卫室、管理用房，作为人防工程的地下室都不计入共有建筑面积。

15. 商品房销售面积

商品房的销售面积是指购房者所购买的套内或单元内的建筑面积（即套内建筑面积）与应分摊公用建筑面积之和。即：

$$商品房销售面积＝套内建筑面积＋分摊的公用建筑面积$$

(1) 套内建筑面积的计算方法

1) 套内使用面积：住宅按《住宅设计规范》(GB 50096—1999)规定的方法计算；其他建筑按照专用建筑设计规范规定的方法或参照《住宅设计规范》计算。

2) 套内墙体面积：商品房套内使用空间周围的维护或承重墙体，有共用墙及非共用墙两种：

① 共用墙包括各套之间的分隔墙、套与公用建筑空间投影面积的分隔墙以及外墙（包括山墙）；共用墙墙体水平投影面积的一半计入套内墙体面积。

② 非共用墙墙体水平投影面积全部计入套内墙体面积。

(2) 商品房分摊的公用建筑面积主要包括以下两部分

1) 电梯井、楼梯间、垃圾道、变电室、设备室、公共门厅和过道等其功能上为整楼建筑服务的公共设施用房和管理用房之建筑面积；

2) 各单元与楼房公共建筑空间之间的分隔墙以及外墙（包括山墙）墙体水平投影面积的50%。

下列空间不得计入公用建筑面积：

1) 作为独立使用空间租、售的地下室、车棚等。

2) 作为人防工程的地下室。

公用建筑面积计算公式：

$$公用建筑面积＝整栋建筑的面积－各套套内建筑面积之和－已作为独立使用空间租、售的地下室、车棚、人防工程地下室$$

$$公用建筑面积分摊系数＝公用建筑面积/各套套内建筑面积之和$$

$$分摊的公用建筑面积＝各套套内建筑面积×公用建筑面积分摊系数$$

因此，商品房销售面积公式还可表达为：

$$商品房销售面积＝套内建筑面积×(1＋公用建筑面积分摊系数)$$

16. 建筑容积率

建筑容积率是指项目规划建设用地范围内全部建筑面积与规划建设用地面积之比。附属建筑物也计算在内，但应注明不计算面积的附属建筑物除外。

17. 建筑密度

建筑密度即建筑覆盖率，指项目用地范围内所有基底面积之和与规划建设用地之比。

18. 绿化率

绿化率是指规划建设用地范围内的绿地面积与规划建设用地面积之比，规划建设用地面积是指项目用地红线范围内的土地面积，一般包括建设区内的道路面积、绿地面积、建筑物（构筑物）所占面积、运动场地等。

19. 五证两书

"五证"是指《国有土地使用证》、《建设用地规划许可证》、《建设工程规划许可证》、《建设工程施工许可证》（建设工程开工证）、《商品房销售（预售）许可证》。"两书"是指《住宅质量保证书》和《住宅使用说明书》。

"五证"中最重要的是《国有土地使用证》和《商品房销售（预售）许可证》，两者表明所购房屋属合法交易范畴。《商品房销售（预售）许可证》的预售范围为本项目可销售楼盘，购房者务必看清购买楼层是否在预售范围内。

"两书"可以作为商品房买卖合同的补充约定，并且是房地产开发企业在商品房交付使用时，向购房者提供的对商品住宅承担质量责任的法律文件和保证文件。

附录二 物权法有关名词解释

1. 物权

物权指自然人、法人直接支配不动产或者动产的权利,包括所有权、用益物权和担保物权。不动产指土地以及建筑物等土地附着物;动产指不动产以外的物。制定物权法,对明确物的归属,充分发挥物的效用,维护经济秩序,促进社会主义现代化建设,具有重要意义。

2. 公示

公示指确认物权设立、变动的依据,如登记。物权公示是为了让他人清楚地知道谁是权利人,以维护权利人、与交易有关的人的合法权益。除有相反证据证明的以外,记载于不动产登记簿上的人是该不动产的权利人,动产的占有人是该动产的权利人。

3. 异议登记

异议登记指利害关系人对不动产登记簿上有关权利主体、内容的正确性提出不同意见的登记。异议登记的目的是限制不动产登记簿上的权利人的权利,以保障提出异议登记的利害关系人的权利。

4. 预告登记

预告登记指当事人约定买卖期房或者转让其他不动产物权时,为了限制债务人处分该不动产,保障债权人将来取得物权而作的登记。如在商品房预售中,购房者可以就尚未建成的住房进行预告登记,以制约开发商把已出售的住房再次出售或者进行抵押。

5. 建筑物区分所有权

建筑物区分所有权随着住宅商品化,建筑物向多层、高层发展,一栋高楼通常为众多住户所有,这种现象就是建筑物区分所有。建筑物区分所有权包括住户就高层建筑物中对其住宅等专有部分享有的所有权,对电梯、过道等共有部分享有的共有和共同管理的权利。

6. 相邻关系

相邻关系指两个以上相互毗邻的不动产所有人或者使用人,因通行、采光、通风等必需,依照法律规定产生的权利义务关系。

7. 共有

共有指两个以上的自然人或者法人对一项财产共同享有所有权。共有关系可以依照法律规定发生,也可以根据合同约定发生。依照民法通则的规定,共有分为按份共有和共同共有。

(1) 按份共有

按份共有亦称分别共有,是指两个或两个以上的人对同一项财产按照份额享有所有权,按份共有人对共有的不动产或者动产按照其约定的份额享有所有权,按份共有是最常见的共有关系。

(2) 共同共有

共同共有是指两个或两个以上的人基于共同关系,共同享有某物的所有权,共同共有人对共有的不动产或者动产不分份额共同享有所有权,现实生活中主要有夫妻共有财产、家庭共有财产、共同继承的财产等。

8. 善意取得

善意取得指为了保护正常交易而设立的一项法律制度。如甲把借来的自行车当作自己的自行车出卖给乙,乙不知该自行车是甲借来的,这时乙是善意的购买人。构成善意取得,必须符合法律规定的各种条件。

9. 孳息

孳息分为天然孳息和法定孳息。天然孳息指因物的自然属性而获得的收益,如树结的果实、母畜生的幼畜。法定孳息指因法律关系所获得的收益,如出租人根据租赁合同收取的租金,贷款人根据贷款合同取得的利息等。

10. 用益物权

用益物权指在法律规定的范围内，对他人所有的不动产，享有占有、使用和收益的权利。包括土地承包经营权、建设用地使用权、宅基地使用权、地役权等。

（1）土地承包经营权

土地承包经营权是指农业经营者通过依法签订承包经营协议的方式或其他方式在一定期限内取得在集体经济组织所有的或国家所有由集体经济组织长期使用的土地上进行耕作、养殖或畜牧等农业活动的权利。

（2）建设用地使用权

建设用地使用权是用益物权的一种。指对国家所有的土地占有、使用和收益，在该土地上建造并经营建筑物、构筑物以及其附属设施的权利。

（3）宅基地使用权

宅基地使用权是公民因拥有私有房屋而依法使用国家或集体所有的土地的权利，一般是指农村居民经审核批准后自建房屋而取得的对集体土地的使用权。

（4）地役权

地役权是用益物权的一种。指因通行、取水、排水等需要，通过签订合同，利用他人的不动产，以提高自己不动产效益的权利。如甲工厂原有东门可以出入，后想开西门，借用乙工厂的道路通行。甲工厂与乙工厂约定，甲工厂向乙工厂适当支付使用费，乙工厂允许甲工厂的人员通行。这时甲工厂即取得了"地役权"。

11. 担保物权

担保物权是指在借贷、买卖等民事活动中，债务人或者第三人将自己所有的财产作为履行债务的担保。债务人未履行债务时，债权人依照法律规定的程序就该财产优先受偿的权利。担保物权包括抵押权、质权和留置权。

（1）抵押权

抵押权指债务人或者第三人不转移财产的占有，将该财产作为债权的担保，债务人未履行债务时，债权人依照法律规定的程序就该财产优先受偿的权利。债务人或者第三人为抵押人，债权人为抵押权人，提供担保的财产为抵押财产。如某人向银行申请贷款，并以自己的住房作抵押，这时银行即为抵押权人。

（2）质权

质权分为动产质权和权利质权。动产质权指债务人或者第三人将其动产移交债权人占有，以该动产作为债权的担保，债务人未履行债务时，债权人依照法律规定的程序就该动产优先受偿的权利。债务人或者第三人为出质人，债权人为质权人，移交的动产为质押财产。出质人也可以将法律规定可以转让的股权、仓单、提单等财产权利出质，这时质权称为权利质权。

（3）留置权

留置权指债务人未履行债务时，债权人扣留已经合法占有的债务人的动产，并依照法律规定的程序就该动产优先受偿的权利。如顾客不向裁缝店支付服装加工费时，裁缝可以留置加工的服装，待顾客支付加工费后再归还做成的服装。

12. 占有

占有指占有人对不动产或者动产的实际控制。占有人可以是依法有权占有不动产或者动产，如根据租赁合同在租期内占有对方交付的租赁物。占有人也可能是无权占有他人的不动产或者动产。如借他人的物品，过期不还。占有人不知道自己是无权占有的，为善意占有；明知自己属于无权占有的，为恶意占有。

附录三 房地产相关法律法规

中华人民共和国城市房地产管理法

(1994年7月5日第八届全国人民代表大会常务委员会第八次会议通过,根据2007年8月30日第十届全国人民代表大会常务委员会第二十九次会议《关于修改〈中华人民共和国城市房地产管理法〉的决定》修正)

第一章 总 则

第一条 为了加强对城市房地产的管理,维护房地产市场秩序,保障房地产权利人的合法权益,促进房地产业的健康发展,制定本法。

第二条 在中华人民共和国城市规划区国有土地(以下简称国有土地)范围内取得房地产开发用地的土地使用权,从事房地产开发、房地产交易,实施房地产管理,应当遵守本法。

本法所称房屋,是指土地上的房屋等建筑物及构筑物。

本法所称房地产开发,是指在依据本法取得国有土地使用权的土地上进行基础设施、房屋建设的行为。

本法所称房地产交易,包括房地产转让、房地产抵押和房屋租赁。

第三条 国家依法实行国有土地有偿、有限期使用制度。但是,国家在本法规定的范围内划拨国有土地使用权的除外。

第四条 国家根据社会、经济发展水平,扶持发展居民住宅建设,逐步改善居民的居住条件。

第五条 房地产权利人应当遵守法律和行政法规,依法纳税。房地产权利人的合法权益受法律保护,任何单位和个人不得侵犯。

第六条 为了公共利益的需要,国家可以征收国有土地上单位和个人的房屋,并依法给予拆迁补偿,维护被征收人的合法权益;征收个人住宅的,还应当保障被征收人的居住条件。具体办法由国务院规定。

第七条 国务院建设行政主管部门、土地管理部门依照国务院规定的职权划分,各司其职,密切配合,管理全国房地产工作。

县级以上地方人民政府房产管理、土地管理部门的机构设置及其职权由省、自治区、直辖市人民政府确定。

第二章 房地产开发用地

第一节 土地使用权出让

第八条 土地使用权出让,是指国家将国有土地使用权(以下简称土地使用权)在一定年限内出让给土地使用者,由土地使用者向国家支付土地使用权出让金的行为。

第九条 城市规划区内的集体所有的土地,经依法征用转为国有土地后,该幅国有土地的使用权方可有偿出让。

第十条 土地使用权出让,必须符合土地利用总体规划、城市规划和年度建设用地计划。

第十一条 县级以上地方人民政府出让土地使用权用于房地产开发的,须根据省级以上人民政府下达的控制指标拟订年度出让土地使用权总面积方案,按照国务院规定,报国务院或者省级人民政府批准。

第十二条 土地使用权出让,由市、县人民政府有计划、有步骤地进行。出让的每幅地块、用途、年限和其他条件,由市、县人民政府土地管理部门会同城市规划、建设、房产管理部门共同拟定方案,按照国务院规定,报经有批准权的人民政府批准后,由市、县人民政府土地管理部门实施。

直辖市的县人民政府及其有关部门行使前款规定的权限,由直辖市人民政府规定。

第十三条 土地使用权出让,可以采取拍卖、招标或者双方协议的方式。

商业、旅游、娱乐和豪华住宅用地,有条件的,必须采取拍卖、招标方式;没有条件,不能采取拍卖、招标方式的,可以采取双方协议的方式。

采取双方协议方式出让土地使用权的出让金不得低于按国家规定所确定的最低价。

第十四条 土地使用权出让最高年限由国务院规定。

第十五条 土地使用权出让,应当签订书面出让合同。

土地使用权出让合同由市、县人民政府土地管理部门与土地使用者签订。

第十六条 土地使用者必须按照出让合同约定,支付土地使用权出让金;未按照出让合同约定支付土地使用权出让金的,土地管理部门有权解除合同,并可以请求违约赔偿。

第十七条 土地使用者按照出让合同约定支付土地使用权出让金的,市、县人民政府土地管理部门必须按照出让合同约定,提供出让的土地;未按照出让合同约定提供出让的土地的,土地使用者有权解除合同,由土地管理部门返还土地使用权出让金,土地使用者并可以请求违约赔偿。

第十八条 土地使用者需要改变土地使用权出让合同约定的土地用途的,必须取得出让方和市、县人民政府城市规划行政主管部门的同意,签订土地使用权出让合同变更协议或者重新签订土地使用权出让合同,相应调整土地使用权出让金。

第十九条 土地使用权出让金应当全部上缴财政,列入预算,用于城市基础设施建设和土地开发。土地使用权出让金上缴和使用的具体办法由国务院规定。

第二十条 国家对土地使用者依法取得的土地使用权,在出让合同约定的使用年限届满前不收回;在特殊情况下,根据社会公共利益的需要,可以依照法律程序提前收回,并根据土地使用者使用土地的实际年限和开发土地的实际情况给予相应的补偿。

第二十一条 土地使用权因土地灭失而终止。

第二十二条 土地使用权出让合同约定的使用年限届满,土地使用者需要继续使用土地的,应当至迟于届满前一年申请续期,除根据社会公共利益需要收回该幅土地的,应当予以批准。经批准准予续期的,应当重新签订土地使用权出让合同,依照规定支付土地使用权出让金。

土地使用权出让合同约定的使用年限届满,土地使用者未申请续期或者虽申请续期但依照前款规定未获批准的,土地使用权由国家无偿收回。

第二节 土地使用权划拨

第二十三条 土地使用权划拨,是指县级以上人民政府依法批准,在土地使用者缴纳补偿、安置等费用后将该幅土地交付其使用,或者将土地使用权无偿交付给土地使用者使用的行为。

依照本法规定以划拨方式取得土地使用权的,除法律、行政法规另有规定外,没有使用期限的限制。

第二十四条 下列建设用地的土地使用权,确属必需的,可以由县级以上人民政府依法批准划拨:

(一)国家机关用地和军事用地;
(二)城市基础设施用地和公益事业用地;
(三)国家重点扶持的能源、交通、水利等项目用地;
(四)法律、行政法规规定的其他用地。

第三章 房 地 产 开 发

第二十五条 房地产开发必须严格执行城市规划,按照经济效益、社会效益、环境效益相统一的原则,实行全面规划、合理布局、综合开发、配套建设。

第二十六条 以出让方式取得土地使用权进行房地产开发的,必须按照土地使用权出让合同约定的土地用途、动工开发期限开发土地。超过出让合同约定的动工开发日期满一年未动工开发的,可以征收相当于土地使用权出让金百分之二十以下的土地闲置费;满二年未动工开发的,可以无偿收回土地使用权;但是,因不可抗力或者政府、政府有关部门的行为或者动工开发必需的前期工作造成动工开发迟延的除外。

第二十七条 房地产开发项目的设计、施工,必须符合国家的有关标准和规范。

房地产开发项目竣工,经验收合格后,方可交付使用。

第二十八条 依法取得的土地使用权,可以依照本法和有关法律、行政法规的规定,作价入股,合资、合作开发经营房地产。

第二十九条 国家采取税收等方面的优惠措施鼓励和扶持房地产开发企业开发建设居民住宅。

第三十条 房地产开发企业是以营利为目的,从事房地产开发和经营的企业。设立房地产开发企业,应当具备下列条件:

(一)有自己的名称和组织机构;
(二)有固定的经营场所;
(三)有符合国务院规定的注册资本;
(四)有足够的专业技术人员;
(五)法律、行政法规规定的其他条件。

设立房地产开发企业,应当向工商行政管理部门申请设立登记。工商行政管理部门对符合本法规定条件的,应当予以登记,发给营业执照;对不符合本法规定条件的,不予登记。

设立有限责任公司、股份有限公司,从事房地产开发经营的,还应当执行公司法的有关规定。

房地产开发企业在领取营业执照后的一个月内,应当到登记机关所在地的县级以上地方人民政府规定的部门备案。

第三十一条 房地产开发企业的注册资本与投资总额的比例应当符合国家有关规定。

房地产开发企业分期开发房地产的,分期投资额应当与项目规模相适应,并按照土地使用权出让合同的约定,按期投入资金,用于项目建设。

第四章 房地产交易

第一节 一般规定

第三十二条 房地产转让、抵押时,房屋的所有权和该房屋占用范围内的土地使用权同时转让、抵押。

第三十三条 基准地价、标定地价和各类房屋的重置价格应当定期确定并公布。具体办法由国务院规定。

第三十四条 国家实行房地产价格评估制度。

房地产价格评估,应当遵循公正、公平、公开的原则,按照国家规定的技术标准和评估程序,以基准地价、标定地价和各类房屋的重置价格为基础,参照当地的市场价格进行评估。

第三十五条 国家实行房地产成交价格申报制度。

房地产权利人转让房地产,应当向县级以上地方人民政府规定的部门如实申报成交价,不得瞒报或者作不实的申报。

第三十六条 房地产转让、抵押,当事人应当依照本法第五章的规定办理权属登记。

第二节 房地产转让

第三十七条 房地产转让,是指房地产权利人通过买卖、赠与或者其他合法方式将其房地产转移给他人的行为。

第三十八条　下列房地产，不得转让：

（一）以出让方式取得土地使用权的，不符合本法第三十九条规定的条件的；

（二）司法机关和行政机关依法裁定、决定查封或者以其他形式限制房地产权利的；

（三）依法收回土地使用权的；

（四）共有房地产，未经其他共有人书面同意的；

（五）权属有争议的；

（六）未依法登记领取权属证书的；

（七）法律、行政法规规定禁止转让的其他情形。

第三十九条　以出让方式取得土地使用权的，转让房地产时，应当符合下列条件：

（一）按照出让合同约定已经支付全部土地使用权出让金，并取得土地使用权证书；

（二）按照出让合同约定进行投资开发，属于房屋建设工程的，完成开发投资总额的百分之二十五以上，属于成片开发土地的，形成工业用地或者其他建设用地条件。

转让房地产时房屋已经建成的，还应当持有房屋所有权证书。

第四十条　以划拨方式取得土地使用权的，转让房地产时，应当按照国务院规定，报有批准权的人民政府审批。有批准权的人民政府准予转让的，应当由受让方办理土地使用权出让手续，并依照国家有关规定缴纳土地使用权出让金。

以划拨方式取得土地使用权的，转让房地产报批时，有批准权的人民政府按照国务院规定决定可以不办理土地使用权出让手续的，转让方应当按照国务院规定将转让房地产所获收益中的土地收益上缴国家或者作其他处理。

第四十一条　房地产转让，应当签订书面转让合同，合同中应当载明土地使用权取得的方式。

第四十二条　房地产转让时，土地使用权出让合同载明的权利、义务随之转移。

第四十三条　以出让方式取得土地使用权的，转让房地产后，其土地使用权的使用年限为原土地使用权出让合同约定的使用年限减去原土地使用者已经使用年限后的剩余年限。

第四十四条　以出让方式取得土地使用权的，转让房地产后，受让人改变原土地使用权出让合同约定的土地用途的，必须取得原出让方和市、县人民政府城市规划行政主管部门的同意，签订土地使用权出让合同变更协议或者重新签订土地使用权出让合同，相应调整土地使用权出让金。

第四十五条　商品房预售，应当符合下列条件：

（一）已交付全部土地使用权出让金，取得土地使用权证书；

（二）持有建设工程规划许可证；

（三）按提供预售的商品房计算，投入开发建设的资金达到工程建设总投资的百分之二十五以上，并已经确定施工进度和竣工交付日期；

（四）向县级以上人民政府房产管理部门办理预售登记，取得商品房预售许可证明。

商品房预售人应当按照国家有关规定将预售合同报县级以上人民政府房产管理部门和土地管理部门登记备案。

商品房预售所得款项，必须用于有关的工程建设。

第四十六条　商品房预售的，商品房预购人将购买的未竣工的预售商品房再行转让的问题，由国务院规定。

第三节　房地产抵押

第四十七条　房地产抵押，是指抵押人以其合法的房地产以不转移占有的方式向抵押权人提供债务履行担保的行为。债务人不履行债务时，抵押权人有权依法以抵押的房地产拍卖所得的价款优先受偿。

第四十八条　依法取得的房屋所有权连同该房屋占用范围内的土地使用权，可以设定抵押权。

以出让方式取得的土地使用权,可以设定抵押权。

第四十九条　房地产抵押,应当凭土地使用权证书、房屋所有权证书办理。

第五十条　房地产抵押,抵押人和抵押权人应当签订书面抵押合同。

第五十一条　设定房地产抵押权的土地使用权是以划拨方式取得的,依法拍卖该房地产后,应当从拍卖所得的价款中缴纳相当于应缴纳的土地使用权出让金的款额后,抵押权人方可优先受偿。

第五十二条　房地产抵押合同签订后,土地上新增的房屋不属于抵押财产。需要拍卖该抵押的房地产时,可以依法将土地上新增的房屋与抵押财产一同拍卖,但对拍卖新增房屋所得,抵押权人无权优先受偿。

第四节　房屋租赁

第五十三条　房屋租赁,是指房屋所有权人作为出租人将其房屋出租给承租人使用,由承租人向出租人支付租金的行为。

第五十四条　房屋租赁,出租人和承租人应当签订书面租赁合同,约定租赁期限、租赁用途、租赁价格、修缮责任等条款,以及双方的其他权利和义务,并向房产管理部门登记备案。

第五十五条　住宅用房的租赁,应当执行国家和房屋所在城市人民政府规定的租赁政策。租用房屋从事生产、经营活动的,由租赁双方协商议定租金和其他租赁条款。

第五十六条　以营利为目的,房屋所有权人将以划拨方式取得使用权的国有土地上建成的房屋出租的,应当将租金中所含土地收益上缴国家。具体办法由国务院规定。

第五节　中介服务机构

第五十七条　房地产中介服务机构包括房地产咨询机构、房地产价格评估机构、房地产经纪机构等。

第五十八条　房地产中介服务机构应当具备下列条件:

(一)有自己的名称和组织机构;

(二)有固定的服务场所;

(三)有必要的财产和经费;

(四)有足够数量的专业人员;

(五)法律、行政法规规定的其他条件。

设立房地产中介服务机构,应当向工商行政管理部门申请设立登记,领取营业执照后,方可开业。

第五十九条　国家实行房地产价格评估人员资格认证制度。

第五章　房地产权属登记管理

第六十条　国家实行土地使用权和房屋所有权登记发证制度。

第六十一条　以出让或者划拨方式取得土地使用权,应当向县级以上地方人民政府土地管理部门申请登记,经县级以上地方人民政府土地管理部门核实,由同级人民政府颁发土地使用权证书。

在依法取得的房地产开发用地上建成房屋的,应当凭土地使用权证书向县级以上地方人民政府房产管理部门申请登记,由县级以上地方人民政府房产管理部门核实并颁发房屋所有权证书。

房地产转让或者变更时,应当向县级以上地方人民政府房产管理部门申请房产变更登记,并凭变更后的房屋所有权证书向同级人民政府土地管理部门申请土地使用权变更登记,经同级人民政府土地管理部门核实,由同级人民政府更换或者更改土地使用权证书。

法律另有规定的,依照有关法律的规定办理。

第六十二条　房地产抵押时,应当向县级以上地方人民政府规定的部门办理抵押登记。

因处分抵押房地产而取得土地使用权和房屋所有权的,应当依照本章规定办理过户登记。

第六十三条　经省、自治区、直辖市人民政府确定,县级以上地方人民政府由一个部门统一负责房产管理和土地管理工作的，可以制作、颁发统一的房地产权证书，依照本法第六十一条的规定，将房屋的所有权和该房屋占用范围内的土地使用权的确认和变更，分别载入房地产权证书。

第六章　法律责任

第六十四条　违反本法第十一条、第十二条的规定，擅自批准出让或者擅自出让土地使用权用于房地产开发的，由上级机关或者所在单位给予有关责任人员行政处分。

第六十五条　违反本法第三十条的规定，未取得营业执照擅自从事房地产开发业务的，由县级以上人民政府工商行政管理部门责令停止房地产开发业务活动，没收违法所得，可以并处罚款。

第六十六条　违反本法第三十九条第一款的规定转让土地使用权的，由县级以上人民政府土地管理部门没收违法所得，可以并处罚款。

第六十七条　违反本法第四十条第一款的规定转让房地产的，由县级以上人民政府土地管理部门责令缴纳土地使用权出让金，没收违法所得，可以并处罚款。

第六十八条　违反本法第四十五条第一款的规定预售商品房的，由县级以上人民政府房产管理部门责令停止预售活动，没收违法所得，可以并处罚款。

第六十九条　违反本法第五十八条的规定，未取得营业执照擅自从事房地产中介服务业务的，由县级以上人民政府工商行政管理部门责令停止房地产中介服务业务活动，没收违法所得，可以并处罚款。

第七十条　没有法律、法规的依据，向房地产开发企业收费的，上级机关应当责令退回所收取的钱款；情节严重的，由上级机关或者所在单位给予直接责任人员行政处分。

第七十一条　房产管理部门、土地管理部门工作人员玩忽职守、滥用职权，构成犯罪的，依法追究刑事责任；不构成犯罪的，给予行政处分。

房产管理部门、土地管理部门工作人员利用职务上的便利，索取他人财物，或者非法收受他人财物为他人谋取利益，构成犯罪的，依照惩治贪污罪、贿赂罪的补充规定追究刑事责任；不构成犯罪的，给予行政处分。

第七章　附　　则

第七十二条　在城市规划区外的国有土地范围内取得房地产开发用地的土地使用权，从事房地产开发、交易活动以及实施房地产管理，参照本法执行。

第七十三条　本法自1995年1月1日起施行。

城市房地产开发经营管理条例(节选)

(中华人民共和国国务院令第248号,自1998年7月20日施行)

第一章 总 则

第一条 为了规范房地产开发经营行为,加强对城市房地产开发经营活动的监督管理,促进和保障房地产业的健康发展,根据《中华人民共和国城市房地产管理法》的有关规定,制定本条例。

第二条 本条例所称房地产开发经营,是指房地产开发企业在城市规划区内国有土地上进行基础设施建设、房屋建设,并转让房地产开发项目或者销售、出租商品房的行为。

第三条 房地产开发经营应当按照经济效益、社会效益、环境效益相统一的原则,实行全面规划、合理布局、综合开发、配套建设。

第四条 国务院建设行政主管部门负责全国房地产开发经营活动的监督管理工作。

县级以上地方人民政府房地产开发主管部门负责本行政区域内房地产开发经营活动的监督管理工作。

县级以上人民政府负责土地管理工作的部门依照有关法律、行政法规的规定,负责与房地产开发经营有关的土地管理工作。

第二章 房地产开发企业

第五条 设立房地产开发企业,除应当符合有关法律、行政法规规定的企业设立条件外,还应当具备下列条件:

(一)有100万元以上的注册资本;

(二)有4名以上持有资格证书的房地产专业、建筑工程专业的专职技术人员,2名以上持有资格证书的专职会计人员。

省、自治区、直辖市人民政府可以根据本地方的实际情况,对设立房地产开发企业的注册资本和专业技术人员的条件作出高于前款的规定。

第六条 外商投资设立房地产开发企业的,除应当符合本条例第五条的规定外,还应当依照外商投资企业法律、行政法规的规定,办理有关审批手续。

第七条 设立房地产开发企业,应当向县级以上人民政府工商行政管理部门申请登记。工商行政管理部门对符合本条例第五条规定条件的,应当自收到申请之日起30日内予以登记;对不符合条件不予登记的,应当说明理由。

工商行政管理部门在对设立房地产开发企业申请登记进行审查时,应当听取同级房地产开发主管部门的意见。

第八条 房地产开发企业应当自领取营业执照之日起30日内,持下列文件到登记机关所在地的房地产开发主管部门备案:

(一)营业执照复印件;

(二)企业章程;

(三)验资证明;

(四)企业法定代表人的身份证明;

(五)专业技术人员的资格证书和聘用合同。

第九条 房地产开发主管部门应当根据房地产开发企业的资产、专业技术人员和开发经营业绩等,对备案的房地产开发企业核定资质等级。房地产开发企业应当按照核定的资质等级,承担相应的房地产开发项目。具体办法由国务院建设行政主管部门制定。

第三章 房地产开发建设

第十条 确定房地产开发项目，应当符合土地利用总体规划、年度建设用地计划和城市规划、房地产开发年度计划的要求；按照国家有关规定需要经计划主管部门批准的，还应当报计划主管部门批准，并纳入年度固定资产投资计划。

第十一条 确定房地产开发项目，应当坚持旧区改建和新区建设相结合的原则，注重开发基础设施薄弱、交通拥挤、环境污染严重以及危旧房屋集中的区域，保护和改善城市生态环境，保护历史文化遗产。

第十二条 房地产开发用地应当以出让方式取得；但是，法律和国务院规定可以采用划拨方式的除外。

土地使用权出让或者划拨前，县级以上地方人民政府城市规划行政主管部门和房地产开发主管部门应当对下列事项提出书面意见，作为土地使用权出让或者划拨的依据之一：

（一）房地产开发项目的性质、规模和开发期限；
（二）城市规划设计条件；
（三）基础设施和公共设施的建设要求；
（四）基础设施建成后的产权界定；
（五）项目拆迁补偿、安置要求。

第十三条 房地产开发项目应当建立资本金制度，资本金占项目总投资的比例不得低于20%。

第十四条 房地产开发项目的开发建设应当统筹安排配套基础设施，并根据先地下、后地上的原则实施。

第十五条 房地产开发企业应当按照土地使用权出让合同约定的土地用途、动工开发期限进行项目开发建设。出让合同约定的动工开发期限满1年未动工开发的，可以征收相当于土地使用权出让金20%以下的土地闲置费；满2年未动工开发的，可以无偿收回土地使用权。但是，因不可抗力或者政府、政府有关部门的行为或者动工开发必需的前期工作造成动工迟延的除外。

第十六条 房地产开发企业开发建设的房地产项目，应当符合有关法律、法规的规定和建筑工程质量、安全标准、建筑工程勘察、设计、施工的技术规范以及合同的约定。

房地产开发企业应当对其开发建设的房地产开发项目的质量承担责任。

勘察、设计、施工、监理等单位应当依照有关法律、法规的规定或者合同的约定，承担相应的责任。

第十七条 房地产开发项目竣工，经验收合格后，方可交付使用；未经验收或者验收不合格的，不得交付使用。

房地产开发项目竣工后，房地产开发企业应当向项目所在地的县级以上地方人民政府房地产开发主管部门提出竣工验收申请。房地产开发主管部门应当自收到竣工验收申请之日起30日内，对涉及公共安全的内容，组织工程质量监督、规划、消防、人防等有关部门或者单位进行验收。

第十八条 住宅小区等群体房地产开发项目竣工，应当依照本条例第十七条的规定和下列要求进行综合验收：

（一）城市规划设计条件的落实情况；
（二）城市规划要求配套的基础设施和公共设施的建设情况；
（三）单项工程的工程质量验收情况；
（四）拆迁安置方案的落实情况；
（五）物业管理的落实情况。

住宅小区等群体房地产开发项目实行分期开发的，可以分期验收。

第十九条 房地产开发企业应当将房地产开发项目建设过程中的主要事项记录在房地产开发项目手册中，并定期送房地产开发主管部门备案。

第四章 房地产经营

第二十条 转让房地产开发项目,应当符合《中华人民共和国城市房地产管理法》第三十八条、第三十九条规定的条件。

第二十一条 转让房地产开发项目,转让人和受让人应当自土地使用权变更登记手续办理完毕之日起30日内,持房地产开发项目转让合同到房地产开发主管部门备案。

第二十二条 房地产开发企业转让房地产开发项目时,尚未完成拆迁补偿安置的,原拆迁补偿安置合同中有关的权利、义务随之转移给受让人。项目转让人应当书面通知被拆迁人。

第二十三条 房地产开发企业预售商品房,应当符合下列条件:

(一)已交付全部土地使用权出让金,取得土地使用权证书;

(二)持有建设工程规划许可证和施工许可证;

(三)按提供的预售商品房计算,投入开发建设的资金达到工程建设总投资的25%以上,并已确定施工进度和竣工交付日期;

(四)已办理预售登记,取得商品房预售许可证明。

第二十四条 房地产开发企业申请办理商品房预售登记,应当提交下列文件:

(一)本条例第二十三条第(一)项至第(三)项规定的证明材料;

(二)营业执照和资质等级证书;

(三)工程施工合同;

(四)预售商品房分层平面图;

(五)商品房预售方案。

第二十五条 房地产开发主管部门应当自收到商品房预售申请之日起10日内,作出同意预售或者不同意预售的答复。同意预售的,应当核发商品房预售许可证明;不同意预售的,应当说明理由。

第二十六条 房地产开发企业不得进行虚假广告宣传,商品房预售广告中应当载明商品房预售许可证明的文号。

第二十七条 房地产开发企业预售商品房时,应当向预购人出示商品房预售许可证明。

房地产开发企业应当自商品房预售合同签订之日起30日内,到商品房所在地的县级以上人民政府房地产开发主管部门和负责土地管理工作的部门备案。

第二十八条 商品房销售,当事人双方应当签订书面合同。合同应当载明商品房的建筑面积和使用面积、价格、交付日期、质量要求、物业管理方式以及双方的违约责任。

第二十九条 房地产开发企业委托中介机构代理销售商品房的,应当向中介机构出具委托书。中介机构销售商品房时,应当向商品房购买人出示商品房的有关证明文件和商品房销售委托书。

第三十条 房地产开发项目转让和商品房销售价格,由当事人协商议定;但是,享受国家优惠政策的居民住宅价格,应当实行政府指导价或者政府定价。

第三十一条 房地产开发企业应当在商品房交付使用时,向购买人提供住宅质量保证书和住宅使用说明书。

住宅质量保证书应当列明工程质量监督单位核验的质量等级、保修范围、保修期和保修单位等内容。房地产开发企业应当按照住宅质量保证书的约定,承担商品房保修责任。

保修期内,因房地产开发企业对商品房进行维修,致使房屋原使用功能受到影响,给购买人造成损失的,应当依法承担赔偿责任。

第三十二条 商品房交付使用后,购买人认为主体结构质量不合格的,可以向工程质量监督单位申请重新核验。经核验,确属主体结构质量不合格的,购买人有权退房;给购买人造成损失的,房地产开发企业应当依法承担赔偿责任。

第三十三条 预售商品房的购买人应当自商品房交付使用之日起90日内,办理土地使用权变更和房屋所有权登记手续；现售商品房的购买人应当自销售合同签订之日起 90 日内，办理土地使用权变更和房屋所有权登记手续。房地产开发企业应当协助商品房购买人办理土地使用权变更和房屋所有权登记手续，并提供必要的证明文件。

第五章 法律责任（略）

第六章 附 则（略）

物业管理条例(节选)

(2003年6月8日中华人民共和国国务院令第379号公布,根据2007年8月26日《国务院关于修改〈物业管理条例〉的决定》修订)

第一章 总 则

第一条 为了规范物业管理活动,维护业主和物业服务企业的合法权益,改善人民群众的生活和工作环境,制定本条例。

第二条 本条例所称物业管理,是指业主通过选聘物业服务企业,由业主和物业服务企业按照物业服务合同约定,对房屋及配套的设施设备和相关场地进行维修、养护、管理,维护物业管理区域内的环境卫生和相关秩序的活动。

第三条 国家提倡业主通过公开、公平、公正的市场竞争机制选择物业服务企业。

第四条 国家鼓励采用新技术、新方法,依靠科技进步提高物业管理和服务水平。

第五条 国务院建设行政主管部门负责全国物业管理活动的监督管理工作。

县级以上地方人民政府房地产行政主管部门负责本行政区域内物业管理活动的监督管理工作。

第二章 业主及业主大会

第六条 房屋的所有权人为业主。

业主在物业管理活动中,享有下列权利:

(一)按照物业服务合同的约定,接受物业服务企业提供的服务;

(二)提议召开业主大会会议,并就物业管理的有关事项提出建议;

(三)提出制定和修改管理规约、业主大会议事规则的建议;

(四)参加业主大会会议,行使投票权;

(五)选举业主委员会成员,并享有被选举权;

(六)监督业主委员会的工作;

(七)监督物业服务企业履行物业服务合同;

(八)对物业共用部位、共用设施设备和相关场地使用情况享有知情权和监督权;

(九)监督物业共用部位、共用设施设备专项维修资金(以下简称专项维修资金)的管理和使用;

(十)法律、法规规定的其他权利。

第七条 业主在物业管理活动中,履行下列义务:

(一)遵守管理规约、业主大会议事规则;

(二)遵守物业管理区域内物业共用部位和共用设施设备的使用、公共秩序和环境卫生的维护等方面的规章制度;

(三)执行业主大会的决定和业主大会授权业主委员会作出的决定;

(四)按照国家有关规定交纳专项维修资金;

(五)按时交纳物业服务费用;

(六)法律、法规规定的其他义务。

第八条 物业管理区域内全体业主组成业主大会。

业主大会应当代表和维护物业管理区域内全体业主在物业管理活动中的合法权益。

第九条 一个物业管理区域成立一个业主大会。

物业管理区域的划分应当考虑物业的共用设施设备、建筑物规模、社区建设等因素。具体办法由省、自治区、直辖市制定。

第十条　同一个物业管理区域内的业主，应当在物业所在地的区、县人民政府房地产行政主管部门或者街道办事处、乡镇人民政府的指导下成立业主大会，并选举产生业主委员会。但是，只有一个业主的，或者业主人数较少且经全体业主一致同意，决定不成立业主大会的，由业主共同履行业主大会、业主委员会职责。

第十一条　下列事项由业主共同决定：
（一）制定和修改业主大会议事规则；
（二）制定和修改管理规约；
（三）选举业主委员会或者更换业主委员会成员；
（四）选聘和解聘物业服务企业；
（五）筹集和使用专项维修资金；
（六）改建、重建建筑物及其附属设施；
（七）有关共有和共同管理权利的其他重大事项。

第十二条　业主大会会议可以采用集体讨论的形式，也可以采用书面征求意见的形式；但是，应当有物业管理区域内专有部分占建筑物总面积过半数的业主且占总人数过半数的业主参加。

业主可以委托代理人参加业主大会会议。

业主大会决定本条例第十一条第（五）项和第（六）项规定的事项，应当经专有部分占建筑物总面积 2/3 以上的业主且占总人数 2/3 以上的业主同意；决定本条例第十一条规定的其他事项，应当经专有部分占建筑物总面积过半数的业主且占总人数过半数的业主同意。

业主大会或者业主委员会的决定，对业主具有约束力。

业主大会或者业主委员会作出的决定侵害业主合法权益的，受侵害的业主可以请求人民法院予以撤销。

第十三条　业主大会会议分为定期会议和临时会议。

业主大会定期会议应当按照业主大会议事规则的规定召开。经20%以上的业主提议，业主委员会应当组织召开业主大会临时会议。

第十四条　召开业主大会会议，应当于会议召开15日以前通知全体业主。

住宅小区的业主大会会议，应当同时告知相关的居民委员会。

业主委员会应当做好业主大会会议记录。

第十五条　业主委员会执行业主大会的决定事项，履行下列职责：
（一）召集业主大会会议，报告物业管理的实施情况；
（二）代表业主与业主大会选聘的物业服务企业签订物业服务合同；
（三）及时了解业主、物业使用人的意见和建议，监督和协助物业服务企业履行物业服务合同；
（四）监督管理规约的实施；
（五）业主大会赋予的其他职责。

第十六条　业主委员会应当自选举产生之日起30日内，向物业所在地的区、县人民政府房地产行政主管部门和街道办事处、乡镇人民政府备案。

业主委员会委员应当由热心公益事业、责任心强、具有一定组织能力的业主担任。

业主委员会主任、副主任在业主委员会成员中推选产生。

第十七条　管理规约应当对有关物业的使用、维护、管理，业主的共同利益，业主应当履行的义务，违反管理规约应当承担的责任等事项依法作出约定。

管理规约应当尊重社会公德，不得违反法律、法规或者损害社会公共利益。

管理规约对全体业主具有约束力。

第十八条　业主大会议事规则应当就业主大会的议事方式、表决程序、业主委员会的组成和成员任期等事项作出约定。

第十九条　业主大会、业主委员会应当依法履行职责，不得作出与物业管理无关的决定，不得从事与物业管理无关的活动。

业主大会、业主委员会作出的决定违反法律、法规的，物业所在地的区、县人民政府房地产行政主管部门或者街道办事处、乡镇人民政府，应当责令限期改正或者撤销其决定，并通告全体业主。

第二十条　业主大会、业主委员会应当配合公安机关，与居民委员会相互协作，共同做好维护物业管理区域内的社会治安等相关工作。

在物业管理区域内，业主大会、业主委员会应当积极配合相关居民委员会依法履行自治管理职责，支持居民委员会开展工作，并接受其指导和监督。

住宅小区的业主大会、业主委员会作出的决定，应当告知相关的居民委员会，并认真听取居民委员会的建议。

第三章　前期物业管理

第二十一条　在业主、业主大会选聘物业服务企业之前，建设单位选聘物业服务企业的，应当签订书面的前期物业服务合同。

第二十二条　建设单位应当在销售物业之前，制定临时管理规约，对有关物业的使用、维护、管理，业主的共同利益，业主应当履行的义务，违反临时管理规约应当承担的责任等事项依法作出约定。

建设单位制定的临时管理规约，不得侵害物业买受人的合法权益。

第二十三条　建设单位应当在物业销售前将临时管理规约向物业买受人明示，并予以说明。

物业买受人在与建设单位签订物业买卖合同时，应当对遵守临时管理规约予以书面承诺。

第二十四条　国家提倡建设单位按照房地产开发与物业管理相分离的原则，通过招投标的方式选聘具有相应资质的物业服务企业。

住宅物业的建设单位，应当通过招投标的方式选聘具有相应资质的物业服务企业；投标人少于3个或者住宅规模较小的，经物业所在地的区、县人民政府房地产行政主管部门批准，可以采用协议方式选聘具有相应资质的物业服务企业。

第二十五条　建设单位与物业买受人签订的买卖合同应当包含前期物业服务合同约定的内容。

第二十六条　前期物业服务合同可以约定期限；但是，期限未满，业主委员会与物业服务企业签订的物业服务合同生效的，前期物业服务合同终止。

第二十七条　业主依法享有的物业共用部位、共用设施设备的所有权或者使用权，建设单位不得擅自处分。

第二十八条　物业服务企业承接物业时，应当对物业共用部位、共用设施设备进行查验。

第二十九条　在办理物业承接验收手续时，建设单位应当向物业服务企业移交下列资料：

（一）竣工总平面图，单体建筑、结构、设备竣工图，配套设施、地下管网工程竣工图等竣工验收资料；

（二）设施设备的安装、使用和维护保养等技术资料；

（三）物业质量保修文件和物业使用说明文件；

（四）物业管理所必需的其他资料。

物业服务企业应当在前期物业服务合同终止时将上述资料移交给业主委员会。

第三十条　建设单位应当按照规定在物业管理区域内配置必要的物业管理用房。

第三十一条　建设单位应当按照国家规定的保修期限和保修范围，承担物业的保修责任。

第四章　物业管理服务

第三十二条　从事物业管理活动的企业应当具有独立的法人资格。

国家对从事物业管理活动的企业实行资质管理制度。具体办法由国务院建设行政主管部门制定。

第三十三条　从事物业管理的人员应当按照国家有关规定，取得职业资格证书。

第三十四条　一个物业管理区域由一个物业服务企业实施物业管理。

第三十五条　业主委员会应当与业主大会选聘的物业服务企业订立书面的物业服务合同。

物业服务合同应当对物业管理事项、服务质量、服务费用、双方的权利义务、专项维修资金的管理与使用、物业管理用房、合同期限、违约责任等内容进行约定。

第三十六条　物业服务企业应当按照物业服务合同的约定，提供相应的服务。

物业服务企业未能履行物业服务合同的约定，导致业主人身、财产安全受到损害的，应当依法承担相应的法律责任。

第三十七条　物业服务企业承接物业时，应当与业主委员会办理物业验收手续。

业主委员会应当向物业服务企业移交本条例第二十九条第一款规定的资料。

第三十八条　物业管理用房的所有权依法属于业主。未经业主大会同意，物业服务企业不得改变物业管理用房的用途。

第三十九条　物业服务合同终止时，物业服务企业应当将物业管理用房和本条例第二十九条第一款规定的资料交还给业主委员会。

物业服务合同终止时，业主大会选聘了新的物业服务企业的，物业服务企业之间应当做好交接工作。

第四十条　物业服务企业可以将物业管理区域内的专项服务业务委托给专业性服务企业，但不得将该区域内的全部物业管理一并委托给他人。

第四十一条　物业服务收费应当遵循合理、公开以及费用与服务水平相适应的原则，区别不同物业的性质和特点，由业主和物业服务企业按照国务院价格主管部门会同国务院建设行政主管部门制定的物业服务收费办法，在物业服务合同中约定。

第四十二条　业主应当根据物业服务合同的约定交纳物业服务费用。业主与物业使用人约定由物业使用人交纳物业服务费用的，从其约定，业主负连带交纳责任。

已竣工但尚未出售或者尚未交给物业买受人的物业，物业服务费用由建设单位交纳。

第四十三条　县级以上人民政府价格主管部门会同同级房地产行政主管部门，应当加强对物业服务收费的监督。

第四十四条　物业服务企业可以根据业主的委托提供物业服务合同约定以外的服务项目，服务报酬由双方约定。

第四十五条　物业管理区域内，供水、供电、供气、供热、通信、有线电视等单位应当向最终用户收取有关费用。

物业服务企业接受委托代收前款费用的，不得向业主收取手续费等额外费用。

第四十六条　对物业管理区域内违反有关治安、环保、物业装饰装修和使用等方面法律、法规规定的行为，物业服务企业应当制止，并及时向有关行政管理部门报告。

有关行政管理部门在接到物业服务企业的报告后，应当依法对违法行为予以制止或者依法处理。

第四十七条　物业服务企业应当协助做好物业管理区域内的安全防范工作。发生安全事故时，物业服务企业在采取应急措施的同时，应当及时向有关行政管理部门报告，协助做好救助工作。

物业服务企业雇请保安人员的，应当遵守国家有关规定。保安人员在维护物业管理区域内的公共秩序时，应当履行职责，不得侵害公民的合法权益。

第四十八条　物业使用人在物业管理活动中的权利义务由业主和物业使用人约定，但不得违反法律、法规和管理规约的有关规定。

物业使用人违反本条例和管理规约的规定，有关业主应当承担连带责任。

第四十九条　县级以上地方人民政府房地产行政主管部门应当及时处理业主、业主委员会、物业使用人和物业服务企业在物业管理活动中的投诉。

第五章 物业的使用与维护

第五十条 物业管理区域内按照规划建设的公共建筑和共用设施，不得改变用途。

业主依法确需改变公共建筑和共用设施用途的，应当在依法办理有关手续后告知物业服务企业；物业服务企业确需改变公共建筑和共用设施用途的，应当提请业主大会讨论决定同意后，由业主依法办理有关手续。

第五十一条 业主、物业服务企业不得擅自占用、挖掘物业管理区域内的道路、场地，损害业主的共同利益。

因维修物业或者公共利益，业主确需临时占用、挖掘道路、场地的，应当征得业主委员会和物业服务企业的同意；物业服务企业确需临时占用、挖掘道路、场地的，应当征得业主委员会的同意。

业主、物业服务企业应当将临时占用、挖掘的道路、场地，在约定期限内恢复原状。

第五十二条 供水、供电、供气、供热、通信、有线电视等单位，应当依法承担物业管理区域内相关管线和设施设备维修、养护的责任。

前款规定的单位因维修、养护等需要，临时占用、挖掘道路、场地的，应当及时恢复原状。

第五十三条 业主需要装饰装修房屋的，应当事先告知物业服务企业。

物业服务企业应当将房屋装饰装修中的禁止行为和注意事项告知业主。

第五十四条 住宅物业、住宅小区内的非住宅物业或者与单幢住宅楼结构相连的非住宅物业的业主，应当按照国家有关规定交纳专项维修资金。

专项维修资金属于业主所有，专用于物业保修期满后物业共用部位、共用设施设备的维修和更新、改造，不得挪作他用。

专项维修资金收取、使用、管理的办法由国务院建设行政主管部门会同国务院财政部门制定。

第五十五条 利用物业共用部位、共用设施设备进行经营的，应当在征得相关业主、业主大会、物业服务企业的同意后，按照规定办理有关手续。业主所得收益应当主要用于补充专项维修资金，也可以按照业主大会的决定使用。

第五十六条 物业存在安全隐患，危及公共利益及他人合法权益时，责任人应当及时维修养护，有关业主应当给予配合。

责任人不履行维修养护义务的，经业主大会同意，可以由物业服务企业维修养护，费用由责任人承担。

第六章 法律责任（略）

第七章 附 则

第七十条 本条例自 2003 年 9 月 1 日起施行。

城市房地产转让管理规定

(1995年8月7日建设部令第45号发布,根据2001年8月15日建设部第96号令《建设部关于修改〈城市房地产转让管理规定〉的决定》修正)

第一条 为了加强对城市房地产转让的管理,维护房地产市场秩序,保障房地产转让当事人的合法权益,根据《中华人民共和国城市房地产管理法》,制定本规定。

第二条 凡在城市规划区国有土地范围内从事房地产转让,实施房地产转让管理,均应遵守本规定。

第三条 本规定所称房地产转让,是指房地产权利人通过买卖、赠与或者其他合法方式将其房地产转移给他人的行为。

前款所称其他合法方式,主要包括下列行为:

(一)以房地产作价入股、与他人成立企业法人,房地产权属发生变更的;

(二)一方提供土地使用权,另一方或者多方提供资金,合资、合作开发经营房地产,而使房地产权属发生变更的;

(三)因企业被收购、兼并或合并,房地产权属随之转移的;

(四)以房地产抵债的;

(五)法律、法规规定的其他情形。

第四条 国务院建设行政主管部门归口管理全国城市房地产转让工作。

省、自治区人民政府建设行政主管部门归口管理本行政区域内的城市房地产转让工作。

直辖市、市、县人民政府房地产行政主管部门(以下简称房地产管理部门)负责本行政区域内的城市房地产转让管理工作。

第五条 房地产转让时,房屋所有权和该房屋占用范围内的土地使用权同时转让。

第六条 下列房地产不得转让:

(一)以出让方式取得土地使用权但不符合本规定第十条规定的条件的;

(二)司法机关和行政机关依法裁定、决定查封或者以其他形式限制房地产权利的;

(三)依法收回土地使用权的;

(四)共有房地产,未经其他共有人书面同意的;

(五)权属有争议的;

(六)未依法登记领取权属证书的;

(七)法律、行政法规规定禁止转让的其他情形。

第七条 房地产转让,应当按照下列程序办理:

(一)房地产转让当事人签订书面转让合同;

(二)房地产转让当事人在房地产转让合同签订后90日内持房地产权属证书、当事人的合法证明、转让合同等有关文件向房地产所在地的房地产管理部门提出申请,并申报成交价格;

(三)房地产管理部门对提供的有关文件进行审查,并在7日内作出是否受理申请的书面答复,7日内未作书面答复的,视为同意受理;

(四)房地产管理部门核实申报的成交价格,并根据需要对转让的房地产进行现场查勘和评估;

(五)房地产转让当事人按照规定缴纳有关税费;

(六)房地产管理部门办理房屋权属登记手续,核发房地产权属证书。

第八条 房地产转让合同应当载明下列主要内容:

(一)双方当事人的姓名或者名称、住所;

(二)房地产权属证书名称和编号;

(三)房地产坐落位置、面积、四至界限;

（四）土地宗地号、土地使用权取得的方式及年限；
（五）房地产的用途或使用性质；
（六）成交价格及支付方式；
（七）房地产交付使用的时间；
（八）违约责任；
（九）双方约定的其他事项。

第九条　以出让方式取得土地使用权的，房地产转让时，土地使用权出让合同载明的权利、义务随之转移。

第十条　以出让方式取得土地使用权的，转让房地产时，应当符合下列条件：
（一）按照出让合同约定已经支付全部土地使用权出让金，并取得土地使用权证书；
（二）按照出让合同约定进行投资开发，属于房屋建设工程的，应完成开发投资总额的百分之二十五以上；属于成片开发土地的，依照规划对土地进行开发建设，完成供排水、供电、供热、道路交通、通信等市政基础设施、公用设施的建设，达到场地平整，形成工业用地或者其他建设用地条件。

转让房地产时房屋已经建成的，还应当持有房屋所有权证书。

第十一条　以划拨方式取得土地使用权的，转让房地产时，按照国务院的规定，报有批准权的人民政府审批。有批准权的人民政府准予转让的，除符合本规定第十二条所列的可以不办理土地使用权出让手续的情形外，应当由受让方办理土地使用权出让手续，并依照国家有关规定缴纳土地使用权出让金。

第十二条　以划拨方式取得土地使用权的，转让房地产时，属于下列情形之一的，经有批准权的人民政府批准，可以不办理土地使用权出让手续，但应当将转让房地产所获收益中的土地收益上缴国家或者作其他处理。土地收益的缴纳和处理的办法按照国务院规定办理。
（一）经城市规划行政主管部门批准，转让的土地用于建设《中华人民共和国城市房地产管理法》第二十三条规定的项目的；
（二）私有住宅转让后仍用于居住的；
（三）按照国务院住房制度改革有关规定出售公有住宅的；
（四）同一宗土地上部分房屋转让而土地使用权不可分割转让的；
（五）转让的房地产暂时难以确定土地使用权出让用途、年限和其他条件的；
（六）根据城市规划土地使用权不宜出让的；
（七）县级以上人民政府规定暂时无法或不需要采取土地使用权出让方式的其他情形。依照前款规定缴纳土地收益或作其他处理的，应当在房地产转让合同中注明。

第十三条　依照本规定第十二条规定转让的房地产再转让，需要办理出让手续，补交土地使用权出让金的，应当扣除已经缴纳的土地收益。

第十四条　国家实行房地产成交价格申报制度。

房地产权利人转让房地产，应当如实申报成交价格，不得瞒报或者作不实的申报。

房地产转让应当以申报的房地产成交价格作为缴纳税费的依据。成交价格明显低于正常市场价格的，以评估价格作为缴纳税费的依据。

第十五条　商品房预售按照建设部《城市商品房预售管理办法》执行。

第十六条　房地产管理部门在办理房地产转让时，其收费的项目和标准，必须经有批准权的物价部门和建设行政主管部门批准，不得擅自增加收费项目和提高收费标准。

第十七条　违反本规定第十条第一款和第十一条，未办理土地使用权出让手续，交纳土地使用权出让金的，按照《中华人民共和国城市房地产管理法》的规定进行处罚。

第十八条　房地产管理部门工作人员玩忽职守、滥用职权、徇私舞弊、索贿受贿的，依法给予行政处分；构成犯罪的，依法追究刑事责任。

第十九条　在城市规划区外的国有土地范围内进行房地产转让的，参照本规定执行。

第二十条　省、自治区人民政府建设行政主管部门、直辖市房地产行政主管部门可以根据本规定制定实施细则。

第二十一条　本规定由国务院建设行政主管部门负责解释。

第二十二条　本规定自1995年9月1日起施行。

商品房销售管理办法

(中华人民共和国建设部令第 88 号，自 2001 年 6 月 1 日施行)

第一章 总 则

第一条 为了规范商品房销售行为，保障商品房交易双方当事人的合法权益，根据《中华人民共和国城市房地产管理法》、《城市房地产开发经营管理条例》，制定本办法。

第二条 商品房销售及商品房销售管理应当遵守本办法。

第三条 商品房销售包括商品房现售和商品房预售。

本办法所称商品房现售，是指房地产开发企业将竣工验收合格的商品房出售给买受人，并由买受人支付房价款的行为。

本办法所称商品房预售，是指房地产开发企业将正在建设中的商品房预先出售给买受人，并由买受人支付定金或者房价款的行为。

第四条 房地产开发企业可以自行销售商品房，也可以委托房地产中介服务机构销售商品房。

第五条 国务院建设行政主管部门负责全国商品房的销售管理工作。

省、自治区人民政府建设行政主管部门负责本行政区域内商品房的销售管理工作。

直辖市、市、县人民政府建设行政主管部门、房地产行政主管部门(以下统称房地产开发主管部门)按照职责分工，负责本行政区域内商品房的销售管理工作。

第二章 销 售 条 件

第六条 商品房预售实行预售许可制度。商品房预售条件及商品房预售许可证明的办理程序，按照《城市房地产开发经营管理条例》和《城市商品房预售管理办法》的有关规定执行。

第七条 商品房现售，应当符合以下条件：

(一) 现售商品房的房地产开发企业应当具有企业法人营业执照和房地产开发企业资质证书；

(二) 取得土地使用权证书或者使用土地的批准文件；

(三) 持有建设工程规划许可证和施工许可证；

(四) 已通过竣工验收；

(五) 拆迁安置已经落实；

(六) 供水、供电、供热、燃气、通信等配套基础设施具备交付使用条件，其他配套基础设施和公共设施具备交付使用条件或者已确定施工进度和交付日期；

(七) 物业管理方案已经落实。

第八条 房地产开发企业应当在商品房现售前将房地产开发项目手册及符合商品房现售条件的有关证明文件报送房地产开发主管部门备案。

第九条 房地产开发企业销售设有抵押权的商品房，其抵押权的处理按照《中华人民共和国担保法》、《城市房地产抵押管理办法》的有关规定执行。

第十条 房地产开发企业不得在未解除商品房买卖合同前，将作为合同标的物的商品房再行销售给他人。

第十一条 房地产开发企业不得采取返本销售或者变相返本销售的方式销售商品房。

房地产开发企业不得采取售后包租或者变相售后包租的方式销售未竣工商品房。

第十二条 商品住宅按套销售，不得分割拆零销售。

第十三条 商品房销售时，房地产开发企业选聘了物业管理企业的，买受人应当在订立商品房买卖合同时与房地产开发企业选聘的物业管理企业订立有关物业管理的协议。

第三章 广 告 与 合 同

第十四条 房地产开发企业、房地产中介服务机构发布商品房销售宣传广告,应当执行《中华人民共和国广告法》、《房地产广告发布暂行规定》等有关规定,广告内容必须真实、合法、科学、准确。

第十五条 房地产开发企业、房地产中介服务机构发布的商品房销售广告和宣传资料所明示的事项,当事人应当在商品房买卖合同中约定。

第十六条 商品房销售时,房地产开发企业和买受人应当订立书面商品房买卖合同。

商品房买卖合同应当明确以下主要内容:

(一) 当事人名称或者姓名和住所;

(二) 商品房基本状况;

(三) 商品房的销售方式;

(四) 商品房价款的确定方式及总价款、付款方式、付款时间;

(五) 交付使用条件及日期;

(六) 装饰、设备标准承诺;

(七) 供水、供电、供热、燃气、通信、道路、绿化等配套基础设施和公共设施的交付承诺和有关权益、责任;

(八) 公共配套建筑的产权归属;

(九) 面积差异的处理方式;

(十) 办理产权登记有关事宜;

(十一) 解决争议的方法;

(十二) 违约责任;

(十三) 双方约定的其他事项。

第十七条 商品房销售价格由当事人协商议定,国家另有规定的除外。

第十八条 商品房销售可以按套(单元)计价,也可以按套内建筑面积或者建筑面积计价。

商品房建筑面积由套内建筑面积和分摊的共有建筑面积组成,套内建筑面积部分为独立产权,分摊的共有建筑面积部分为共有产权,买受人按照法律、法规的规定对其享有权利,承担责任。

按套(单元)计价或者按套内建筑面积计价的,商品房买卖合同中应当注明建筑面积和分摊的共有建筑面积。

第十九条 按套(单元)计价的现售房屋,当事人对现售房屋实地勘察后可以在合同中直接约定总价款。

按套(单元)计价的预售房屋,房地产开发企业应当在合同中附所售房屋的平面图。平面图应当标明详细尺寸,并约定误差范围。房屋交付时,套型与设计图纸一致,相关尺寸也在约定的误差范围内,维持总价款不变;套型与设计图纸不一致或者相关尺寸超出约定的误差范围,合同中未约定处理方式的,买受人可以退房或者与房地产开发企业重新约定总价款。买受人退房的,由房地产开发企业承担违约责任。

第二十条 按套内建筑面积或者建筑面积计价的,当事人应当在合同中载明合同约定面积与产权登记面积发生误差的处理方式。

合同未作约定的,按以下原则处理:

(一) 面积误差比绝对值在3%以内(含3%)的,据实结算房价款;

(二) 面积误差比绝对值超出3%时,买受人有权退房。买受人退房的,房地产开发企业应当在买受人提出退房之日起30日内将买受人已付房价款退还给买受人,同时支付已付房价款利息。买受人不退房的,产权登记面积大于合同约定面积时,面积误差比在3%以内(含3%)部分的房价款由买受人补足;超出3%部分的房价款由房地产开发企业承担,产权归买受人。产权登记面积小于合同约定面积时,面积误差比绝对值在3%以内(含3%)部分的房价款由房地产开发企业返还买受人;绝对值超出3%部分的房价款由房地产开发企业双倍返还买受人。

$$面积误差比 = \frac{产权登记面积 - 合同约定面积}{合同约定面积} \times 100\%$$

因本办法第二十四条规定的规划设计变更造成面积差异，当事人不解除合同的，应当签署补充协议。

第二十一条　按建筑面积计价的，当事人应当在合同中约定套内建筑面积和分摊的共有建筑面积，并约定建筑面积不变而套内建筑面积发生误差以及建筑面积与套内建筑面积均发生误差时的处理方式。

第二十二条　不符合商品房销售条件的，房地产开发企业不得销售商品房，不得向买受人收取任何预订款性质费用。

符合商品房销售条件的，房地产开发企业在订立商品房买卖合同之前向买受人收取预订款性质费用的，订立商品房买卖合同时，所收费用应当抵作房价款；当事人未能订立商品房买卖合同的，房地产开发企业应当向买受人返还所收费用；当事人之间另有约定的，从其约定。

第二十三条　房地产开发企业应当在订立商品房买卖合同之前向买受人明示《商品房销售管理办法》和《商品房买卖合同示范文本》；预售商品房的，还必须明示《城市商品房预售管理办法》。

第二十四条　房地产开发企业应当按照批准的规划、设计建设商品房。商品房销售后，房地产开发企业不得擅自变更规划、设计。

经规划部门批准的规划变更、设计单位同意的设计变更导致商品房的结构型式、户型、空间尺寸、朝向变化，以及出现合同当事人约定的其他影响商品房质量或者使用功能情形的，房地产开发企业应当在变更确立之日起10日内，书面通知买受人。

买受人有权在通知到达之日起15日内做出是否退房的书面答复。买受人在通知到达之日起15日内未作书面答复的，视同接受规划、设计变更以及由此引起的房价款的变更。房地产开发企业未在规定时限内通知买受人的，买受人有权退房；买受人退房的，由房地产开发企业承担违约责任。

第四章　销 售 代 理

第二十五条　房地产开发企业委托中介服务机构销售商品房的，受托机构应当是依法设立并取得工商营业执照的房地产中介服务机构。

房地产开发企业应当与受托房地产中介服务机构订立书面委托合同，委托合同应当载明委托期限、委托权限以及委托人和被委托人的权利、义务。

第二十六条　受托房地产中介服务机构销售商品房时，应当向买受人出示商品房的有关证明文件和商品房销售委托书。

第二十七条　受托房地产中介服务机构销售商品房时，应当如实向买受人介绍所代理销售商品房的有关情况。

受托房地产中介服务机构不得代理销售不符合销售条件的商品房。

第二十八条　受托房地产中介服务机构在代理销售商品房时不得收取佣金以外的其他费用。

第二十九条　商品房销售人员应当经过专业培训，方可从事商品房销售业务。

第五章　交　　付

第三十条　房地产开发企业应当按照合同约定，将符合交付使用条件的商品房按期交付给买受人。未能按期交付的，房地产开发企业应当承担违约责任。

因不可抗力或者当事人在合同中约定的其他原因，需延期交付的，房地产开发企业应当及时告知买受人。

第三十一条　房地产开发企业销售商品房时设置样板房的，应当说明实际交付的商品房质量、设备及装修与样板房是否一致，未作说明的，实际交付的商品房应当与样板房一致。

第三十二条　销售商品住宅时，房地产开发企业应当根据《商品住宅实行质量保证书和住宅使用说明书制度的规定》（以下简称《规定》），向买受人提供《住宅质量保证书》、《住宅使用说明书》。

第三十三条 房地产开发企业应当对所售商品房承担质量保修责任。当事人应当在合同中就保修范围、保修期限、保修责任等内容做出约定。保修期从交付之日起计算。

商品住宅的保修期限不得低于建设工程承包单位向建设单位出具的质量保修书约定保修期的存续期；存续期少于《规定》中确定的最低保修期限的，保修期不得低于《规定》中确定的最低保修期限。

非住宅商品房的保修期限不得低于建设工程承包单位向建设单位出具的质量保修书约定保修期的存续期。

在保修期限内发生的属于保修范围的质量问题，房地产开发企业应当履行保修义务，并对造成的损失承担赔偿责任。因不可抗力或者使用不当造成的损坏，房地产开发企业不承担责任。

第三十四条 房地产开发企业应当在商品房交付使用前按项目委托具有房产测绘资格的单位实施测绘，测绘成果报房地产行政主管部门审核后用于房屋权属登记。

房地产开发企业应当在商品房交付使用之日起60日内，将需要由其提供的办理房屋权属登记的资料报送房屋所在地房地产行政主管部门。

房地产开发企业应当协助商品房买受人办理土地使用权变更和房屋所有权登记手续。

第三十五条 商品房交付使用后，买受人认为主体结构质量不合格的，可以依照有关规定委托工程质量检测机构重新核验。经核验，确属主体结构质量不合格的，买受人有权退房；给买受人造成损失的，房地产开发企业应当依法承担赔偿责任。

第六章 法 律 责 任

第三十六条 未取得营业执照，擅自销售商品房的，由县级以上人民政府工商行政管理部门依照《城市房地产开发经营管理条例》的规定处罚。

第三十七条 未取得房地产开发企业资质证书，擅自销售商品房的，责令停止销售活动，处5万元以上10万元以下的罚款。

第三十八条 违反法律、法规规定，擅自预售商品房的，责令停止违法行为，没收违法所得；收取预付款的，可以并处已收取的预付款1%以下的罚款。

第三十九条 在未解除商品房买卖合同前，将作为合同标的物的商品房再行销售给他人的，处以警告，责令限期改正，并处2万元以上3万元以下罚款；构成犯罪的，依法追究刑事责任。

第四十条 房地产开发企业将未组织竣工验收、验收不合格或者对不合格按合格验收的商品房擅自交付使用的，按照《建设工程质量管理条例》的规定处罚。

第四十一条 房地产开发企业未按规定将测绘成果或者需要由其提供的办理房屋权属登记的资料报送房地产行政主管部门的，处以警告，责令限期改正，并可处以2万元以上3万元以下罚款。

第四十二条 房地产开发企业在销售商品房中有下列行为之一的，处以警告，责令限期改正，并可处以1万元以上3万元以下罚款：

（一）未按照规定的现售条件现售商品房的；

（二）未按照规定在商品房现售前将房地产开发项目手册及符合商品房现售条件的有关证明文件报送房地产开发主管部门备案的；

（三）返本销售或者变相返本销售商品房的；

（四）采取售后包租或者变相售后包租方式销售未竣工商品房的；

（五）分割拆零销售商品住宅的；

（六）不符合商品房销售条件，向买受人收取预订款性质费用的；

（七）未按照规定向买受人明示《商品房销售管理办法》、《商品房买卖合同示范文本》、《城市商品房预售管理办法》的；

（八）委托没有资格的机构代理销售商品房的。

第四十三条 房地产中介服务机构代理销售不符合销售条件的商品房的，处以警告，责令停止销售，并可处以2万元以上3万元以下罚款。

第四十四条 国家机关工作人员在商品房销售管理工作中玩忽职守、滥用职权、徇私舞弊，依法给予行政处分；构成犯罪的，依法追究刑事责任。

第七章 附 则

第四十五条 本办法所称返本销售，是指房地产开发企业以定期向买受人返还购房款的方式销售商品房的行为。

本办法所称售后包租，是指房地产开发企业以在一定期限内承租或者代为出租买受人所购该企业商品房的方式销售商品房的行为。

本办法所称分割拆零销售，是指房地产开发企业以将成套的商品住宅分割为数部分分别出售给买受人的方式销售商品住宅的行为。

本办法所称产权登记面积，是指房地产行政主管部门确认登记的房屋面积。

第四十六条 省、自治区、直辖市人民政府建设行政主管部门可以根据本办法制定实施细则。

第四十七条 本办法由国务院建设行政主管部门负责解释。

第四十八条 本办法自2001年6月1日起施行。

城市商品房预售管理办法

(1994年11月15日建设部令第40号发布,根据2001年8月15日《建设部关于修改〈城市商品房预售管理办法〉的决定》、2004年7月20日建设部第131号令《建设部关于修改〈城市商品房预售管理办法〉的决定》修正)

第一条 为加强商品房预售管理,维护商品房交易双方的合法权益,根据《中华人民共和国城市房地产管理法》、《城市房地产开发经营管理条例》,制定本办法。

第二条 本办法所称商品房预售是指房地产开发企业(以下简称开发企业)将正在建设中的房屋预先出售给承购人,由承购人支付定金或房价款的行为。

第三条 本办法适用于城市商品房预售的管理。

第四条 国务院建设行政主管部门归口管理全国城市商品房预售管理。

省、自治区建设行政主管部门归口管理本行政区域内城市商品房预售管理。

市、县人民政府建设行政主管部门或房地产行政主管部门(以下简称房地产管理部门)负责本行政区域内城市商品房预售管理。

第五条 商品房预售应当符合下列条件:

(一)已交付全部土地使用权出让金,取得土地使用权证书;

(二)持有建设工程规划许可证和施工许可证;

(三)按提供预售的商品房计算,投入开发建设的资金达到工程建设总投资的25%以上,并已经确定施工进度和竣工交付日期。

第六条 商品房预售实行许可制度。开发企业进行商品房预售,应当向房地产管理部门申请预售许可,取得《商品房预售许可证》。

未取得《商品房预售许可证》的,不得进行商品房预售。

第七条 开发企业申请预售许可,应当提交下列证件(复印件)及资料:

(一)商品房预售许可申请表;

(二)开发企业的《营业执照》和资质证书;

(三)土地使用权证、建设工程规划许可证、施工许可证;

(四)投入开发建设的资金占工程建设总投资的比例符合规定条件的证明;

(五)工程施工合同及关于施工进度的说明;

(六)商品房预售方案。预售方案应当说明预售商品房的位置、面积、竣工交付日期等内容,并应当附预售商品房分层平面图。

第八条 商品房预售许可依下列程序办理:

(一)受理。开发企业按本办法第七条的规定提交有关材料,材料齐全的,房地产管理部门应当当场出具受理通知书;材料不齐的,应当当场或者5日内一次性书面告知需要补充的材料。

(二)审核。房地产管理部门对开发企业提供的有关材料是否符合法定条件进行审核。

开发企业对所提交材料实质内容的真实性负责。

(三)许可。经审查,开发企业的申请符合法定条件的,房地产管理部门应当在受理之日起10日内,依法作出准予预售的行政许可书面决定,发送开发企业,并自作出决定之日起10日内向开发企业颁发、送达《商品房预售许可证》。

经审查,开发企业的申请不符合法定条件的,房地产管理部门应当在受理之日起10日内,依法作出不予许可的书面决定。书面决定应当说明理由,告知开发企业享有依法申请行政复议或者提起行政诉讼的权利,并送达开发企业。

商品房预售许可决定书、不予商品房预售许可决定书应当加盖房地产管理部门的行政许可专用印章,

《商品房预售许可证》应当加盖房地产管理部门的印章。

（四）公示。房地产管理部门作出的准予商品房预售许可的决定，应当予以公开，公众有权查阅。

第九条　开发企业进行商品房预售，应当向承购人出示《商品房预售许可证》。售楼广告和说明书应当载明《商品房预售许可证》的批准文号。

第十条　商品房预售，开发企业应当与承购人签订商品房预售合同。开发企业应当自签约之日起30日内，向房地产管理部门和市、县人民政府土地管理部门办理商品房预售合同登记备案手续。

房地产管理部门应当积极应用网络信息技术，逐步推行商品房预售合同网上登记备案。

商品房预售合同登记备案手续可以委托代理人办理。委托代理人办理的，应当有书面委托书。

第十一条　开发企业预售商品房所得款项应当用于有关的工程建设。

商品房预售款监管的具体办法，由房地产管理部门制定。

第十二条　预售的商品房交付使用之日起90日内，承购人应当依法到房地产管理部门和市、县人民政府土地管理部门办理权属登记手续。开发企业应当予以协助，并提供必要的证明文件。

由于开发企业的原因，承购人未能在房屋交付使用之日起90日内取得房屋权属证书的，除开发企业和承购人有特殊约定外，开发企业应当承担违约责任。

第十三条　开发企业未取得《商品房预售许可证》预售商品房的，依照《城市房地产开发经营管理条例》第三十九条的规定处罚。

第十四条　开发企业不按规定使用商品房预售款项的，由房地产管理部门责令限期纠正，并可处以违法所得3倍以下但不超过3万元的罚款。

第十五条　开发企业隐瞒有关情况、提供虚假材料，或者采用欺骗、贿赂等不正当手段取得商品房预售许可的，由房地产管理部门责令停止预售，撤销商品房预售许可，并处3万元罚款。

第十六条　省、自治区建设行政主管部门、直辖市建设行政主管部门或房地产行政管理部门可以根据本办法制定实施细则。

第十七条　本办法由国务院建设行政主管部门负责解释。

第十八条　本办法自1995年1月1日起施行。

城市房屋权属登记管理办法(节选)

(1997年10月27日建设部令第57号发布,2001年8月15日根据建设部第99号令《建设部关于修改〈城市房屋权属登记管理办法〉的决定》修正)

第一章 总 则

第一条 为加强城市房屋权属管理,维护房地产市场秩序,保障房屋权利人的合法权益,根据《中华人民共和国城市房地产管理法》的规定,制定本办法。

第二条 本办法适用于城市规划区国有土地范围内的房屋权属登记。

第三条 本办法所称房屋权属登记,是指房地产行政主管部门代表政府对房屋所有权以及由上述权利产生的抵押权、典权等房屋他项权利进行登记,并依法确认房屋产权归属关系的行为。

本办法所称房屋权利人(以下简称权利人),是指依法享有房屋所有权和该房屋占用范围内的土地使用权、房地产他项权利的法人、其他组织和自然人。

本办法所称房屋权利申请人(以下简称申请人),是指已获得了房屋并提出房屋登记申请,但尚未取得房屋所有权证书的法人、其他组织和自然人。

第四条 国家实行房屋所有权登记发证制度。

申请人应当按照国家规定到房屋所在地的人民政府房地产行政主管部门(以下简称登记机关)申请房屋权属登记,领取房屋权属证书。

第五条 房屋权属证书是权利人依法拥有房屋所有权并对房屋行使占有、使用、收益和处分权利的惟一合法凭证。

依法登记的房屋权利受国家法律保护。

第六条 房屋权属登记应当遵循房屋的所有权和该房屋占用范围内的土地使用权权利主体一致的原则。

第七条 县级以上地方人民政府由一个部门统一负责房产管理和土地管理工作的,可以制作、颁发统一的房地产权证书,依照《城市房地产管理法》的规定,将房屋的所有权和该房屋占用范围内的土地使用权的确认和变更,分别载入房地产权证书。房地产权证书的式样报国务院建设行政主管部门备案。

第八条 国务院建设行政主管部门负责全国的房屋权属登记管理工作。

省、自治区人民政府建设行政主管部门负责本行政区域内的房屋权属登记管理工作。

直辖市、市、县人民政府房地产行政主管部门负责本行政区域内的房屋权属登记管理工作。

第二章 房屋权属登记

第九条 房屋权属登记分为:

(一)总登记;

(二)初始登记;

(三)转移登记;

(四)变更登记;

(五)他项权利登记;

(六)注销登记。

第十条 房屋权属登记依以下程序进行:

(一)受理登记申请;

(二)权属审核;

(三)公告;

(四)核准登记,颁发房屋权属证书。

本条第(三)项适用于登记机关认为有必要进行公告的登记。

第十一条　房屋权属登记由权利人(申请人)申请。权利人(申请人)为法人、其他组织的,应当使用其法定名称,由其法定代表人申请。

权利人(申请人)为自然人的,应当使用其身份证件上的姓名。

共有的房屋,由共有人共同申请。

房屋他项权利登记,由权利人和他项权利人共同申请。

房地产行政主管部门直管的公房由登记机关直接代为登记。

第十二条　权利人(申请人)可以委托代理人申请房屋权属登记。

第十三条　权利人(申请人)申请登记时,应当向登记机关交验单位或者相关人的有效证件。

代理人申请登记时,除向登记机关交验代理人的有效证件外,还应当向登记机关提交权利人(申请人)的书面委托书。

第十四条　总登记是指县级以上地方人民政府根据需要,在一定期限内对本行政区域内的房屋进行统一的权属登记。

登记机关认为需要时,经县级以上地方人民政府批准,可以对本行政区域内的房屋权属证书进行验证或者换证。

凡列入总登记、验证或者换证范围,无论权利人以往是否领取房屋权属证书,权属状况有无变化,均应当在规定的期限内办理登记。

总登记、验证、换证的期限,由县级以上地方人民政府规定。

第十五条　总登记、验证、换证应当由县级以上地方人民政府在规定期限开始之日 30 日前发布公告。

公告应当包括以下内容:

(一) 登记、验证、换证的区域;

(二) 申请期限;

(三) 当事人应当提交的有关证件;

(四) 受理申请地点;

(五) 其他应当公告的事项。

第十六条　新建的房屋,申请人应当在房屋竣工后的 3 个月内向登记机关申请房屋所有权初始登记,并应当提交用地证明文件或者土地使用权证、建设用地规划许可证、建设工程规划许可证、施工许可证、房屋竣工验收资料以及其他有关的证明文件。

集体土地上的房屋转为国有土地上的房屋,申请人应当自事实发生之日起 30 日内向登记机关提交用地证明等有关文件,申请房屋所有权初始登记。

第十七条　因房屋买卖、交换、赠与、继承、划拨、转让、分割、合并、裁决等原因致使其权属发生转移的,当事人应当自事实发生之日起 90 日内申请转移登记。

申请转移登记,权利人应当提交房屋权属证书以及相关的合同、协议、证明等文件。

第十八条　权利人名称变更和房屋现状发生下列情形之一的,权利人应当自事实发生之日起 30 日内申请变更登记:

(一) 房屋坐落的街道、门牌号或者房屋名称发生变更的;

(二) 房屋面积增加或者减少的;

(三) 房屋翻建的;

(四) 法律、法规规定的其他情形。

申请变更登记,权利人应当提交房屋权属证书以及相关的证明文件。

第十九条　设定房屋抵押权、典权等他项权利的,权利人应当自事实发生之日起 30 日内申请他项权利登记。

申请房屋他项权利登记,权利人应当提交房屋权属证书,设定房屋抵押权、典权等他项权利的合同书以及相关的证明文件。

第二十条 房屋所有权登记应当按照权属单元以房屋的门牌号、幢、套(间)以及有具体权属界限的部分为基本单元进行登记。

第二十一条 有下列情形之一的，由登记机关依法直接代为登记，不颁发房屋权属证书：

（一）依法由房地产行政主管部门代管的房屋；

（二）无人主张权利的房屋；

（三）法律、法规规定的其他情形。

第二十二条 有下列情形之一的，经权利人(申请人)申请可以准予暂缓登记：

（一）因正当理由不能按期提交证明材料的；

（二）按照规定需要补办手续的；

（三）法律、法规规定可以准予暂缓登记的。

第二十三条 有下列情形之一的，登记机关应当作出不予登记的决定：

（一）属于违章建筑的；

（二）属于临时建筑的；

（三）法律、法规规定的其他情形。

第二十四条 因房屋灭失、土地使用年限届满、他项权利终止等，权利人应当自事实发生之日起30日内申请注销登记。

申请注销登记，权利人应当提交原房屋权属证书、他项权利证书，相关的合同、协议、证明等文件。

第二十五条 有下列情形之一的，登记机关有权注销房屋权属证书：

（一）申报不实的；

（二）涂改房屋权属证书的；

（三）房屋权利灭失，而权利人未在规定期限内办理房屋权属注销登记的；

（四）因登记机关的工作人员工作失误造成房屋权属登记不实的。

注销房屋权属证书，登记机关应当作出书面决定，送达当事人，并收回原发放的房屋权属证书或者公告原房屋权属证书作废。

第二十六条 登记机关自受理登记申请之日起7日内应当决定是否予以登记，对暂缓登记、不予登记的，应当书面通知权利人(申请人)。

第二十七条 登记机关应当对权利人(申请人)的申请进行审查。凡权属清楚、产权来源资料齐全的，初始登记、转移登记、变更登记、他项权利登记应当在受理登记后的30日内核准登记，并颁发房屋权属证书；注销登记应当在受理登记后的15日内核准注销，并注销房屋权属证书。

第二十八条 房屋权属登记，权利人(申请人)应当按国家规定交纳登记费和权属证书工本费。

登记费的收取办法和标准由国家统一制定。在国家统一制定的办法和标准颁布之前，按照各省、自治区、直辖市的办法和标准执行。

第二十九条 权利人(申请人)逾期申请房屋权属登记的，登记机关可以按照规定登记费的3倍以下收取登记费。

第三十条 从事房屋权属登记的工作人员必须经过业务培训，持证上岗。

第三章 房屋权属证书

第三十一条 房屋权属证书包括《房屋所有权证》、《房屋共有权证》、《房屋他项权证》或者《房地产权证》、《房地产共有权证》、《房地产他项权证》。

第三十二条 共有的房屋，由权利人推举的持证人收执房屋所有权证书。其余共有人各执房屋共有权证书1份。

房屋共有权证书与房屋所有权证书具有同等的法律效力。

第三十三条　房屋他项权证书由他项权利人收执。他项权利人依法凭证行使他项权利,受国家法律保护。

第三十四条　《房屋所有权证》、《房屋共有权证》、《房屋他项权证》的式样由国务院建设行政主管部门统一制定。证书由国务院建设行政主管部门统一监制,市、县房地产行政主管部门颁发。

第三十五条　房屋权属证书破损,经登记机关查验需换领的,予以换证。房屋权属证书遗失的,权利人应当及时登报声明作废,并向登记机关申请补发,由登记机关作出补发公告,经 6 个月无异议的,予以补发。

第四章　法 律 责 任(略)

第五章　附　　则(略)

城市房地产抵押管理办法(节选)

(1997年4月27日经第四次部常务会议通过,2001年8月15日建设部令第98号发布的《建设部关于修改〈城市房地产抵押管理办法〉的决定》将本文修正)

第一章 总 则

第一条 为了加强房地产抵押管理,维护房地产市场秩序,保障房地产抵押当事人的合法权益,根据《中华人民共和国城市房地产管理法》、《中华人民共和国担保法》,制定本办法。

第二条 凡在城市规划区国有土地范围内从事房地产抵押活动的,应当遵守本办法。

地上无房屋(包括建筑物、构筑物及在建工程)的国有土地使用权设定抵押的,不适用本办法。

第三条 本办法所称房地产抵押,是指抵押人以其合法房地产以不转移占有的方式向抵押权人提供债务履行担保的行为。债务人不履行债务时,债权人有权依法以抵押的房地产拍卖所得的价款优先受偿。

本办法所称抵押人,是指将依法取得的房地产提供给抵押权人,作为本人或者第三人履行债务担保的公民、法人或者其他组织。

本办法所称抵押权人,是指接受房地产抵押作为债务人履行债务担保的公民、法人或者其他组织。

本办法所称预购商品房贷款抵押,是指购房人在支付首期规定的房价款后,由贷款银行代其支付其余的购房款,将所购商品房抵押给贷款银行作为偿还贷款履行担保的行为。

本办法所称在建工程抵押,是指抵押人为取得在建工程继续建造资金的贷款,以其合法方式取得的土地使用权连同在建工程的投入资产,以不转移占有的方式抵押给贷款银行作为偿还贷款履行担保的行为。

第四条 以依法取得的房屋所有权抵押的,该房屋占用范围内的土地使用权必须同时抵押。

第五条 房地产抵押,应当遵循自愿、互利、公平和诚实信用的原则。

依法设定的房地产抵押,受国家法律保护。

第六条 国家实行房地产抵押登记制度。

第七条 国务院建设行政主管部门归口管理全国城市房地产抵押管理工作。

省、自治区建设行政主管部门归口管理本行政区域内的城市房地产抵押管理工作。

直辖市、市、县人民政府房地产行政主管部门(以下简称房地产管理部门)负责管理本行政区域内的房地产抵押管理工作。

第二章 房地产抵押权的设定

第八条 下列房地产不得设定抵押:
(一)权属有争议的房地产;
(二)用于教育、医疗、市政等公共福利事业的房地产;
(三)列入文物保护的建筑物和有重要纪念意义的其他建筑物;
(四)已依法公告列入拆迁范围的房地产;
(五)被依法查封、扣押、监管或者以其他形式限制的房地产;
(六)依法不得抵押的其他房地产。

第九条 同一房地产设定两个以上抵押权的,抵押人应当将已经设定过的抵押情况告知抵押权人。

抵押人所担保的债权不得超出其抵押物的价值。

房地产抵押后,该抵押房地产的价值大于所担保债权的余额部分,可以再次抵押,但不得超出余额部分。

第十条 以两宗以上房地产设定同一抵押权的,视为同一抵押房地产。但抵押当事人另有约定的除外。

第十一条　以在建工程已完工部分抵押的，其土地使用权随之抵押。

第十二条　以享受国家优惠政策购买的房地产抵押的，其抵押额以房地产权利人可以处分和收益的份额比例为限。

第十三条　国有企业、事业单位法人以国家授予其经营管理的房地产抵押的，应当符合国有资产管理的有关规定。

第十四条　以集体所有制企业的房地产抵押的，必须经集体所有制企业职工（代表）大会通过，并报其上级主管机关备案。

第十五条　以中外合资企业、合作经营企业和外商独资企业的房地产抵押的，必须经董事会通过，但企业章程另有规定的除外。

第十六条　以有限责任公司、股份有限公司的房地产抵押的，必须经董事会或者股东大会通过，但企业章程另有规定的除外。

第十七条　有经营期限的企业以其所有的房地产设定抵押的，所担保债务的履行期限不应当超过该企业的经营期限。

第十八条　以具有土地使用年限的房地产设定抵押的，所担保债务的履行期限不得超过土地使用权出让合同规定的使用年限减去已经使用年限后的剩余年限。

第十九条　以共有的房地产抵押的，抵押人应当事先征得其他共有人的书面同意。

第二十条　预购商品房贷款抵押的，商品房开发项目必须符合房地产转让条件并取得商品房预售许可证。

第二十一条　以已出租的房地产抵押的，抵押人应当将租赁情况告知抵押权人，并将抵押情况告知承租人。原租赁合同继续有效。

第二十二条　设定房地产抵押时，抵押房地产的价值可以由抵押当事人协商议定，也可以由房地产评估机构评估确定。

法律、法规另有规定的除外。

第二十三条　抵押当事人约定对抵押房地产保险的，由抵押人为抵押的房地产投保，保险费由抵押人负担。抵押房地产投保的，抵押人应当将保险单移送抵押权人保管。在抵押期间，抵押权人为保险赔偿的第一受益人。

第二十四条　企业、事业单位法人分立或者合并后，原抵押合同继续有效，其权利和义务由变更后的法人享有和承担。

抵押人死亡、依法被宣告死亡或者被宣告失踪时，其房地产合法继承人或者代管人应当继续履行原抵押合同。

第三章　房地产抵押合同的订立

第二十五条　房地产抵押，抵押当事人应当签订书面抵押合同。

第二十六条　房地产抵押合同应当载明下列主要内容：

（一）抵押人、抵押权人的名称或者个人姓名、住所；

（二）主债权的种类、数额；

（三）抵押房地产的处所、名称、状况、建筑面积、用地面积以及四至等；

（四）抵押房地产的价值；

（五）抵押房地产的占用管理人、占用管理方式、占用管理责任以及意外损毁、灭失的责任；

（六）债务人履行债务的期限；

（七）抵押权灭失的条件；

（八）违约责任；

（九）争议解决方式；

（十）抵押合同订立的时间与地点；

（十一）双方约定的其他事项。

第二十七条　以预购商品房贷款抵押的，须提交生效的预购房屋合同。

第二十八条　以在建工程抵押的，抵押合同还应当载明以下内容：

（一）《国有土地使用权证》、《建设用地规划许可证》和《建设工程规划许可证》编号；

（二）已交纳的土地使用权出让金或需交纳的相当于土地使用权出让金的款额；

（三）已投入在建工程的工程款；

（四）施工进度及工程竣工日期；

（五）已完成的工作量和工程量。

第二十九条　抵押权人要求抵押房地产保险的，以及要求在房地产抵押后限制抵押人出租、转让抵押房地产或者改变抵押房地产用途的，抵押当事人应当在抵押合同中载明。

第四章　房地产抵押登记

第三十条　房地产抵押合同自签订之日起三十日内，抵押当事人应当到房地产所在地的房地产管理部门办理房地产抵押登记。

第三十一条　房地产抵押合同自抵押登记之日起生效。

第三十二条　办理房地产抵押登记，应当向登记机关交验下列文件：

（一）抵押当事人的身份证明或法人资格证明；

（二）抵押登记申请书；

（三）抵押合同；

（四）《国有土地使用权证》、《房屋所有权证》或《房地产权证》，共有的房屋还必须提交《房屋共有权证》和其他共有人同意抵押的证明；

（五）可以证明抵押人有权设定抵押权的文件与证明材料；

（六）可以证明抵押房地产价值的资料；

（七）登记机关认为必要的其他文件。

第三十三条　登记机关应当对申请人的申请进行审核。凡权属清楚、证明材料齐全的，应当在受理登记之日起七日内决定是否予以登记，对不予登记的，应当书面通知申请人。

第三十四条　以依法取得的房屋所有权证书的房地产抵押的，登记机关应当在原《房屋所有权证》上作他项权利记载后，由抵押人收执。并向抵押人颁发《房屋他项权证》。

以预售商品房或者在建工程抵押的，登记机关应当在抵押合同上作记载。抵押的房地产在抵押期间竣工的，当事人应当在抵押人领取房地产权属证书后，重新办理房地产抵押登记。

第三十五条　抵押合同发生变更或者抵押关系终止时，抵押当事人应当在变更或者终止之日起十五日内，到原登记机关办理变更或者注销抵押登记。

因依法处分抵押房地产而取得土地使用权和土地建筑物、其他附着物所有权的，抵押当事人应当自处分行为生效之日起三十日内，到县级以上地方人民政府房地产管理部门申请房屋所有权转移登记，并凭变更后的房屋所有权证书向同级人民政府土地管理部门申请土地使用权变更登记。

第五章　抵押房地产的占用与管理

第三十六条　已作抵押的房地产，由抵押人占用与管理。

抵押人在抵押房地产占用与管理期间应当维护抵押房地产的安全与完好。抵押权人有权按照抵押合同的规定监督、检查抵押房地产的管理情况。

第三十七条　抵押权可以随债权转让。抵押权转让时，应当签订抵押权转让合同，并办理抵押权变更登记。抵押权转让后，原抵押权人应当告知抵押人。

经抵押权人同意，抵押房地产可以转让或者出租。

抵押房地产转让或者出租所得价款，应当向抵押权人提前清偿所担保的债权。超过债权数额的部分，归抵押人所有，不足部分由债务人清偿。

第三十八条 因国家建设需要，将已设定抵押权的房地产列入拆迁范围的，抵押人应当及时书面通知抵押权人；抵押双方可以重新设定抵押房地产，也可以依法清理债权债务，解除抵押合同。

第三十九条 抵押人占用与管理的房地产发生损毁、灭失的，抵押人应当及时将情况告知抵押权人，并应当采取措施防止损失的扩大。抵押的房地产因抵押人的行为造成损失使抵押房地产价值不足以作为履行债务的担保时，抵押权人有权要求抵押人重新提供或者增加担保以弥补不足。

抵押人对抵押房地产价值减少无过错的，抵押权人只能在抵押人因损害而得到的赔偿的范围内要求提供担保。抵押房地产价值未减少的部分，仍作为债务的担保。

第六章 抵押房地产的处分

第四十条 有下列情况之一的，抵押权人有权要求处分抵押的房地产：

（一）债务履行期满，抵押权人未受清偿的，债务人又未能与抵押权人达成延期履行协议的；

（二）抵押人死亡，或者被宣告死亡而无人代为履行到期债务的；或者抵押人的合法继承人、受遗赠人拒绝履行到期债务的；

（三）抵押人被依法宣告解散或者破产的；

（四）抵押人违反本办法的有关规定，擅自处分抵押房地产的；

（五）抵押合同约定的其他情况。

第四十一条 本办法第四十条规定情况之一的，经抵押当事人协商可以通过拍卖等合法方式处分抵押房地产。协议不成的，抵押权人可以向人民法院提起诉讼。

第四十二条 抵押权人处分抵押房地产时，应当事先书面通知抵押人；抵押房地产为共有或者出租的，还应当同时书面通知共有人或承租人；在同等条件下，共有人或承租人依法享有优先购买权。

第四十三条 同一房地产设定两个以上抵押权时，以抵押登记的先后顺序受偿。

第四十四条 处分抵押房地产时，可以依法将土地上新增的房屋与抵押财产一同处分，但对处分新增房屋所得，抵押权人无权优先受偿。

第四十五条 以划拨方式取得的土地使用权连同地上建筑物设定的房地产抵押进行处分时，应当从处分所得的价款中缴纳相当于应当缴纳的土地使用权出让金的款额后，抵押权人方可优先受偿。

法律、法规另有规定的依照其规定。

第四十六条 抵押权人对抵押房地产的处分，因下列情况而中止：

（一）抵押权人请求中止的；

（二）抵押人申请愿意并证明能够及时履行债务，并经抵押权人同意的；

（三）发现被拍卖抵押物有权属争议的；

（四）诉讼或仲裁中的抵押房地产；

（五）其他应当中止的情况。

第四十七条 处分抵押房地产所得金额，依下列顺序分配：

（一）支付处分抵押房地产的费用；

（二）扣除抵押房地产应缴纳的税款；

（三）偿还抵押权人债权本息及支付违约金；

（四）赔偿由债务人违反合同而对抵押权人造成的损害；

（五）剩余金额交还抵押人。

处分抵押房地产所得金额不足以支付债务和违约金、赔偿金时，抵押权人有权向债务人追索不足部分。

第七章 法律责任(略)

第八章 附 则

第五十三条 在城市规划区外国有土地上进行房地产抵押活动的,参照本办法执行。

第五十四条 本办法由国务院建设行政主管部门负责解释。

第五十五条 本办法自1997年6月1日起施行。

最高人民法院
关于审理商品房买卖合同纠纷案件适用法律若干问题的解释

法释 [2003] 7号

(2003年3月24日由最高人民法院审判委员会第1267次会议通过，自2003年6月1日起施行)

为正确、及时审理商品房买卖合同纠纷案件，根据《中华人民共和国民法通则》、《中华人民共和国合同法》、《中华人民共和国城市房地产管理法》、《中华人民共和国担保法》等相关法律，结合民事审判实践，制定本解释。

第一条 本解释所称的商品房买卖合同，是指房地产开发企业(以下统称为出卖人)将尚未建成或者已竣工的房屋向社会销售并转移房屋所有权于买受人，买受人支付价款的合同。

第二条 出卖人未取得商品房预售许可证明，与买受人订立的商品房预售合同，应当认定无效，但是在起诉前取得商品房预售许可证明的，可以认定有效。

第三条 商品房的销售广告和宣传资料为要约邀请，但是出卖人就商品房开发规划范围内的房屋及相关设施所作的说明和允诺具体确定，并对商品房买卖合同的订立以及房屋价格的确定有重大影响的，应当视为要约。该说明和允诺即使未载入商品房买卖合同，亦应当视为合同内容，当事人违反的，应当承担违约责任。

第四条 出卖人通过认购、订购、预订等方式向买受人收受定金作为订立商品房买卖合同担保的，如果因当事人一方原因未能订立商品房买卖合同，应当按照法律关于定金的规定处理；因不可归责于当事人双方的事由，导致商品房买卖合同未能订立的，出卖人应当将定金返还买受人。

第五条 商品房的认购、订购、预订等协议具备《商品房销售管理办法》第十六条规定的商品房买卖合同的主要内容，并且出卖人已经按照约定收受购房款的，该协议应当认定为商品房买卖合同。

第六条 当事人以商品房预售合同未按照法律、行政法规规定办理登记备案手续为由，请求确认合同无效的，不予支持。

当事人约定以办理登记备案手续为商品房预售合同生效条件的，从其约定，但当事人一方已经履行主要义务，对方接受的除外。

第七条 拆迁人与被拆迁人按照所有权调换形式订立拆迁补偿安置协议，明确约定拆迁人以位置、用途特定的房屋对被拆迁人予以补偿安置，如果拆迁人将该补偿安置房屋另行出卖给第三人，被拆迁人请求优先取得补偿安置房屋的，应予支持。

被拆迁人请求解除拆迁补偿安置协议的，按照本解释第八条的规定处理。

第八条 具有下列情形之一，导致商品房买卖合同目的不能实现的、无法取得房屋的买受人可以请求解除合同、返还已付购房款及利息、赔偿损失，并可以请求出卖人承担不超过已付购房款一倍的赔偿责任：

(一)商品房买卖合同订立后，出卖人未告知买受人又将该房屋抵押给第三人；

(二)商品房买卖合同订立后，出卖人又将该房屋出卖给第三人。

第九条 出卖人订立商品房买卖合同时，具有下列情形之一，导致合同无效或者被撤销、解除的，买受人可以请求返还已付购房款及利息、赔偿损失，并可以请求出卖人承担不超过已付购房款一倍的赔偿责任：

(一)故意隐瞒没有取得商品房预售许可证明的事实或者提供虚假商品房预售许可证明；

(二)故意隐瞒所售房屋已经抵押的事实；

(三)故意隐瞒所售房屋已经出卖给第三人或者为拆迁补偿安置房屋的事实。

第十条 买受人以出卖人与第三人恶意串通，另行订立商品房买卖合同并将房屋交付使用，导致其无法取得房屋为由，请求确认出卖人与第三人订立的商品房买卖合同无效的，应予支持。

第十一条　对房屋的转移占有，视为房屋的交付使用，但当事人另有约定的除外。

房屋毁损、灭失的风险，在交付使用前由出卖人承担，交付使用后由买受人承担；买受人接到出卖人的书面交房通知，无正当理由拒绝接收的，房屋毁损、灭失的风险自书面交房通知确定的交付使用之日起由买受人承担，但法律另有规定或者当事人另有约定的除外。

第十二条　因房屋主体结构质量不合格不能交付使用，或者房屋交付使用后，房屋主体结构质量经核验确属不合格，买受人请求解除合同和赔偿损失的，应予支持。

第十三条　因房屋质量问题严重影响正常居住使用，买受人请求解除合同和赔偿损失的，应予支持。

交付使用的房屋存在质量问题，在保修期内，出卖人应当承担修复责任；出卖人拒绝修复或者在合理期限内拖延修复的，买受人可以自行或者委托他人修复。修复费用及修复期间造成的其他损失由出卖人承担。

第十四条　出卖人交付使用的房屋套内建筑面积或者建筑面积与商品房买卖合同约定面积不符，合同有约定的，按照约定处理；合同没有约定或者约定不明确的，按照以下原则处理：

（一）面积误差比绝对值在3％以内（含3％），按照合同约定的价格据实结算，买受人请求解除合同的，不予支持；

（二）面积误差比绝对值超出3％，买受人请求解除合同、返还已付购房款及利息的，应予支持。买受人同意继续履行合同，房屋实际面积大于合同约定面积的，面积误差比在3％以内（含3％）部分的房价款由买受人按照约定的价格补足，面积误差比超出3％部分的房价款由出卖人承担，所有权归买受人；房屋实际面积小于合同约定面积的，面积误差比在3％以内（含3％）部分的房价款及利息由出卖人返还买受人，面积误差比超过3％部分的房价款由出卖人双倍返还买受人。

第十五条　根据《合同法》第九十四条的规定，出卖人迟延交付房屋或者买受人迟延支付购房款，经催告后在三个月的合理期限内仍未履行，当事人一方请求解除合同的，应予支持，但当事人另有约定的除外。

法律没有规定或者当事人没有约定，经对方当事人催告后，解除权行使的合理期限为三个月。对方当事人没有催告的，解除权应当在解除权发生之日起一年内行使；逾期不行使的，解除权消灭。

第十六条　当事人以约定的违约金过高为由请求减少的，应当以违约金超过造成的损失30％为标准适当减少；当事人以约定的违约金低于造成的损失为由请求增加的，应当以违约造成的损失确定违约金数额。

第十七条　商品房买卖合同没有约定违约金数额或者损失赔偿额计算方法，违约金数额或者损失赔偿额可以参照以下标准确定：

逾期付款的，按照未付购房款总额，参照中国人民银行规定的金融机构计收逾期贷款利息的标准计算。

逾期交付使用房屋的，按照逾期交付使用房屋期间有关主管部门公布或者有资格的房地产评估机构评定的同地段同类房屋租金标准确定。

第十八条　由于出卖人的原因，买受人在下列期限届满未能取得房屋权属证书的，除当事人有特殊约定外，出卖人应当承担违约责任：

（一）商品房买卖合同约定的办理房屋所有权登记的期限；

（二）商品房买卖合同的标的物为尚未建成房屋的，自房屋交付使用之日起90日；

（三）商品房买卖合同的标的物为已竣工房屋的，自合同订立之日起90日。

合同没有约定违约金或者损失数额难以确定的，可以按照已付购房款总额，参照中国人民银行规定的金融机构计收逾期贷款利息的标准计算。

第十九条　商品房买卖合同约定或者《城市房地产开发经营管理条例》第三十三条规定的办理房屋所有权登记的期限届满后超过一年，由于出卖人的原因，导致买受人无法办理房屋所有权登记，买受人请求解除合同和赔偿损失的，应予支持。

第二十条　出卖人与包销人订立商品房包销合同，约定出卖人将其开发建设的房屋交由包销人以出卖人的名义销售的，包销期满未销售的房屋，由包销人按照合同约定的包销价格购买，但当事人另有约定的除外。

第二十一条　出卖人自行销售已经约定由包销人包销的房屋，包销人请求出卖人赔偿损失的，应予支持，但当事人另有约定的除外。

第二十二条　对于买受人因商品房买卖合同与出卖人发生的纠纷，人民法院应当通知包销人参加诉讼；出卖人、包销人和买受人对各自的权利义务有明确约定的，按照约定的内容确定各方的诉讼地位。

第二十三条　商品房买卖合同约定，买受人以担保贷款方式付款、因当事人一方原因未能订立商品房担保贷款合同并导致商品房买卖合同不能继续履行的，对方当事人可以请求解除合同和赔偿损失，因不可归责于当事人双方的事由未能订立商品房担保贷款合同并导致商品房买卖合同不能继续履行的，当事人可以请求解除合同，出卖人应当将收受的购房款本金及其利息或者定金返还买受人。

第二十四条　因商品房买卖合同被确认无效或者被撤销、解除，致使商品房担保贷款合同的目的无法实现，当事人请求解除商品房担保贷款合同的，应予支持。

第二十五条　以担保贷款为付款方式的商品房买卖合同的当事人一方请求确认商品房买卖合同无效或者撤销、解除合同的，如果担保权人作为有独立请求权第三人提出诉讼请求，应当与商品房担保贷款合同纠纷合并审理；未提出诉讼请求的，仅处理商品房买卖合同纠纷。担保权人就商品房担保贷款合同纠纷另行起诉的，可以与商品房买卖合同纠纷合并审理。

商品房买卖合同被确认无效或者被撤销、解除后，商品房担保贷款合同也被解除的，出卖人应当将收受的购房贷款和购房款的本金及利息分别返还担保权人和买受人。

第二十六条　买受人未按照商品房担保贷款合同的约定偿还贷款，亦未与担保权人办理商品房抵押登记手续，担保权人起诉买受人，请求处分商品房买卖合同项下买受人合同权利的，应当通知出卖人参加诉讼；担保权人同时起诉出卖人时，如果出卖人为商品房担保贷款合同提供保证的，应当列为共同被告。

第二十七条　买受人未按照商品房担保贷款合同的约定偿还贷款，但是已经取得房屋权属证书并与担保权人办理了商品房抵押登记手续，抵押权人请求买受人偿还贷款或者就抵押的房屋优先受偿的，不应当追加出卖人为当事人，但出卖人提供保证的除外。

第二十八条　本解释自2003年6月1日起施行。

《中华人民共和国城市房地产管理法》施行后订立的商品房买卖合同发生的纠纷案件，本解释公布施行后尚在一审、二审阶段的，适用本解释。

《中华人民共和国城市房地产管理法》施行后订立的商品房买卖合同发生的纠纷案件，在本解释公布施行前已经终审，当事人申请再审或者按照审判监督程序决定再审的，不适用本解释。

《中华人民共和国城市房地产管理法》施行前发生的商品房买卖行为，适用当时的法律、法规和《最高人民法院〈关于审理房地产管理法施行前房地产开发经营案件若干问题的解答〉》。

中华人民共和国物权法(节选)

主席令第 62 号

(2007 年 3 月 16 日第十届全国人民代表大会第五次会议通过,自 2007 年 10 月 1 日起施行)

第一编 总 则

第一章 基本原则

第一条 为了维护国家基本经济制度,维护社会主义市场经济秩序,明确物的归属,发挥物的效用,保护权利人的物权,根据宪法,制定本法。

第二条 因物的归属和利用而产生的民事关系,适用本法。

本法所称物,包括不动产和动产。法律规定权利作为物权客体的,依照其规定。

本法所称物权,是指权利人依法对特定的物享有直接支配和排他的权利,包括所有权、用益物权和担保物权。

第三条 国家在社会主义初级阶段,坚持公有制为主体、多种所有制经济共同发展的基本经济制度。

国家巩固和发展公有制经济,鼓励、支持和引导非公有制经济的发展。

国家实行社会主义市场经济,保障一切市场主体的平等法律地位和发展权利。

第四条 国家、集体、私人的物权和其他权利人的物权受法律保护,任何单位和个人不得侵犯。

第五条 物权的种类和内容,由法律规定。

第六条 不动产物权的设立、变更、转让和消灭,应当依照法律规定登记。动产物权的设立和转让,应当依照法律规定交付。

第七条 物权的取得和行使,应当遵守法律,尊重社会公德,不得损害公共利益和他人合法权益。

第八条 其他相关法律对物权另有特别规定的,依照其规定。

第二章 物权的设立、变更、转让和消灭

第一节 不动产登记

第九条 不动产物权的设立、变更、转让和消灭,经依法登记,发生效力;未经登记,不发生效力,但法律另有规定的除外。

依法属于国家所有的自然资源,所有权可以不登记。

第十条 不动产登记,由不动产所在地的登记机构办理。

国家对不动产实行统一登记制度。统一登记的范围、登记机构和登记办法,由法律、行政法规规定。

第十一条 当事人申请登记,应当根据不同登记事项提供权属证明和不动产界址、面积等必要材料。

第十二条 登记机构应当履行下列职责:

(一)查验申请人提供的权属证明和其他必要材料;

(二)就有关登记事项询问申请人;

(三)如实、及时登记有关事项;

(四)法律、行政法规规定的其他职责。

申请登记的不动产的有关情况需要进一步证明的,登记机构可以要求申请人补充材料,必要时可以实地查看。

第十三条 登记机构不得有下列行为:

（一）要求对不动产进行评估；
（二）以年检等名义进行重复登记；
（三）超出登记职责范围的其他行为。

第十四条　不动产物权的设立、变更、转让和消灭，依照法律规定应当登记的，自记载于不动产登记簿时发生效力。

第十五条　当事人之间订立有关设立、变更、转让和消灭不动产物权的合同，除法律另有规定或者合同另有约定外，自合同成立时生效；未办理物权登记的，不影响合同效力。

第十六条　不动产登记簿是物权归属和内容的根据。不动产登记簿由登记机构管理。

第十七条　不动产权属证书是权利人享有该不动产物权的证明。不动产权属证书记载的事项，应当与不动产登记簿一致；记载不一致的，除有证据证明不动产登记簿确有错误外，以不动产登记簿为准。

第十八条　权利人、利害关系人可以申请查询、复制登记资料，登记机构应当提供。

第十九条　权利人、利害关系人认为不动产登记簿记载的事项错误的，可以申请更正登记。不动产登记簿记载的权利人书面同意更正或者有证据证明登记确有错误的，登记机构应当予以更正。

不动产登记簿记载的权利人不同意更正的，利害关系人可以申请异议登记。登记机构予以异议登记的，申请人在异议登记之日起十五日内不起诉，异议登记失效。异议登记不当，造成权利人损害的，权利人可以向申请人请求损害赔偿。

第二十条　当事人签订买卖房屋或者其他不动产物权的协议，为保障将来实现物权，按照约定可以向登记机构申请预告登记。预告登记后，未经预告登记的权利人同意，处分该不动产的，不发生物权效力。

预告登记后，债权消灭或者自能够进行不动产登记之日起三个月内未申请登记的，预告登记失效。

第二十一条　当事人提供虚假材料申请登记，给他人造成损害的，应当承担赔偿责任。

因登记错误，给他人造成损害的，登记机构应当承担赔偿责任。登记机构赔偿后，可以向造成登记错误的人追偿。

第二十二条　不动产登记费按件收取，不得按照不动产的面积、体积或者价款的比例收取。具体收费标准由国务院有关部门会同价格主管部门规定。

第二节　动产交付（略）

第三节　其他规定

第二十八条　因人民法院、仲裁委员会的法律文书或者人民政府的征收决定等，导致物权设立、变更、转让或者消灭的，自法律文书或者人民政府的征收决定等生效时发生效力。

第二十九条　因继承或者受遗赠取得物权的，自继承或者受遗赠开始时发生效力。

第三十条　因合法建造、拆除房屋等事实行为设立或者消灭物权的，自事实行为成就时发生效力。

第三十一条　依照本法第二十八条至第三十条规定享有不动产物权的，处分该物权时，依照法律规定需要办理登记的，未经登记，不发生物权效力。

第三章　物权的保护

第三十二条　物权受到侵害的，权利人可以通过和解、调解、仲裁、诉讼等途径解决。

第三十三条　因物权的归属、内容发生争议的，利害关系人可以请求确认权利。

第三十四条　无权占有不动产或者动产的，权利人可以请求返还原物。

第三十五条　妨害物权或者可能妨害物权的，权利人可以请求排除妨害或者消除危险。

第三十六条　造成不动产或者动产毁损的，权利人可以请求修理、重作、更换或者恢复原状。

第三十七条　侵害物权，造成权利人损害的，权利人可以请求损害赔偿，也可以请求承担其他民事责任。

第三十八条 本章规定的物权保护方式,可以单独适用,也可以根据权利被侵害的情形合并适用。

侵害物权,除承担民事责任外,违反行政管理规定的,依法承担行政责任;构成犯罪的,依法追究刑事责任。

第二编 所 有 权

第四章 一 般 规 定

第三十九条 所有权人对自己的不动产或者动产,依法享有占有、使用、收益和处分的权利。

第四十条 所有权人有权在自己的不动产或者动产上设立用益物权和担保物权。用益物权人、担保物权人行使权利,不得损害所有权人的权益。

第四十一条 法律规定专属于国家所有的不动产和动产,任何单位和个人不能取得所有权。

第四十二条 为了公共利益的需要,依照法律规定的权限和程序可以征收集体所有的土地和单位、个人的房屋及其他不动产。

征收集体所有的土地,应当依法足额支付土地补偿费、安置补助费、地上附着物和青苗的补偿费等费用,安排被征地农民的社会保障费用,保障被征地农民的生活,维护被征地农民的合法权益。

征收单位、个人的房屋及其他不动产,应当依法给予拆迁补偿,维护被征收人的合法权益;征收个人住宅的,还应当保障被征收人的居住条件。

任何单位和个人不得贪污、挪用、私分、截留、拖欠征收补偿费等费用。

第四十三条 国家对耕地实行特殊保护,严格限制农用地转为建设用地,控制建设用地总量。不得违反法律规定的权限和程序征收集体所有的土地。

第四十四条 因抢险、救灾等紧急需要,依照法律规定的权限和程序可以征用单位、个人的不动产或者动产。被征用的不动产或者动产使用后,应当返还被征用人。单位、个人的不动产或者动产被征用或者征用后毁损、灭失的,应当给予补偿。

第五章 国家所有权和集体所有权、私人所有权(略)

第六章 业主的建筑物区分所有权

第七十条 业主对建筑物内的住宅、经营性用房等专有部分享有所有权,对专有部分以外的共有部分享有共有和共同管理的权利。

第七十一条 业主对其建筑物专有部分享有占有、使用、收益和处分的权利。业主行使权利不得危及建筑物的安全,不得损害其他业主的合法权益。

第七十二条 业主对建筑物专有部分以外的共有部分,享有权利,承担义务;不得以放弃权利不履行义务。

业主转让建筑物内的住宅、经营性用房,其对共有部分享有的共有和共同管理的权利一并转让。

第七十三条 建筑区划内的道路,属于业主共有,但属于城镇公共道路的除外。建筑区划内的绿地,属于业主共有,但属于城镇公共绿地或者明示属于个人的除外。建筑区划内的其他公共场所、公用设施和物业服务用房,属于业主共有。

第七十四条 建筑区划内,规划用于停放汽车的车位、车库应当首先满足业主的需要。

建筑区划内,规划用于停放汽车的车位、车库的归属,由当事人通过出售、附赠或者出租等方式约定。

占用业主共有的道路或者其他场地用于停放汽车的车位,属于业主共有。

第七十五条 业主可以设立业主大会,选举业主委员会。

地方人民政府有关部门应当对设立业主大会和选举业主委员会给予指导和协助。

第七十六条　下列事项由业主共同决定：
（一）制定和修改业主大会议事规则；
（二）制定和修改建筑物及其附属设施的管理规约；
（三）选举业主委员会或者更换业主委员会成员；
（四）选聘和解聘物业服务企业或者其他管理人；
（五）筹集和使用建筑物及其附属设施的维修资金；
（六）改建、重建建筑物及其附属设施；
（七）有关共有和共同管理权利的其他重大事项。
决定前款第五项和第六项规定的事项，应当经专有部分占建筑物总面积三分之二以上的业主且占总人数三分之二以上的业主同意。决定前款其他事项，应当经专有部分占建筑物总面积过半数的业主且占总人数过半数的业主同意。

第七十七条　业主不得违反法律、法规以及管理规约，将住宅改变为经营性用房。业主将住宅改变为经营性用房的，除遵守法律、法规以及管理规约外，应当经有利害关系的业主同意。

第七十八条　业主大会或者业主委员会的决定，对业主具有约束力。
业主大会或者业主委员会作出的决定侵害业主合法权益的，受侵害的业主可以请求人民法院予以撤销。

第七十九条　建筑物及其附属设施的维修资金，属于业主共有。经业主共同决定，可以用于电梯、水箱等共有部分的维修。维修资金的筹集、使用情况应当公布。

第八十条　建筑物及其附属设施的费用分摊、收益分配等事项，有约定的，按照约定；没有约定或者约定不明确的，按照业主专有部分占建筑物总面积的比例确定。

第八十一条　业主可以自行管理建筑物及其附属设施，也可以委托物业服务企业或者其他管理人管理。
对建设单位聘请的物业服务企业或者其他管理人，业主有权依法更换。

第八十二条　物业服务企业或者其他管理人根据业主的委托管理建筑区划内的建筑物及其附属设施，并接受业主的监督。

第八十三条　业主应当遵守法律、法规以及管理规约。
业主大会和业主委员会，对任意弃置垃圾、排放污染物或者噪声、违反规定饲养动物、违章搭建、侵占通道、拒付物业费等损害他人合法权益的行为，有权依照法律、法规以及管理规约，要求行为人停止侵害、消除危险、排除妨害、赔偿损失。业主对侵害自己合法权益的行为，可以依法向人民法院提起诉讼。

第七章　相　邻　关　系

第八十四条　不动产的相邻权利人应当按照有利生产、方便生活、团结互助、公平合理的原则，正确处理相邻关系。

第八十五条　法律、法规对处理相邻关系有规定的，依照其规定；法律、法规没有规定的，可以按照当地习惯。

第八十六条　不动产权利人应当为相邻权利人用水、排水提供必要的便利。
对自然流水的利用，应当在不动产的相邻权利人之间合理分配。对自然流水的排放，应当尊重自然流向。

第八十七条　不动产权利人对相邻权利人因通行等必须利用其土地的，应当提供必要的便利。

第八十八条　不动产权利人因建造、修缮建筑物以及铺设电线、电缆、水管、暖气和燃气管线等必须利用相邻土地、建筑物的，该土地、建筑物的权利人应当提供必要的便利。

第八十九条　建造建筑物，不得违反国家有关工程建设标准，妨碍相邻建筑物的通风、采光和日照。

第九十条　不动产权利人不得违反国家规定弃置固体废物，排放大气污染物、水污染物、噪声、光、电磁波辐射等有害物质。

第九十一条　不动产权利人挖掘土地、建造建筑物、铺设管线以及安装设备等，不得危及相邻不动产的安全。

第九十二条　不动产权利人因用水、排水、通行、铺设管线等利用相邻不动产的，应当尽量避免对相邻的不动产权利人造成损害；造成损害的，应当给予赔偿。

第八章　共　　有

第九十三条　不动产或者动产可以由两个以上单位、个人共有。共有包括按份共有和共同共有。

第九十四条　按份共有人对共有的不动产或者动产按照其份额享有所有权。

第九十五条　共同共有人对共有的不动产或者动产共同享有所有权。

第九十六条　共有人按照约定管理共有的不动产或者动产；没有约定或者约定不明确的，各共有人都有管理的权利和义务。

第九十七条　处分共有的不动产或者动产以及对共有的不动产或者动产作重大修缮的，应当经占份额三分之二以上的按份共有人或者全体共同共有人同意，但共有人之间另有约定的除外。

第九十八条　对共有物的管理费用以及其他负担，有约定的，按照约定；没有约定或者约定不明确的，按份共有人按照其份额负担，共同共有人共同负担。

第九十九条　共有人约定不得分割共有的不动产或者动产，以维持共有关系的，应当按照约定，但共有人有重大理由需要分割的，可以请求分割；没有约定或者约定不明确的，按份共有人可以随时请求分割，共同共有人在共有的基础丧失或者有重大理由需要分割时可以请求分割。因分割对其他共有人造成损害的，应当给予赔偿。

第一百条　共有人可以协商确定分割方式。达不成协议，共有的不动产或者动产可以分割并且不会因分割减损价值的，应当对实物予以分割；难以分割或者因分割会减损价值的，应当对折价或者拍卖、变卖取得的价款予以分割。

共有人分割所得的不动产或者动产有瑕疵的，其他共有人应当分担损失。

第一百零一条　按份共有人可以转让其享有的共有的不动产或者动产份额。其他共有人在同等条件下享有优先购买的权利。

第一百零二条　因共有的不动产或者动产产生的债权债务，在对外关系上，共有人享有连带债权、承担连带债务，但法律另有规定或者第三人知道共有人不具有连带债权债务关系的除外；在共有人内部关系上，除共有人另有约定外，按份共有人按照份额享有债权、承担债务，共同共有人共同享有债权、承担债务。偿还债务超过自己应当承担份额的按份共有人，有权向其他共有人追偿。

第一百零三条　共有人对共有的不动产或者动产没有约定为按份共有或者共同共有，或者约定不明确的，除共有人具有家庭关系等外，视为按份共有。

第一百零四条　按份共有人对共有的不动产或者动产享有的份额，没有约定或者约定不明确的，按照出资额确定；不能确定出资额的，视为等额享有。

第一百零五条　两个以上单位、个人共同享有用益物权、担保物权的，参照本章规定。

第九章　所有权取得的特别规定

第一百零六条　无处分权人将不动产或者动产转让给受让人的，所有权人有权追回；除法律另有规定外，符合下列情形的，受让人取得该不动产或者动产的所有权：

（一）受让人受让该不动产或者动产时是善意的；

（二）以合理的价格转让；

（三）转让的不动产或者动产依照法律规定应当登记的已经登记，不需要登记的已经交付给受让人。

受让人依照前款规定取得不动产或者动产的所有权的，原所有权人有权向无处分权人请求赔偿损失。当事人善意取得其他物权的，参照前两款规定。

第一百零七条　所有权人或者其他权利人有权追回遗失物。该遗失物通过转让被他人占有的，权利人有权向无处分权人请求损害赔偿，或者自知道或者应当知道受让人之日起两年内向受让人请求返还原物，但受让人通过拍卖或者向具有经营资格的经营者购得该遗失物的，权利人请求返还原物时应当支付受让人所付的费用。权利人向受让人支付所付费用后，有权向无处分权人追偿。

第一百零八条　善意受让人取得动产后，该动产上的原有权利消灭，但善意受让人在受让时知道或者应当知道该权利的除外。

第一百零九条　拾得遗失物，应当返还权利人。拾得人应当及时通知权利人领取，或者送交公安等有关部门。

第一百一十条　有关部门收到遗失物，知道权利人的，应当及时通知其领取；不知道的，应当及时发布招领公告。

第一百一十一条　拾得人在遗失物送交有关部门前，有关部门在遗失物被领取前，应当妥善保管遗失物。因故意或者重大过失致使遗失物毁损、灭失的，应当承担民事责任。

第一百一十二条　权利人领取遗失物时，应当向拾得人或者有关部门支付保管遗失物等支出的必要费用。

权利人悬赏寻找遗失物的，领取遗失物时应当按照承诺履行义务。

拾得人侵占遗失物的，无权请求保管遗失物等支出的费用，也无权请求权利人按照承诺履行义务。

第一百一十三条　遗失物自发布招领公告之日起六个月内无人认领的，归国家所有。

第一百一十四条　拾得漂流物、发现埋藏物或者隐藏物的，参照拾得遗失物的有关规定。文物保护法等法律另有规定的，依照其规定。

第一百一十五条　主物转让的，从物随主物转让，但当事人另有约定的除外。

第一百一十六条　天然孳息，由所有权人取得；既有所有权人又有用益物权人的，由用益物权人取得。当事人另有约定的，按照约定。

法定孳息，当事人有约定的，按照约定取得；没有约定或者约定不明确的，按照交易习惯取得。

第三编　用益物权

第十章　一般规定（略）

第十一章　土地承包经营权（略）

第十二章　建设用地使用权

第一百三十五条　建设用地使用权人依法对国家所有的土地享有占有、使用和收益的权利，有权利用该土地建造建筑物、构筑物及其附属设施。

第一百三十六条　建设用地使用权可以在土地的地表、地上或者地下分别设立。新设立的建设用地使用权，不得损害已设立的用益物权。

第一百三十七条　设立建设用地使用权，可以采取出让或者划拨等方式。

工业、商业、旅游、娱乐和商品住宅等经营性用地以及同一土地有两个以上意向用地者的，应当采取招标、拍卖等公开竞价的方式出让。

严格限制以划拨方式设立建设用地使用权。采取划拨方式的，应当遵守法律、行政法规关于土地用途的规定。

第一百三十八条 采取招标、拍卖、协议等出让方式设立建设用地使用权的，当事人应当采取书面形式订立建设用地使用权出让合同。

建设用地使用权出让合同一般包括下列条款：

（一）当事人的名称和住所；

（二）土地界址、面积等；

（三）建筑物、构筑物及其附属设施占用的空间；

（四）土地用途；

（五）使用期限；

（六）出让金等费用及其支付方式；

（七）解决争议的方法。

第一百三十九条 设立建设用地使用权的，应当向登记机构申请建设用地使用权登记。建设用地使用权自登记时设立。登记机构应当向建设用地使用权人发放建设用地使用权证书。

第一百四十条 建设用地使用权人应当合理利用土地，不得改变土地用途；需要改变土地用途的，应当依法经有关行政主管部门批准。

第一百四十一条 建设用地使用权人应当依照法律规定以及合同约定支付出让金等费用。

第一百四十二条 建设用地使用权人建造的建筑物、构筑物及其附属设施的所有权属于建设用地使用权人，但有相反证据证明的除外。

第一百四十三条 建设用地使用权人有权将建设用地使用权转让、互换、出资、赠与或者抵押，但法律另有规定的除外。

第一百四十四条 建设用地使用权转让、互换、出资、赠与或者抵押的，当事人应当采取书面形式订立相应的合同。使用期限由当事人约定，但不得超过建设用地使用权的剩余期限。

第一百四十五条 建设用地使用权转让、互换、出资或者赠与的，应当向登记机构申请变更登记。

第一百四十六条 建设用地使用权转让、互换、出资或者赠与的，附着于该土地上的建筑物、构筑物及其附属设施一并处分。

第一百四十七条 建筑物、构筑物及其附属设施转让、互换、出资或者赠与的，该建筑物、构筑物及其附属设施占用范围内的建设用地使用权一并处分。

第一百四十八条 建设用地使用权期间届满前，因公共利益需要提前收回该土地的，应当依照本法第四十二条的规定对该土地上的房屋及其他不动产给予补偿，并退还相应的出让金。

第一百四十九条 住宅建设用地使用权期间届满的，自动续期。

非住宅建设用地使用权期间届满后的续期，依照法律规定办理。该土地上的房屋及其他不动产的归属，有约定的，按照约定；没有约定或者约定不明确的，依照法律、行政法规的规定办理。

第一百五十条 建设用地使用权消灭的，出让人应当及时办理注销登记。登记机构应当收回建设用地使用权证书。

第一百五十一条 集体所有的土地作为建设用地的，应当依照土地管理法等法律规定办理。

第十三章 宅基地使用权

第一百五十二条 宅基地使用权人依法对集体所有的土地享有占有和使用的权利，有权依法利用该土地建造住宅及其附属设施。

第一百五十三条 宅基地使用权的取得、行使和转让，适用土地管理法等法律和国家有关规定。

第一百五十四条 宅基地因自然灾害等原因灭失的，宅基地使用权消灭。对失去宅基地的村民，应当重新分配宅基地。

第一百五十五条 已经登记的宅基地使用权转让或者消灭的，应当及时办理变更登记或者注销登记。

第十四章 地役权

第一百五十六条 地役权人有权按照合同约定，利用他人的不动产，以提高自己的不动产的效益。

前款所称他人的不动产为供役地，自己的不动产为需役地。

第一百五十七条 设立地役权，当事人应当采取书面形式订立地役权合同。

地役权合同一般包括下列条款：

（一）当事人的姓名或者名称和住所；

（二）供役地和需役地的位置；

（三）利用目的和方法；

（四）利用期限；

（五）费用及其支付方式；

（六）解决争议的方法。

第一百五十八条 地役权自地役权合同生效时设立。当事人要求登记的，可以向登记机构申请地役权登记；未经登记，不得对抗善意第三人。

第一百五十九条 供役地权利人应当按照合同约定，允许地役权人利用其土地，不得妨害地役权人行使权利。

第一百六十条 地役权人应当按照合同约定的利用目的和方法利用供役地，尽量减少对供役地权利人物权的限制。

第一百六十一条 地役权的期限由当事人约定，但不得超过土地承包经营权、建设用地使用权等用益物权的剩余期限。

第一百六十二条 土地所有权人享有地役权或者负担地役权的，设立土地承包经营权、宅基地使用权时，该土地承包经营权人、宅基地使用权人继续享有或者负担已设立的地役权。

第一百六十三条 土地上已设立土地承包经营权、建设用地使用权、宅基地使用权等权利的，未经用益物权人同意，土地所有权人不得设立地役权。

第一百六十四条 地役权不得单独转让。土地承包经营权、建设用地使用权等转让的，地役权一并转让，但合同另有约定的除外。

第一百六十五条 地役权不得单独抵押。土地承包经营权、建设用地使用权等抵押的，在实现抵押权时，地役权一并转让。

第一百六十六条 需役地以及需役地上的土地承包经营权、建设用地使用权部分转让时，转让部分涉及地役权的，受让人同时享有地役权。

第一百六十七条 供役地以及供役地上的土地承包经营权、建设用地使用权部分转让时，转让部分涉及地役权的，地役权对受让人具有约束力。

第一百六十八条 地役权人有下列情形之一的，供役地权利人有权解除地役权合同，地役权消灭：

（一）违反法律规定或者合同约定，滥用地役权；

（二）有偿利用供役地，约定的付款期间届满后在合理期限内经两次催告未支付费用。

第一百六十九条 已经登记的地役权变更、转让或者消灭的，应当及时办理变更登记或者注销登记。

第四编 担保物权

第十五章 一般规定

第一百七十条 担保物权人在债务人不履行到期债务或者发生当事人约定的实现担保物权的情形，依法享有就担保财产优先受偿的权利，但法律另有规定的除外。

第一百七十一条 债权人在借贷、买卖等民事活动中，为保障实现其债权，需要担保的，可以依照本法和其他法律的规定设立担保物权。

第三人为债务人向债权人提供担保的,可以要求债务人提供反担保。反担保适用本法和其他法律的规定。

第一百七十二条　设立担保物权,应当依照本法和其他法律的规定订立担保合同。担保合同是主债权债务合同的从合同。主债权债务合同无效,担保合同无效,但法律另有规定的除外。

担保合同被确认无效后,债务人、担保人、债权人有过错的,应当根据其过错各自承担相应的民事责任。

第一百七十三条　担保物权的担保范围包括主债权及其利息、违约金、损害赔偿金、保管担保财产和实现担保物权的费用。当事人另有约定的,按照约定。

第一百七十四条　担保期间,担保财产毁损、灭失或者被征收等,担保物权人可以就获得的保险金、赔偿金或者补偿金等优先受偿。被担保债权的履行期未届满的,也可以提存该保险金、赔偿金或者补偿金等。

第一百七十五条　第三人提供担保,未经其书面同意,债权人允许债务人转移全部或者部分债务的,担保人不再承担相应的担保责任。

第一百七十六条　被担保的债权既有物的担保又有人的担保的,债务人不履行到期债务或者发生当事人约定的实现担保物权的情形,债权人应当按照约定实现债权;没有约定或者约定不明确,债务人自己提供物的担保的,债权人应当先就该物的担保实现债权;第三人提供物的担保的,债权人可以就物的担保实现债权,也可以要求保证人承担保证责任。提供担保的第三人承担担保责任后,有权向债务人追偿。

第一百七十七条　有下列情形之一的,担保物权消灭:

(一)主债权消灭;

(二)担保物权实现;

(三)债权人放弃担保物权;

(四)法律规定担保物权消灭的其他情形。

第一百七十八条　担保法与本法的规定不一致的,适用本法。

第十六章　抵　押　权

第一节　一般抵押权

第一百七十九条　为担保债务的履行,债务人或者第三人不转移财产的占有,将该财产抵押给债权人的,债务人不履行到期债务或者发生当事人约定的实现抵押权的情形,债权人有权就该财产优先受偿。

前款规定的债务人或者第三人为抵押人,债权人为抵押权人,提供担保的财产为抵押财产。

第一百八十条　债务人或者第三人有权处分的下列财产可以抵押:

(一)建筑物和其他土地附着物;

(二)建设用地使用权;

(三)以招标、拍卖、公开协商等方式取得的荒地等土地承包经营权;

(四)生产设备、原材料、半成品、产品;

(五)正在建造的建筑物、船舶、航空器;

(六)交通运输工具;

(七)法律、行政法规未禁止抵押的其他财产。

抵押人可以将前款所列财产一并抵押。

第一百八十一条　经当事人书面协议,企业、个体工商户、农业生产经营者可以将现有的以及将有的生产设备、原材料、半成品、产品抵押,债务人不履行到期债务或者发生当事人约定的实现抵押权的情形，债权人有权就实现抵押权时的动产优先受偿。

第一百八十二条　以建筑物抵押的，该建筑物占用范围内的建设用地使用权一并抵押。以建设用地使用权抵押的，该土地上的建筑物一并抵押。

抵押人未依照前款规定一并抵押的，未抵押的财产视为一并抵押。

第一百八十三条　乡镇、村企业的建设用地使用权不得单独抵押。以乡镇、村企业的厂房等建筑物抵押的，其占用范围内的建设用地使用权一并抵押。

第一百八十四条　下列财产不得抵押：

（一）土地所有权；

（二）耕地、宅基地、自留地、自留山等集体所有的土地使用权，但法律规定可以抵押的除外；

（三）学校、幼儿园、医院等以公益为目的的事业单位、社会团体的教育设施、医疗卫生设施和其他社会公益设施；

（四）所有权、使用权不明或者有争议的财产；

（五）依法被查封、扣押、监管的财产；

（六）法律、行政法规规定不得抵押的其他财产。

第一百八十五条　设立抵押权，当事人应当采取书面形式订立抵押合同。

抵押合同一般包括下列条款：

（一）被担保债权的种类和数额；

（二）债务人履行债务的期限；

（三）抵押财产的名称、数量、质量、状况、所在地、所有权归属或者使用权归属；

（四）担保的范围。

第一百八十六条　抵押权人在债务履行期届满前，不得与抵押人约定债务人不履行到期债务时抵押财产归债权人所有。

第一百八十七条　以本法第一百八十条第一款第一项至第三项规定的财产或者第五项规定的正在建造的建筑物抵押的，应当办理抵押登记。抵押权自登记时设立。

第一百八十八条　以本法第一百八十条第一款第四项、第六项规定的财产或者第五项规定的正在建造的船舶、航空器抵押的，抵押权自抵押合同生效时设立；未经登记，不得对抗善意第三人。

第一百八十九条　企业、个体工商户、农业生产经营者以本法第一百八十一条规定的动产抵押的，应当向抵押人住所地的工商行政管理部门办理登记。抵押权自抵押合同生效时设立；未经登记，不得对抗善意第三人。

依照本法第一百八十一条规定抵押的，不得对抗正常经营活动中已支付合理价款并取得抵押财产的买受人。

第一百九十条　订立抵押合同前抵押财产已出租的，原租赁关系不受该抵押权的影响。抵押权设立后抵押财产出租的，该租赁关系不得对抗已登记的抵押权。

第一百九十一条　抵押期间，抵押人经抵押权人同意转让抵押财产的，应当将转让所得的价款向抵押权人提前清偿债务或者提存。转让的价款超过债权数额的部分归抵押人所有，不足部分由债务人清偿。

抵押期间，抵押人未经抵押权人同意，不得转让抵押财产，但受让人代为清偿债务消灭抵押权的除外。

第一百九十二条　抵押权不得与债权分离而单独转让或者作为其他债权的担保。债权转让的，担保该债权的抵押权一并转让，但法律另有规定或者当事人另有约定的除外。

第一百九十三条　抵押人的行为足以使抵押财产价值减少的，抵押权人有权要求抵押人停止其行为。抵押财产价值减少的，抵押权人有权要求恢复抵押财产的价值，或者提供与减少的价值相应的担保。抵押人不恢复抵押财产的价值也不提供担保的，抵押权人有权要求债务人提前清偿债务。

第一百九十四条　抵押权人可以放弃抵押权或者抵押权的顺位。抵押权人与抵押人可以协议变更抵押权顺位以及被担保的债权数额等内容，但抵押权的变更，未经其他抵押权人书面同意，不得对其他抵押权人产生不利影响。

债务人以自己的财产设定抵押,抵押权人放弃该抵押权、抵押权顺位或者变更抵押权的,其他担保人在抵押权人丧失优先受偿权益的范围内免除担保责任,但其他担保人承诺仍然提供担保的除外。

第一百九十五条　债务人不履行到期债务或者发生当事人约定的实现抵押权的情形,抵押权人可以与抵押人协议以抵押财产折价或者以拍卖、变卖该抵押财产所得的价款优先受偿。协议损害其他债权人利益的,其他债权人可以在知道或者应当知道撤销事由之日起一年内请求人民法院撤销该协议。

抵押权人与抵押人未就抵押权实现方式达成协议的,抵押权人可以请求人民法院拍卖、变卖抵押财产。

抵押财产折价或者变卖的,应当参照市场价格。

第一百九十六条　依照本法第一百八十一条规定设定抵押的,抵押财产自下列情形之一发生时确定:

(一)债务履行期届满,债权未实现;

(二)抵押人被宣告破产或者被撤销;

(三)当事人约定的实现抵押权的情形;

(四)严重影响债权实现的其他情形。

第一百九十七条　债务人不履行到期债务或者发生当事人约定的实现抵押权的情形,致使抵押财产被人民法院依法扣押的,自扣押之日起抵押权人有权收取该抵押财产的天然孳息或者法定孳息,但抵押权人未通知应当清偿法定孳息的义务人的除外。

前款规定的孳息应当先充抵收取孳息的费用。

第一百九十八条　抵押财产折价或者拍卖、变卖后,其价款超过债权数额的部分归抵押人所有,不足部分由债务人清偿。

第一百九十九条　同一财产向两个以上债权人抵押的,拍卖、变卖抵押财产所得的价款依照下列规定清偿:

(一)抵押权已登记的,按照登记的先后顺序清偿;顺序相同的,按照债权比例清偿;

(二)抵押权已登记的先于未登记的受偿;

(三)抵押权未登记的,按照债权比例清偿。

第二百条　建设用地使用权抵押后,该土地上新增的建筑物不属于抵押财产。该建设用地使用权实现抵押权时,应当将该土地上新增的建筑物与建设用地使用权一并处分,但新增建筑物所得的价款,抵押权人无权优先受偿。

第二百零一条　依照本法第一百八十条第一款第三项规定的土地承包经营权抵押的,或者依照本法第一百八十三条规定以乡镇、村企业的厂房等建筑物占用范围内的建设用地使用权一并抵押的,实现抵押权后,未经法定程序,不得改变土地所有权的性质和土地用途。

第二百零二条　抵押权人应当在主债权诉讼时效期间行使抵押权;未行使的,人民法院不予保护。

第二节　最高额抵押权(略)

第十七章　质　　权(略)

第十八章　留　置　权(略)

第五编　占　有

第十九章　占　　有

第二百四十一条　基于合同关系等产生的占有,有关不动产或者动产的使用、收益、违约责任等,按照合同约定；合同没有约定或者约定不明确的，依照有关法律规定。

第二百四十二条　占有人因使用占有的不动产或者动产，致使该不动产或者动产受到损害的，恶意占有人应当承担赔偿责任。

第二百四十三条　不动产或者动产被占有人占有的，权利人可以请求返还原物及其孳息，但应当支付善意占有人因维护该不动产或者动产支出的必要费用。

第二百四十四条　占有的不动产或者动产毁损、灭失，该不动产或者动产的权利人请求赔偿的，占有人应当将因毁损、灭失取得的保险金、赔偿金或者补偿金等返还给权利人；权利人的损害未得到足够弥补的，恶意占有人还应当赔偿损失。

第二百四十五条　占有的不动产或者动产被侵占的，占有人有权请求返还原物；对妨害占有的行为，占有人有权请求排除妨害或者消除危险；因侵占或者妨害造成损害的，占有人有权请求损害赔偿。

占有人返还原物的请求权，自侵占发生之日起一年内未行使的，该请求权消灭。

附　　则

第二百四十六条　法律、行政法规对不动产统一登记的范围、登记机构和登记办法作出规定前，地方性法规可以依照本法有关规定作出规定。

第二百四十七条　本法自 2007 年 10 月 1 日起施行。

中华人民共和国合同法(节选)

(1999年3月15日第九届全国人民代表大会第二次会议通过,自1999年10月1日起施行)

总 则

第一章 一般规定

第一条 为了保护合同当事人的合法权益,维护社会经济秩序,促进社会主义现代化建设,制定本法。

第二条 本法所称合同是平等主体的自然人、法人、其他组织之间设立、变更、终止民事权利义务关系的协议。

婚姻、收养、监护等有关身份关系的协议,适用其他法律的规定。

第三条 合同当事人的法律地位平等,一方不得将自己的意志强加给另一方。

第四条 当事人依法享有自愿订立合同的权利,任何单位和个人不得非法干预。

第五条 当事人应当遵循公平原则确定各方的权利和义务。

第六条 当事人行使权利、履行义务应当遵循诚实信用原则。

第七条 当事人订立、履行合同,应当遵守法律、行政法规,尊重社会公德,不得扰乱社会经济秩序,损害社会公共利益。

第八条 依法成立的合同,对当事人具有法律约束力。当事人应当按照约定履行自己的义务,不得擅自变更或者解除合同。

依法成立的合同,受法律保护。

第二章 合同的订立

第九条 当事人订立合同,应当具有相应的民事权利能力和民事行为能力。

当事人依法可以委托代理人订立合同。

第十条 当事人订立合同,有书面形式、口头形式和其他形式。

法律、行政法规规定采用书面形式的,应当采用书面形式。当事人约定采用书面形式的,应当采用书面形式。

第十一条 书面形式是指合同书、信件和数据电文(包括电报、电传、传真、电子数据交换和电子邮件)等可以有形地表现所载内容的形式。

第十二条 合同的内容由当事人约定,一般包括以下条款:

(一)当事人的名称或者姓名和住所;

(二)标的;

(三)数量;

(四)质量;

(五)价款或者报酬;

(六)履行期限、地点和方式;

(七)违约责任;

(八)解决争议的方法。

当事人可以参照各类合同的示范文本订立合同。

第十三条 当事人订立合同,采取要约、承诺方式。

第十四条 要约是希望和他人订立合同的意思表示,该意思表示应当符合下列规定:

（一）内容具体确定；
（二）表明经受要约人承诺，要约人即受该意思表示约束。

第十五条　要约邀请是希望他人向自己发出要约的意思表示。寄送的价目表、拍卖公告、招标公告、招股说明书、商业广告等为要约邀请。

商业广告的内容符合要约规定的，视为要约。

第十六条　要约到达受要约人时生效。

采用数据电文形式订立合同，收件人指定特定系统接收数据电文的，该数据电文进入该特定系统的时间，视为到达时间；未指定特定系统的，该数据电文进入收件人的任何系统的首次时间，视为到达时间。

第十七条　要约可以撤回。撤回要约的通知应当在要约到达受要约人之前或者与要约同时到达受要约人。

第十八条　要约可以撤销。撤销要约的通知应当在受要约人发出承诺通知之前到达受要约人。

第十九条　有下列情形之一的，要约不得撤销：
（一）要约人确定了承诺期限或者以其他形式明示要约不可撤销；
（二）受要约人有理由认为要约是不可撤销的，并已经为履行合同作了准备工作。

第二十条　有下列情形之一的，要约失效：
（一）拒绝要约的通知到达要约人；
（二）要约人依法撤销要约；
（三）承诺期限届满，受要约人未作出承诺；
（四）受要约人对要约的内容作出实质性变更。

第二十一条　承诺是受要约人同意要约的意思表示。

第二十二条　承诺应当以通知的方式作出，但根据交易习惯或者要约表明可以通过行为作出承诺的除外。

第二十三条　承诺应当在要约确定的期限内到达要约人。

要约没有确定承诺期限的，承诺应当依照下列规定到达：
（一）要约以对话方式作出的，应当即时做出承诺，但当事人另有约定的除外；
（二）要约以非对话方式作出的，承诺应当在合理期限内到达。

第二十四条　要约以信件或者电报作出的，承诺期限自信件载明的日期或者电报交发之日开始计算。信件未载明日期的，自投寄该信件的邮戳日期开始计算。要约以电话、传真等快速通信方式作出的，承诺期限自要约到达受要约人时开始计算。

第二十五条　承诺生效时合同成立。

第二十六条　承诺通知到达要约人时生效。承诺不需要通知的，根据交易习惯或者要约的要求作出承诺的行为时生效。

采用数据电文形式订立合同的，承诺到达的时间适用本法第十六条第二款的规定。

第二十七条　承诺可以撤回。撤回承诺的通知应当在承诺通知到达要约人之前或者与承诺通知同时到达要约人。

第二十八条　受要约人超过承诺期限发出承诺的，除要约人及时通知受要约人该承诺有效的以外，为新要约。

第二十九条　受要约人在承诺期限内发出承诺，按照通常情形能够及时到达要约人，但因其他原因承诺到达要约人时超过承诺期限的，除要约人及时通知受要约人因承诺超过期限不接受该承诺的以外，该承诺有效。

第三十条　承诺的内容应当与要约的内容一致。受要约人对要约的内容作出实质性变更的，为新要约。有关合同标的、数量、质量、价款或者报酬、履行期限、履行地点和方式、违约责任和解决争议方法等的变更，是对要约内容的实质性变更。

第三十一条　承诺对要约的内容作出非实质性变更的，除要约人及时表示反对或者要约表明承诺不得对要约的内容作出任何变更的以外，该承诺有效，合同的内容以承诺的内容为准。

第三十二条　当事人采用合同书形式订立合同的，自双方当事人签字或者盖章时合同成立。

第三十三条　当事人采用信件、数据电文等形式订立合同的，可以在合同成立之前要求签订确认书。签订确认书时合同成立。

第三十四条　承诺生效的地点为合同成立的地点。

采用数据电文形式订立合同的，收件人的主营业地为合同成立的地点；没有主营业地的，其经常居住地为合同成立的地点。当事人另有约定的，按照其约定。

第三十五条　当事人采用合同书形式订立合同的，双方当事人签字或者盖章的地点为合同成立的地点。

第三十六条　法律、行政法规规定或者当事人约定采用书面形式订立合同，当事人未采用书面形式但一方已经履行主要义务，对方接受的，该合同成立。

第三十七条　采用合同书形式订立合同，在签字或者盖章之前，当事人一方已经履行主要义务，对方接受的，该合同成立。

第三十八条　国家根据需要下达指令性任务或者国家订货任务的，有关法人、其他组织之间应当依照有关法律、行政法规规定的权利和义务订立合同。

第三十九条　采用格式条款订立合同的，提供格式条款的一方应当遵循公平原则确定当事人之间的权利和义务，并采取合理的方式提请对方注意免除或者限制其责任的条款，按照对方的要求，对该条款予以说明。

格式条款是当事人为了重复使用而预先拟定，并在订立合同时未与对方协商的条款。

第四十条　格式条款具有本法第五十二条和第五十三条规定情形的，或者提供格式条款一方免除其责任、加重对方责任、排除对方主要权利的，该条款无效。

第四十一条　对格式条款的理解发生争议的，应当按照通常理解予以解释。对格式条款有两种以上解释的，应当作出不利于提供格式条款一方的解释。格式条款和非格式条款不一致的，应当采用非格式条款。

第四十二条　当事人在订立合同过程中有下列情形之一，给对方造成损失的，应当承担损害赔偿责任：

（一）假借订立合同，恶意进行磋商；

（二）故意隐瞒与订立合同有关的重要事实或者提供虚假情况；

（三）有其他违背诚实信用原则的行为。

第四十三条　当事人在订立合同过程中知悉的商业秘密，无论合同是否成立，不得泄露或者不正当地使用。泄露或者不正当地使用该商业秘密给对方造成损失的，应当承担损害赔偿责任。

第三章　合同的效力

第四十四条　依法成立的合同，自成立时生效。

法律、行政法规规定应当办理批准、登记等手续生效的，依照其规定。

第四十五条　当事人对合同的效力可以约定附条件。附生效条件的合同，自条件成就时生效。附解除条件的合同，自条件成就时失效。

当事人为自己的利益不正当地阻止条件成就的，视为条件已成就；不正当地促成条件成就的，视为条件不成就。

第四十六条　当事人对合同的效力可以约定附期限。附生效期限的合同，自期限届至时生效。附终止期限的合同，自期限届满时失效。

第四十七条　限制民事行为能力人订立的合同，经法定代理人追认后，该合同有效，但纯获利益的合同或者与其年龄、智力、精神健康状况相适应而订立的合同，不必经法定代理人追认。

相对人可以催告法定代理人在一个月内予以追认。法定代理人未作表示的，视为拒绝追认。合同被追认之前，善意相对人有撤销的权利。撤销应当以通知的方式作出。

第四十八条　行为人没有代理权、超越代理权或者代理权终止后以被代理人名义订立的合同，未经被代理人追认，对被代理人不发生效力，由行为人承担责任。

相对人可以催告被代理人在一个月内予以追认。被代理人未作表示的，视为拒绝追认。合同被追认之前，善意相对人有撤销的权利。撤销应当以通知的方式作出。

第四十九条　行为人没有代理权、超越代理权或者代理权终止后以被代理人名义订立合同，相对人有理由相信行为人有代理权的，该代理行为有效。

第五十条　法人或者其他组织的法定代表人、负责人超越权限订立的合同，除相对人知道或者应当知道其超越权限的以外，该代表行为有效。

第五十一条　无处分权的人处分他人财产，经权利人追认或者无处分权的人订立合同后取得处分权的，该合同有效。

第五十二条　有下列情形之一的，合同无效：
（一）一方以欺诈、胁迫的手段订立合同，损害国家利益；
（二）恶意串通，损害国家、集体或者第三人利益；
（三）以合法形式掩盖非法目的；
（四）损害社会公共利益；
（五）违反法律、行政法规的强制性规定。

第五十三条　合同中的下列免责条款无效：
（一）造成对方人身伤害的；
（二）因故意或者重大过失造成对方财产损失的。

第五十四条　下列合同，当事人一方有权请求人民法院或者仲裁机构变更或者撤销：
（一）因重大误解订立的；
（二）在订立合同时显失公平的。

一方以欺诈、胁迫的手段或者乘人之危，使对方在违背真实意思的情况下订立的合同，受损害方有权请求人民法院或者仲裁机构变更或者撤销。

当事人请求变更的，人民法院或者仲裁机构不得撤销。

第五十五条　有下列情形之一的，撤销权消灭：
（一）具有撤销权的当事人自知道或者应当知道撤销事由之日起一年内没有行使撤销权；
（二）具有撤销权的当事人知道撤销事由后明确表示或者以自己的行为放弃撤销权。

第五十六条　无效的合同或者被撤销的合同自始没有法律约束力。合同部分无效，不影响其他部分效力的，其他部分仍然有效。

第五十七条　合同无效、被撤销或者终止的，不影响合同中独立存在的有关解决争议方法的条款的效力。

第五十八条　合同无效或者被撤销后，因该合同取得的财产，应当予以返还；不能返还或者没有必要返还的，应当折价补偿。有过错的一方应当赔偿对方因此所受到的损失，双方都有过错的，应当各自承担相应的责任。

第五十九条　当事人恶意串通，损害国家、集体或者第三人利益的，因此取得的财产收归国家所有或者返还集体、第三人。

第四章　合同的履行

第六十条　当事人应当按照约定全面履行自己的义务。

当事人应当遵循诚实信用原则，根据合同的性质、目的和交易习惯履行通知、协助、保密等义务。

第六十一条　合同生效后，当事人就质量、价款或者报酬、履行地点等内容没有约定或者约定不明确的，可以协议补充；不能达成补充协议的，按照合同有关条款或者交易习惯确定。

第六十二条　当事人就有关合同内容约定不明确，依照本法第六十一条的规定仍不能确定的，适用下列规定：

（一）质量要求不明确的，按照国家标准、行业标准履行；没有国家标准、行业标准的，按照通常标准或者符合合同目的的特定标准履行。

（二）价款或者报酬不明确的，按照订立合同时履行地的市场价格履行；依法应当执行政府定价或者政府指导价的，按照规定履行。

（三）履行地点不明确，给付货币的，在接受货币一方所在地履行；交付不动产的，在不动产所在地履行；其他标的，在履行义务一方所在地履行。

（四）履行期限不明确的，债务人可以随时履行，债权人也可以随时要求履行，但应当给对方必要的准备时间。

（五）履行方式不明确的，按照有利于实现合同目的的方式履行。

（六）履行费用的负担不明确的，由履行义务一方负担。

第六十三条　执行政府定价或者政府指导价的，在合同约定的交付期限内政府价格调整时，按照交付时的价格计价。逾期交付标的物的，遇价格上涨时，按照原价格执行；价格下降时，按照新价格执行。逾期提取标的物或者逾期付款的，遇价格上涨时，按照新价格执行；价格下降时，按照原价格执行。

第六十四条　当事人约定由债务人向第三人履行债务的，债务人未向第三人履行债务或者履行债务不符合约定，应当向债权人承担违约责任。

第六十五条　当事人约定由第三人向债权人履行债务的，第三人不履行债务或者履行债务不符合约定，债务人应当向债权人承担违约责任。

第六十六条　当事人互负债务，没有先后履行顺序的，应当同时履行。一方在对方履行之前有权拒绝其履行要求。一方在对方履行债务不符合约定时，有权拒绝其相应的履行要求。

第六十七条　当事人互负债务，有先后履行顺序，先履行一方未履行的，后履行一方有权拒绝其履行要求。先履行一方履行债务不符合约定的，后履行一方有权拒绝其相应的履行要求。

第六十八条　应当先履行债务的当事人，有确切证据证明对方有下列情形之一的，可以中止履行：

（一）经营状况严重恶化；

（二）转移财产、抽逃资金，以逃避债务；

（三）丧失商业信誉；

（四）有丧失或者可能丧失履行债务能力的其他情形。当事人没有确切证据中止履行的，应当承担违约责任。

第六十九条　当事人依照本法第六十八条的规定中止履行的，应当及时通知对方。对方提供适当担保时，应当恢复履行。中止履行后，对方在合理期限内未恢复履行能力并且未提供适当担保的，中止履行的一方可以解除合同。

第七十条　债权人分立、合并或者变更住所没有通知债务人，致使履行债务发生困难的，债务人可以中止履行或者将标的物提存。

第七十一条　债权人可以拒绝债务人提前履行债务，但提前履行不损害债权人利益的除外。

债务人提前履行债务给债权人增加的费用，由债务人负担。

第七十二条　债权人可以拒绝债务人部分履行债务，但部分履行不损害债权人利益的除外。

债务人部分履行债务给债权人增加的费用，由债务人负担。

第七十三条　因债务人怠于行使其到期债权，对债权人造成损害的，债权人可以向人民法院请求以自己的名义代位行使债务人的债权，但该债权专属于债务人自身的除外。

代位权的行使范围以债权人的债权为限。债权人行使代位权的必要费用，由债务人负担。

第七十四条　因债务人放弃其到期债权或者无偿转让财产，对债权人造成损害的，债权人可以请求人民法院撤销债务人的行为。债务人以明显不合理的低价转让财产，对债权人造成损害，并且受让人知道该情形的，债权人也可以请求人民法院撤销债务人的行为。

撤销权的行使范围以债权人的债权为限。债权人行使撤销权的必要费用，由债务人负担。

第七十五条　撤销权自债权人知道或者应当知道撤销事由之日起一年内行使。自债务人的行为发生之日起五年内没有行使撤销权的，该撤销权消灭。

第七十六条　合同生效后，当事人不得因姓名、名称的变更或者法定代表人、负责人、承办人的变动而不履行合同义务。

第五章　合同的变更和转让

第七十七条　当事人协商一致，可以变更合同。

法律、行政法规规定变更合同应当办理批准、登记等手续的，依照其规定。

第七十八条　当事人对合同变更的内容约定不明确的，推定为未变更。

第七十九条　债权人可以将合同的权利全部或者部分转让给第三人，但有下列情形之一的除外：

（一）根据合同性质不得转让；

（二）按照当事人约定不得转让；

（三）依照法律规定不得转让。

第八十条　债权人转让权利的，应当通知债务人。未经通知，该转让对债务人不发生效力。

债权人转让权利的通知不得撤销，但经受让人同意的除外。

第八十一条　债权人转让权利的，受让人取得与债权有关的从权利，但该从权利专属于债权人自身的除外。

第八十二条　债务人接到债权转让通知后，债务人对让与人的抗辩，可以向受让人主张。

第八十三条　债务人接到债权转让通知时，债务人对让与人享有债权，并且债务人的债权先于转让的债权到期或者同时到期的，债务人可以向受让人主张抵销。

第八十四条　债务人将合同的义务全部或者部分转移给第三人的，应当经债权人同意。

第八十五条　债务人转移义务的，新债务人可以主张原债务人对债权人的抗辩。

第八十六条　债务人转移义务的，新债务人应当承担与主债务有关的从债务，但该从债务专属于原债务人自身的除外。

第八十七条　法律、行政法规规定转让权利或者转移义务应当办理批准、登记等手续的，依照其规定。

第八十八条　当事人一方经对方同意，可以将自己在合同中的权利和义务一并转让给第三人。

第八十九条　权利和义务一并转让的，适用本法第七十九条、第八十一条至第八十三条、第八十五条至第八十七条的规定。

第九十条　当事人订立合同后合并的，由合并后的法人或者其他组织行使合同权利，履行合同义务。当事人订立合同后分立的，除债权人和债务人另有约定的以外，由分立的法人或者其他组织对合同的权利和义务享有连带债权，承担连带债务。

第六章　合同的权利义务终止

第九十一条　有下列情形之一的，合同的权利义务终止：

（一）债务已经按照约定履行；

（二）合同解除；

（三）债务相互抵销；

（四）债务人依法将标的物提存；
（五）债权人免除债务；
（六）债权债务同归于一人；
（七）法律规定或者当事人约定终止的其他情形。

第九十二条　合同的权利义务终止后，当事人应当遵循诚实信用原则，根据交易习惯履行通知、协助、保密等义务。

第九十三条　当事人协商一致，可以解除合同。
当事人可以约定一方解除合同的条件。解除合同的条件成立时，解除权人可以解除合同。

第九十四条　有下列情形之一的，当事人可以解除合同：
（一）因不可抗力致使不能实现合同目的；
（二）在履行期限届满之前，当事人一方明确表示或者以自己的行为表明不履行主要债务；
（三）当事人一方迟延履行主要债务，经催告后在合理期限内仍未履行；
（四）当事人一方迟延履行债务或者有其他违约行为致使不能实现合同目的；
（五）法律规定的其他情形。

第九十五条　法律规定或者当事人约定解除权行使期限，期限届满当事人不行使的，该权利消灭。
法律没有规定或者当事人没有约定解除权行使期限，经对方催告后在合理期限内不行使的，该权利消灭。

第九十六条　当事人一方依照本法第九十三条第二款、第九十四条的规定主张解除合同的，应当通知对方。合同自通知到达对方时解除。对方有异议的，可以请求人民法院或者仲裁机构确认解除合同的效力。
法律、行政法规规定解除合同应当办理批准、登记等手续的，依照其规定。

第九十七条　合同解除后，尚未履行的，终止履行；已经履行的，根据履行情况和合同性质，当事人可以要求恢复原状、采取其他补救措施，并有权要求赔偿损失。

第九十八条　合同的权利义务终止，不影响合同中结算和清理条款的效力。

第九十九条　当事人互负到期债务，该债务的标的物种类、品质相同的，任何一方可以将自己的债务与对方的债务抵销，但依照法律规定或者按照合同性质不得抵销的除外。
当事人主张抵销的，应当通知对方。通知自到达对方时生效。抵销不得附条件或者附期限。

第一百条　当事人互负债务，标的物种类、品质不相同的，经双方协商一致，也可以抵销。

第一百零一条　有下列情形之一，难以履行债务的，债务人可以将标的物提存：
（一）债权人无正当理由拒绝受领；
（二）债权人下落不明；
（三）债权人死亡未确定继承人或者丧失民事行为能力未确定监护人；
（四）法律规定的其他情形。
标的物不适于提存或者提存费用过高的，债务人依法可以拍卖或者变卖标的物，提存所得的价款。

第一百零二条　标的物提存后，除债权人下落不明的以外，债务人应当及时通知债权人或者债权人的继承人、监护人。

第一百零三条　标的物提存后，毁损、灭失的风险由债权人承担。提存期间，标的物的孳息归债权人所有。提存费用由债权人负担。

第一百零四条　债权人可以随时领取提存物，但债权人对债务人负有到期债务的，在债权人未履行债务或者提供担保之前，提存部门根据债务人的要求应当拒绝其领取提存物。
债权人领取提存物的权利，自提存之日起五年内不行使而消灭，提存物扣除提存费用后归国家所有。

第一百零五条　债权人免除债务人部分或者全部债务的，合同的权利义务部分或者全部终止。

第一百零六条　债权和债务同归于一人的，合同的权利义务终止，但涉及第三人利益的除外。

第七章 违约责任

第一百零七条 当事人一方不履行合同义务或者履行合同义务不符合约定的，应当承担继续履行、采取补救措施或者赔偿损失等违约责任。

第一百零八条 当事人一方明确表示或者以自己的行为表明不履行合同义务的，对方可以在履行期限届满之前要求其承担违约责任。

第一百零九条 当事人一方未支付价款或者报酬的，对方可以要求其支付价款或者报酬。

第一百一十条 当事人一方不履行非金钱债务或者履行非金钱债务不符合约定的，对方可以要求履行，但有下列情形之一的除外：

（一）法律上或者事实上不能履行；

（二）债务的标的不适于强制履行或者履行费用过高；

（三）债权人在合理期限内未要求履行。

第一百一十一条 质量不符合约定的，应当按照当事人的约定承担违约责任。对违约责任没有约定或者约定不明确，依照本法第六十一条的规定仍不能确定的，受损害方根据标的的性质以及损失的大小，可以合理选择要求对方承担修理、更换、重作、退货、减少价款或者报酬等违约责任。

第一百一十二条 当事人一方不履行合同义务或者履行合同义务不符合约定的，在履行义务或者采取补救措施后，对方还有其他损失的，应当赔偿损失。

第一百一十三条 当事人一方不履行合同义务或者履行合同义务不符合约定，给对方造成损失的，损失赔偿额应当相当于因违约所造成的损失，包括合同履行后可以获得的利益，但不得超过违反合同一方订立合同时预见到或者应当预见到的因违反合同可能造成的损失。

经营者对消费者提供商品或者服务有欺诈行为的，依照《中华人民共和国消费者权益保护法》的规定承担损害赔偿责任。

第一百一十四条 当事人可以约定一方违约时应当根据违约情况向对方支付一定数额的违约金，也可以约定因违约产生的损失赔偿额的计算方法。

约定的违约金低于造成的损失的，当事人可以请求人民法院或者仲裁机构予以增加；约定的违约金过分高于造成的损失的，当事人可以请求人民法院或者仲裁机构予以适当减少。

当事人就迟延履行约定违约金的，违约方支付违约金后，还应当履行债务。

第一百一十五条 当事人可以依照《中华人民共和国担保法》约定一方向对方给付定金作为债权的担保。债务人履行债务后，定金应当抵作价款或者收回。给付定金的一方不履行约定的债务的，无权要求返还定金；收受定金的一方不履行约定的债务的，应当双倍返还定金。

第一百一十六条 当事人既约定违约金，又约定定金的，一方违约时，对方可以选择适用违约金或者定金条款。

第一百一十七条 因不可抗力不能履行合同的，根据不可抗力的影响，部分或者全部免除责任，但法律另有规定的除外。当事人迟延履行后发生不可抗力的，不能免除责任。

本法所称不可抗力，是指不能预见、不能避免并不能克服的客观情况。

第一百一十八条 当事人一方因不可抗力不能履行合同的，应当及时通知对方，以减轻可能给对方造成的损失，并应当在合理期限内提供证明。

第一百一十九条 当事人一方违约后，对方应当采取适当措施防止损失的扩大；没有采取适当措施致使损失扩大的，不得就扩大的损失要求赔偿。

当事人因防止损失扩大而支出的合理费用，由违约方承担。

第一百二十条 当事人双方都违反合同的，应当各自承担相应的责任。

第一百二十一条 当事人一方因第三人的原因造成违约的，应当向对方承担违约责任。当事人一方和第三人之间的纠纷，依照法律规定或者按照约定解决。

第一百二十二条　因当事人一方的违约行为，侵害对方人身、财产权益的，受损害方有权选择依照本法要求其承担违约责任或者依照其他法律要求其承担侵权责任。

第八章　其他规定（略）

分　　则

第九章　买卖合同

第一百三十条　买卖合同是出卖人转移标的物的所有权于买受人，买受人支付价款的合同。

第一百三十一条　买卖合同的内容除依照本法第十二条的规定以外，还可以包括包装方式、检验标准和方法、结算方式、合同使用的文字及其效力等条款。

第一百三十二条　出卖的标的物，应当属于出卖人所有或者出卖人有权处分。法律、行政法规禁止或者限制转让的标的物，依照其规定。

第一百三十三条　标的物的所有权自标的物交付时起转移，但法律另有规定或者当事人另有约定的除外。

第一百三十四条　当事人可以在买卖合同中约定买受人未履行支付价款或者其他义务的，标的物的所有权属于出卖人。

第一百三十五条　出卖人应当履行向买受人交付标的物或者交付提取标的物的单证，并转移标的物所有权的义务。

第一百三十六条　出卖人应当按照约定或者交易习惯向买受人交付提取标的物单证以外的有关单证和资料。

第一百三十七条　出卖具有知识产权的计算机软件等标的物的，除法律另有规定或者当事人另有约定的以外，该标的物的知识产权不属于买受人。

第一百三十八条　出卖人应当按照约定的期限交付标的物。约定交付期间的，出卖人可以在该交付期间内的任何时间交付。

第一百三十九条　当事人没有约定标的物的交付期限或者约定不明确的，适用本法第六十一条、第六十二条第四项的规定。

第一百四十条　标的物在订立合同之前已为买受人占有的，合同生效的时间为交付时间。

第一百四十一条　出卖人应当按照约定的地点交付标的物。

当事人没有约定交付地点或者约定不明确，依照本法第六十一条的规定仍不能确定的，适用下列规定：

（一）标的物需要运输的，出卖人应当将标的物交付给第一承运人以运交给买受人；

（二）标的物不需要运输，出卖人和买受人订立合同时知道标的物在某一地点的，出卖人应当在该地点交付标的物；不知道标的物在某一地点的，应当在出卖人订立合同时的营业地交付标的物。

第一百四十二条　标的物毁损、灭失的风险，在标的物交付之前由出卖人承担，交付之后由买受人承担，但法律另有规定或者当事人另有约定的除外。

第一百四十三条　因买受人的原因致使标的物不能按照约定的期限交付的，买受人应当自违反约定之日起承担标的物毁损、灭失的风险。

第一百四十四条　出卖人出卖交由承运人运输的在途标的物，除当事人另有约定的以外，毁损、灭失的风险自合同成立时起由买受人承担。

第一百四十五条　当事人没有约定交付地点或者约定不明确，依照本法第一百四十一条第二款第一项的规定标的物需要运输的，出卖人将标的物交付给第一承运人后，标的物毁损、灭失的风险由买受人承担。

第一百四十六条　出卖人按照约定或者依照本法第一百四十一条第二款第二项的规定将标的物置于

交付地点，买受人违反约定没有收取的，标的物毁损、灭失的风险自违反约定之日起由买受人承担。

第一百四十七条　出卖人按照约定未交付有关标的物的单证和资料的，不影响标的物毁损、灭失风险的转移。

第一百四十八条　因标的物质量不符合质量要求，致使不能实现合同目的的，买受人可以拒绝接受标的物或者解除合同。买受人拒绝接受标的物或者解除合同的，标的物毁损、灭失的风险由出卖人承担。

第一百四十九条　标的物毁损、灭失的风险由买受人承担的，不影响因出卖人履行债务不符合约定，买受人要求其承担违约责任的权利。

第一百五十条　出卖人就交付的标的物，负有保证第三人不得向买受人主张任何权利的义务，但法律另有规定的除外。

第一百五十一条　买受人订立合同时知道或者应当知道第三人对买卖的标的物享有权利的，出卖人不承担本法第一百五十条规定的义务。

第一百五十二条　买受人有确切证据证明第三人可能就标的物主张权利的，可以中止支付相应的价款，但出卖人提供适当担保的除外。

第一百五十三条　出卖人应当按照约定的质量要求交付标的物。出卖人提供有关标的物质量说明的，交付的标的物应当符合该说明的质量要求。

第一百五十四条　当事人对标的物的质量要求没有约定或者约定不明确，依照本法第六十一条的规定仍不能确定的，适用本法第六十二条第一项的规定。

第一百五十五条　出卖人交付的标的物不符合质量要求的，买受人可以依照本法第一百一十一条的规定要求承担违约责任。

第一百五十六条　出卖人应当按照约定的包装方式交付标的物。对包装方式没有约定或者约定不明确，依照本法第六十一条的规定仍不能确定的，应当按照通用的方式包装，没有通用方式的，应当采取足以保护标的物的包装方式。

第一百五十七条　买受人收到标的物时应当在约定的检验期间内检验。没有约定检验期间的，应当及时检验。

第一百五十八条　当事人约定检验期间的，买受人应当在检验期间内将标的物的数量或者质量不符合约定的情形通知出卖人。买受人怠于通知的，视为标的物的数量或者质量符合约定。

当事人没有约定检验期间的，买受人应当在发现或者应当发现标的物的数量或者质量不符合约定的合理期间内通知出卖人。买受人在合理期间内未通知或者自标的物收到之日起两年内未通知出卖人的，视为标的物的数量或者质量符合约定，但对标的物有质量保证期的，适用质量保证期，不适用该两年的规定。

出卖人知道或者应当知道提供的标的物不符合约定的，买受人不受前两款规定的通知时间的限制。

第一百五十九条　买受人应当按照约定的数额支付价款。对价款没有约定或者约定不明确的，适用本法第六十一条、第六十二条第二项的规定。

第一百六十条　买受人应当按照约定的地点支付价款。对支付地点没有约定或者约定不明确，依照本法第六十一条的规定仍不能确定的，买受人应当在出卖人的营业地支付，但约定支付价款以交付标的物或者交付提取标的物单证为条件的，在交付标的物或者交付提取标的物单证的所在地支付。

第一百六十一条　买受人应当按照约定的时间支付价款。对支付时间没有约定或者约定不明确，依照本法第六十一条的规定仍不能确定的，买受人应当在收到标的物或者提取标的物单证的同时支付。

第一百六十二条　出卖人多交标的物的，买受人可以接收或者拒绝接收多交的部分。买受人接收多交部分的，按照合同的价格支付价款；买受人拒绝接收多交部分的，应当及时通知出卖人。

第一百六十三条　标的物在交付之前产生的孳息，归出卖人所有，交付之后产生的孳息，归买受人所有。

第一百六十四条　因标的物的主物不符合约定而解除合同的，解除合同的效力及于从物。因标的物的从物不符合约定被解除的，解除的效力不及于主物。

第一百六十五条　标的物为数物，其中一物不符合约定的，买受人可以就该物解除，但该物与他物分离使标的物的价值显受损害的，当事人可以就数物解除合同。

第一百六十六条　出卖人分批交付标的物的，出卖人对其中一批标的物不交付或者交付不符合约定，致使该批标的物不能实现合同目的的，买受人可以就该批标的物解除。

出卖人不交付其中一批标的物或者交付不符合约定，致使今后其他各批标的物的交付不能实现合同目的的，买受人可以就该批以及今后其他各批标的物解除。

买受人如果就其中一批标的物解除，该批标的物与其他各批标的物相互依存的，可以就已经交付和未交付的各批标的物解除。

第一百六十七条　分期付款的买受人未支付到期价款的金额达到全部价款的五分之一的，出卖人可以要求买受人支付全部价款或者解除合同。

出卖人解除合同的，可以向买受人要求支付该标的物的使用费。

第一百六十八条　凭样品买卖的当事人应当封存样品，并可以对样品质量予以说明。出卖人交付的标的物应当与样品及其说明的质量相同。

第一百六十九条　凭样品买卖的买受人不知道样品有隐蔽瑕疵的，即使交付的标的物与样品相同，出卖人交付的标的物的质量仍然应当符合同种物的通常标准。

第一百七十条　试用买卖的当事人可以约定标的物的试用期间。对试用期间没有约定或者约定不明确，依照本法第六十一条的规定仍不能确定的，由出卖人确定。

第一百七十一条　试用买卖的买受人在试用期内可以购买标的物，也可以拒绝购买。试用期间届满，买受人对是否购买标的物未作表示的，视为购买。

第一百七十二条　招标投标买卖的当事人的权利和义务以及招标投标程序等，依照有关法律、行政法规的规定。

第一百七十三条　拍卖的当事人的权利和义务以及拍卖程序等，依照有关法律、行政法规的规定。

第一百七十四条　法律对其他有偿合同有规定的，依照其规定；没有规定的，参照买卖合同的有关规定。

第一百七十五条　当事人约定易货交易，转移标的物的所有权的，参照买卖合同的有关规定。

第十章　供用电、水、气、热力合同（略）

第十一章　赠与合同（略）

第十二章　借款合同（略）

第十三章　租赁合同

第二百一十二条　租赁合同是出租人将租赁物交付承租人使用、收益，承租人支付租金的合同。

第二百一十三条　租赁合同的内容包括租赁物的名称、数量、用途、租赁期限、租金及其支付期限和方式、租赁物维修等条款。

第二百一十四条　租赁期限不得超过二十年。超过二十年的，超过部分无效。

租赁期间届满，当事人可以续订租赁合同，但约定的租赁期限自续订之日起不得超过二十年。

第二百一十五条　租赁期限六个月以上的，应当采用书面形式。当事人未采用书面形式的，视为不定期租赁。

第二百一十六条　出租人应当按照约定将租赁物交付承租人，并在租赁期间保持租赁物符合约定的用途。

第二百一十七条　承租人应当按照约定的方法使用租赁物。对租赁物的使用方法没有约定或者约定不明确，依照本法第六十一条的规定仍不能确定的，应当按照租赁物的性质使用。

第二百一十八条　承租人按照约定的方法或者租赁物的性质使用租赁物，致使租赁物受到损耗的，不承担损害赔偿责任。

第二百一十九条　承租人未按照约定的方法或者租赁物的性质使用租赁物，致使租赁物受到损失的，出租人可以解除合同并要求赔偿损失。

第二百二十条　出租人应当履行租赁物的维修义务，但当事人另有约定的除外。

第二百二十一条　承租人在租赁物需要维修时可以要求出租人在合理期限内维修。出租人未履行维修义务的，承租人可以自行维修，维修费用由出租人负担。因维修租赁物影响承租人使用的，应当相应减少租金或者延长租期。

第二百二十二条　承租人应当妥善保管租赁物，因保管不善造成租赁物毁损、灭失的，应当承担损害赔偿责任。

第二百二十三条　承租人经出租人同意，可以对租赁物进行改善或者增设他物。

承租人未经出租人同意，对租赁物进行改善或者增设他物的，出租人可以要求承租人恢复原状或者赔偿损失。

第二百二十四条　承租人经出租人同意，可以将租赁物转租给第三人。承租人转租的，承租人与出租人之间的租赁合同继续有效，第三人对租赁物造成损失的，承租人应当赔偿损失。

承租人未经出租人同意转租的，出租人可以解除合同。

第二百二十五条　在租赁期间因占有、使用租赁物获得的收益，归承租人所有，但当事人另有约定的除外。

第二百二十六条　承租人应当按照约定的期限支付租金。对支付期限没有约定或者约定不明确，依照本法第六十一条的规定仍不能确定，租赁期间不满一年的，应当在租赁期间届满时支付；租赁期间一年以上的，应当在每届满一年时支付，剩余期间不满一年的，应当在租赁期间届满时支付。

第二百二十七条　承租人无正当理由未支付或者迟延支付租金的，出租人可以要求承租人在合理期限内支付。承租人逾期不支付的，出租人可以解除合同。

第二百二十八条　因第三人主张权利，致使承租人不能对租赁物使用、收益的，承租人可以要求减少租金或者不支付租金。

第三人主张权利的，承租人应当及时通知出租人。

第二百二十九条　租赁物在租赁期间发生所有权变动的，不影响租赁合同的效力。

第二百三十条　出租人出卖租赁房屋的，应当在出卖之前的合理期限内通知承租人，承租人享有以同等条件优先购买的权利。

第二百三十一条　因不可归责于承租人的事由，致使租赁物部分或者全部毁损、灭失的，承租人可以要求减少租金或者不支付租金；因租赁物部分或者全部毁损、灭失，致使不能实现合同目的的，承租人可以解除合同。

第二百三十二条　当事人对租赁期限没有约定或者约定不明确，依照本法第六十一条的规定仍不能确定的，视为不定期租赁。当事人可以随时解除合同，但出租人解除合同应当在合理期限之前通知承租人。

第二百三十三条　租赁物危及承租人的安全或者健康的，即使承租人订立合同时明知该租赁物质量不合格，承租人仍然可以随时解除合同。

第二百三十四条　承租人在房屋租赁期间死亡的，与其生前共同居住的人可以按照原租赁合同租赁该房屋。

第二百三十五条　租赁期间届满，承租人应当返还租赁物。返还的租赁物应当符合按照约定或者租赁物的性质使用后的状态。

第二百三十六条　租赁期间届满，承租人继续使用租赁物，出租人没有提出异议的，原租赁合同继续有效，但租赁期限为不定期。

中华人民共和国土地管理法(节选)

中华人民共和国主席令〔2004〕第 28 号

(1986 年 6 月 25 日第六届全国人民代表大会常务委员会第十六次会议通过,根据 1988 年 12 月 29 日第七届全国人民代表大会常务委员会第五次会议《关于修改〈中华人民共和国土地管理法〉的决定》第一次修正,1998 年 8 月 29 日第九届全国人民代表大会常务委员会第四次会议修订,2004 年 8 月 28 日第十届全国人民代表大会常务委员会第十一次会议修订)

第一章 总 则

第一条 为了加强土地管理,维护土地的社会主义公有制,保护、开发土地资源,合理利用土地,切实保护耕地,促进社会经济的可持续发展,根据宪法,制定本法。

第二条 中华人民共和国实行土地的社会主义公有制,即全民所有制和劳动群众集体所有制。

全民所有,即国家所有土地的所有权由国务院代表国家行使。

任何单位和个人不得侵占、买卖或者以其他形式非法转让土地。土地使用权可以依法转让。

国家为公共利益的需要,可以依法对土地实行征收或者征用并给予补偿。

国家依法实行国有土地有偿使用制度。但是,国家在法律规定的范围内划拨国有土地使用权的除外。

第三条 十分珍惜、合理利用土地和切实保护耕地是我国的基本国策。各级人民政府应当采取措施,全面规划,严格管理,保护、开发土地资源,制止非法占用土地的行为。

第四条 国家实行土地用途管制制度。

国家编制土地利用总体规划,规定土地用途,将土地分为农用地、建设用地和未利用地。严格限制农用地转为建设用地,控制建设用地总量,对耕地实行特殊保护。

前款所称农用地是指直接用于农业生产的土地,包括耕地、林地、草地、农田水利用地、养殖水面等;建设用地是指建造建筑物、构筑物的土地,包括城乡住宅和公共设施用地、工矿用地、交通水利设施用地、旅游用地、军事设施用地等;未利用地是指农用地和建设用地以外的土地。

使用土地的单位和个人必须严格按照土地利用总体规划确定的用途使用土地。

第五条 国务院土地行政主管部门统一负责全国土地的管理和监督工作。

县级以上地方人民政府土地行政主管部门的设置及其职责,由省、自治区、直辖市人民政府根据国务院有关规定确定。

第六条 任何单位和个人都有遵守土地管理法律、法规的义务,并有权对违反土地管理法律、法规的行为提出检举和控告。

第七条 在保护和开发土地资源、合理利用土地以及进行有关的科学研究等方面成绩显著的单位和个人,由人民政府给予奖励。

第二章 土地的所有权和使用权

第八条 城市市区的土地属于国家所有。

农村和城市郊区的土地,除由法律规定属于国家所有的以外,属于农民集体所有;宅基地和自留地、自留山,属于农民集体所有。

第九条 国有土地和农民集体所有的土地,可以依法确定给单位或者个人使用。使用土地的单位和个人,有保护、管理和合理利用土地的义务。

第十条 农民集体所有的土地依法属于村农民集体所有的,由村集体经济组织或者村民委员会经营、管理;已经分别属于村内两个以上农村集体经济组织的农民集体所有的,由村内各该农村集体经济组织或者村民小组经营、管理;已经属于乡(镇)农民集体所有的,由乡(镇)农村集体经济组织经营、管理。

第十一条　农民集体所有的土地，由县级人民政府登记造册，核发证书，确认所有权。

农民集体所有的土地依法用于非农业建设的，由县级人民政府登记造册，核发证书，确认建设用地使用权。

单位和个人依法使用的国有土地，由县级以上人民政府登记造册，核发证书，确认使用权；其中，中央国家机关使用的国有土地的具体登记发证机关，由国务院确定。

确认林地、草原的所有权或者使用权，确认水面、滩涂的养殖使用权，分别依照《中华人民共和国森林法》、《中华人民共和国草原法》和《中华人民共和国渔业法》的有关规定办理。

第十二条　依法改变土地权属和用途的，应当办理土地变更登记手续。

第十三条　依法登记的土地的所有权和使用权受法律保护，任何单位和个人不得侵犯。

第十四条　农民集体所有的土地由本集体经济组织的成员承包经营，从事种植业、林业、畜牧业、渔业生产。土地承包经营期限为三十年。发包方和承包方应当订立承包合同，约定双方的权利和义务。承包经营土地的农民有保护和按照承包合同约定的用途合理利用土地的义务。农民的土地承包经营权受法律保护。

在土地承包经营期限内，对个别承包经营者之间承包的土地进行适当调整的，必须经村民会议三分之二以上成员或者三分之二以上村民代表的同意，并报乡（镇）人民政府和县级人民政府农业行政主管部门批准。

第十五条　国有土地可以由单位或者个人承包经营，从事种植业、林业、畜牧业、渔业生产。农民集体所有的土地，可以由本集体经济组织以外的单位或者个人承包经营，从事种植业、林业、畜牧业、渔业生产。发包方和承包方应当订立承包合同，约定双方的权利和义务。土地承包经营的期限由承包合同约定。承包经营土地的单位和个人，有保护和按照承包合同约定的用途合理利用土地的义务。

农民集体所有的土地由本集体经济组织以外的单位或者个人承包经营的，必须经村民会议三分之二以上成员或者三分之二以上村民代表的同意，并报乡（镇）人民政府批准。

第十六条　土地所有权和使用权争议，由当事人协商解决；协商不成的，由人民政府处理。

单位之间的争议，由县级以上人民政府处理；个人之间、个人与单位之间的争议，由乡级人民政府或者县级以上人民政府处理。

当事人对有关人民政府的处理决定不服的，可以自接到处理决定通知之日起三十日内，向人民法院起诉。

在土地所有权和使用权争议解决前，任何一方不得改变土地利用现状。

第三章　土地利用总体规划

第十七条　各级人民政府应当依据国民经济和社会发展规划、国土整治和资源环境保护的要求、土地供给能力以及各项建设对土地的需求，组织编制土地利用总体规划。

土地利用总体规划的规划期限由国务院规定。

第十八条　下级土地利用总体规划应当依据上一级土地利用总体规划编制。

地方各级人民政府编制的土地利用总体规划中的建设用地总量不得超过上一级土地利用总体规划确定的控制指标，耕地保有量不得低于上一级土地利用总体规划确定的控制指标。

省、自治区、直辖市人民政府编制的土地利用总体规划，应当确保本行政区域内耕地总量不减少。

第十九条　土地利用总体规划按照下列原则编制：

（一）严格保护基本农田，控制非农业建设占用农用地；

（二）提高土地利用率；

（三）统筹安排各类、各区域用地；

（四）保护和改善生态环境，保障土地的可持续利用；

（五）占用耕地与开发复垦耕地相平衡。

第二十条　县级土地利用总体规划应当划分土地利用区，明确土地用途。

乡(镇)土地利用总体规划应当划分土地利用区，根据土地使用条件，确定每一块土地的用途，并予以公告。

第二十一条　土地利用总体规划实行分级审批。

省、自治区、直辖市的土地利用总体规划，报国务院批准。

省、自治区人民政府所在地的市、人口在一百万以上的城市以及国务院指定的城市的土地利用总体规划，经省、自治区人民政府审查同意后，报国务院批准。

本条第二款、第三款规定以外的土地利用总体规划，逐级上报省、自治区、直辖市人民政府批准；其中，乡(镇)土地利用总体规划可以由省级人民政府授权的设区的市、自治州人民政府批准。

土地利用总体规划一经批准，必须严格执行。

第二十二条　城市建设用地规模应当符合国家规定的标准，充分利用现有建设用地，不占或者尽量少占农用地。

城市总体规划、村庄和集镇规划，应当与土地利用总体规划相衔接，城市总体规划、村庄和集镇规划中建设用地规模不得超过土地利用总体规划确定的城市和村庄、集镇建设用地规模。

在城市规划区内、村庄和集镇规划区内，城市和村庄、集镇建设用地应当符合城市规划、村庄和集镇规划。

第二十三条　江河、湖泊综合治理和开发利用规划，应当与土地利用总体规划相衔接。在江河、湖泊、水库的管理和保护范围以及蓄洪滞洪区内，土地利用应当符合江河、湖泊综合治理和开发利用规划，符合河道、湖泊行洪、蓄洪和输水的要求。

第二十四条　各级人民政府应当加强土地利用计划管理，实行建设用地总量控制。

土地利用年度计划，根据国民经济和社会发展计划、国家产业政策、土地利用总体规划以及建设用地和土地利用的实际状况编制。土地利用年度计划的编制审批程序与土地利用总体规划的编制审批程序相同，一经审批下达，必须严格执行。

第二十五条　省、自治区、直辖市人民政府应当将土地利用年度计划的执行情况列为国民经济和社会发展计划执行情况的内容，向同级人民代表大会报告。

第二十六条　经批准的土地利用总体规划的修改，须经原批准机关批准；未经批准，不得改变土地利用总体规划确定的土地用途。

经国务院批准的大型能源、交通、水利等基础设施建设用地，需要改变土地利用总体规划的，根据国务院的批准文件修改土地利用总体规划。

经省、自治区、直辖市人民政府批准的能源、交通、水利等基础设施建设用地，需要改变土地利用总体规划的，属于省级人民政府土地利用总体规划批准权限内的，根据省级人民政府的批准文件修改土地利用总体规划。

第二十七条　国家建立土地调查制度。

县级以上人民政府土地行政主管部门会同同级有关部门进行土地调查。土地所有者或者使用者应当配合调查，并提供有关资料。

第二十八条　县级以上人民政府土地行政主管部门会同同级有关部门根据土地调查成果、规划土地用途和国家制定的统一标准，评定土地等级。

第二十九条　国家建立土地统计制度。

县级以上人民政府土地行政主管部门和同级统计部门共同制定统计调查方案，依法进行土地统计，定期发布土地统计资料。土地所有者或者使用者应当提供有关资料，不得虚报、瞒报、拒报、迟报。

土地行政主管部门和统计部门共同发布的土地面积统计资料是各级人民政府编制土地利用总体规划的依据。

第三十条　国家建立全国土地管理信息系统，对土地利用状况进行动态监测。

第四章 耕地保护（略）

第五章 建设用地

第四十三条 任何单位和个人进行建设，需要使用土地的，必须依法申请使用国有土地；但是，兴办乡镇企业和村民建设住宅经依法批准使用本集体经济组织农民集体所有的土地的，或者乡（镇）村公共设施和公益事业建设经依法批准使用农民集体所有的土地的除外。

前款所称依法申请使用的国有土地包括国家所有的土地和国家征收的原属于农民集体所有的土地。

第四十四条 建设占用土地，涉及农用地转为建设用地的，应当办理农用地转用审批手续。

省、自治区、直辖市人民政府批准的道路、管线工程和大型基础设施建设项目、国务院批准的建设项目占用土地，涉及农用地转为建设用地的，由国务院批准。

在土地利用总体规划确定的城市和村庄、集镇建设用地规模范围内，为实施该规划而将农用地转为建设用地的，按土地利用年度计划分批次由原批准土地利用总体规划的机关批准。在已批准的农用地转用范围内，具体建设项目用地可以由市、县人民政府批准。

本条第二款、第三款规定以外的建设项目占用土地，涉及农用地转为建设用地的，由省、自治区、直辖市人民政府批准。

第四十五条 征收下列土地的，由国务院批准：

（一）基本农田；

（二）基本农田以外的耕地超过三十五公顷的；

（三）其他土地超过七十公顷的。

征收前款规定以外的土地的，由省、自治区、直辖市人民政府批准，并报国务院备案。

征收农用地的，应当按照本法第四十四条的规定先行办理农用地转用审批。其中，经国务院批准农用地转用的，同时办理征地审批手续，不再另行办理征地审批；经省、自治区、直辖市人民政府在征地批准权限内批准农用地转用的，同时办理征地审批手续，不再另行办理征地审批，超过征地批准权限的，应当依照本条第一款的规定另行办理征地审批。

第四十六条 国家征收土地的，依照法定程序批准后，由县级以上地方人民政府予以公告并组织实施。

被征收土地的所有权人、使用权人应当在公告规定期限内，持土地权属证书到当地人民政府土地行政主管部门办理征地补偿登记。

第四十七条 征收土地的，按照被征收土地的原用途给予补偿。

征收耕地的补偿费用包括土地补偿费、安置补助费以及地上附着物和青苗的补偿费。征收耕地的土地补偿费，为该耕地被征收前三年平均年产值的六至十倍。征收耕地的安置补助费，按照需要安置的农业人口数计算。需要安置的农业人口数，按照被征收的耕地数量除以征地前被征收单位平均每人占有耕地的数量计算。每一个需要安置的农业人口的安置补助费标准，为该耕地被征收前三年平均年产值的四至六倍。但是，每公顷被征收耕地的安置补助费，最高不得超过被征收前三年平均年产值的十五倍。

征收其他土地的土地补偿费和安置补助费标准，由省、自治区、直辖市参照征收耕地的土地补偿费和安置补助费的标准规定。

被征收土地上的附着物和青苗的补偿标准，由省、自治区、直辖市规定。

征收城市郊区的菜地，用地单位应当按照国家有关规定缴纳新菜地开发建设基金。

依照本条第二款的规定支付土地补偿费和安置补助费，尚不能使需要安置的农民保持原有生活水平的，经省、自治区、直辖市人民政府批准，可以增加安置补助费。但是，土地补偿费和安置补助费的总和不得超过土地被征收前三年平均年产值的三十倍。

国务院根据社会、经济发展水平，在特殊情况下，可以提高征收耕地的土地补偿费和安置补助费的标准。

第四十八条　征地补偿安置方案确定后，有关地方人民政府应当公告，并听取被征地的农村集体经济组织和农民的意见。

第四十九条　被征地的农村集体经济组织应当将征收土地的补偿费用的收支状况向本集体经济组织的成员公布，接受监督。

禁止侵占、挪用被征收土地单位的征地补偿费用和其他有关费用。

第五十条　地方各级人民政府应当支持被征地的农村集体经济组织和农民从事开发经营，兴办企业。

第五十一条　大中型水利、水电工程建设征收土地的补偿费标准和移民安置办法，由国务院另行规定。

第五十二条　建设项目可行性研究论证时，土地行政主管部门可以根据土地利用总体规划、土地利用年度计划和建设用地标准，对建设用地有关事项进行审查，并提出意见。

第五十三条　经批准的建设项目需要使用国有建设用地的，建设单位应当持法律、行政法规规定的有关文件，向有批准权的县级以上人民政府土地行政主管部门提出建设用地申请，经土地行政主管部门审查，报本级人民政府批准。

第五十四条　建设单位使用国有土地，应当以出让等有偿使用方式取得；但是，下列建设用地，经县级以上人民政府依法批准，可以以划拨方式取得：

（一）国家机关用地和军事用地；

（二）城市基础设施用地和公益事业用地；

（三）国家重点扶持的能源、交通、水利等基础设施用地；

（四）法律、行政法规规定的其他用地。

第五十五条　以出让等有偿使用方式取得国有土地使用权的建设单位，按照国务院规定的标准和办法，缴纳土地使用权出让金等土地有偿使用费和其他费用后，方可使用土地。

自本法施行之日起，新增建设用地的土地有偿使用费，百分之三十上缴中央财政，百分之七十留给有关地方人民政府，都专项用于耕地开发。

第五十六条　建设单位使用国有土地的，应当按照土地使用权出让等有偿使用合同的约定或者土地使用权划拨批准文件的规定使用土地；确需改变该幅土地建设用途的，应当经有关人民政府土地行政主管部门同意，报原批准用地的人民政府批准。其中，在城市规划区内改变土地用途的，在报批前，应当先经有关城市规划行政主管部门同意。

第五十七条　建设项目施工和地质勘查需要临时使用国有土地或者农民集体所有的土地的，由县级以上人民政府土地行政主管部门批准。其中，在城市规划区内的临时用地，在报批前，应当先经有关城市规划行政主管部门同意。土地使用者应当根据土地权属，与有关土地行政主管部门或者农村集体经济组织、村民委员会签订临时使用土地合同，并按照合同的约定支付临时使用土地补偿费。

临时使用土地的使用者应当按照临时使用土地合同约定的用途使用土地，并不得修建永久性建筑物。

临时使用土地期限一般不超过二年。

第五十八条　有下列情形之一的，由有关人民政府土地行政主管部门报经原批准用地的人民政府或者有批准权的人民政府批准，可以收回国有土地使用权：

（一）为公共利益需要使用土地的；

（二）为实施城市规划进行旧城区改建，需要调整使用土地的；

（三）土地出让等有偿使用合同约定的使用期限届满，土地使用者未申请续期或者申请续期未获批准的；

（四）因单位撤销、迁移等原因，停止使用原划拨的国有土地的；

（五）公路、铁路、机场、矿场等经核准报废的。

依照前款第（一）项、第（二）项的规定收回国有土地使用权的，对土地使用权人应当给予适当补偿。

第五十九条 乡镇企业、乡(镇)村公共设施、公益事业、农村村民住宅等乡(镇)村建设，应当按照村庄和集镇规划，合理布局，综合开发，配套建设；建设用地，应当符合乡(镇)土地利用总体规划和土地利用年度计划，并依照本法第四十四条、第六十条、第六十一条、第六十二条的规定办理审批手续。

第六十条 农村集体经济组织使用乡(镇)土地利用总体规划确定的建设用地兴办企业或者与其他单位、个人以土地使用权入股、联营等形式共同举办企业的，应当持有关批准文件，向县级以上地方人民政府土地行政主管部门提出申请，按照省、自治区、直辖市规定的批准权限，由县级以上地方人民政府批准；其中，涉及占用农用地的，依照本法第四十四条的规定办理审批手续。

按照前款规定兴办企业的建设用地，必须严格控制。省、自治区、直辖市可以按照乡镇企业的不同行业和经营规模，分别规定用地标准。

第六十一条 乡(镇)村公共设施、公益事业建设，需要使用土地的，经乡(镇)人民政府审核，向县级以上地方人民政府土地行政主管部门提出申请，按照省、自治区、直辖市规定的批准权限，由县级以上地方人民政府批准；其中，涉及占用农用地的，依照本法第四十四条的规定办理审批手续。

第六十二条 农村村民一户只能拥有一处宅基地，其宅基地的面积不得超过省、自治区、直辖市规定的标准。

农村村民建住宅，应当符合乡(镇)土地利用总体规划，并尽量使用原有的宅基地和村内空闲地。

农村村民住宅用地，经乡(镇)人民政府审核，由县级人民政府批准；其中，涉及占用农用地的，依照本法第四十四条的规定办理审批手续。

农村村民出卖、出租住房后，再申请宅基地的，不予批准。

第六十三条 农民集体所有的土地的使用权不得出让、转让或者出租用于非农业建设；但是，符合土地利用总体规划并依法取得建设用地的企业，因破产、兼并等情形致使土地使用权依法发生转移的除外。

第六十四条 在土地利用总体规划制定前已建的不符合土地利用总体规划确定的用途的建筑物、构筑物，不得重建、扩建。

第六十五条 有下列情形之一的，农村集体经济组织报经原批准用地的人民政府批准，可以收回土地使用权：

（一）为乡(镇)村公共设施和公益事业建设，需要使用土地的；

（二）不按照批准的用途使用土地的；

（三）因撤销、迁移等原因而停止使用土地的。

依照前款第(一)项规定收回农民集体所有的土地的，对土地使用权人应当给予适当补偿。

第六章 监督检查(略)

第七章 法律责任(略)

第八章 附 则

第八十五条 中外合资经营企业、中外合作经营企业、外资企业使用土地的，适用本法；法律另有规定的，从其规定。

第八十六条 本法自1999年1月1日起施行。

中华人民共和国担保法(节选)

(1995年6月30日第八届全国人民代表大会常务委员会第十四次会议通过,1995年6月30日中华人民共和国主席令第五十号公布,1995年10月1日起施行)

第一章 总 则

第一条 为促进资金融通和商品流通,保障债权的实现,发展社会主义市场经济,制定本法。

第二条 在借贷、买卖、货物运输、加工承揽等经济活动中,债权人需要以担保方式保障其债权实现的,可以依照本法规定设定担保。

本法规定的担保方式为保证、抵押、质押、留置和定金。

第三条 担保活动应当遵循平等、自愿、公平、诚实信用的原则。

第四条 第三人为债务人向债权人提供担保时,可以要求债务人提供反担保。

反担保适用本法担保的规定。

第五条 担保合同是主合同的从合同,主合同无效,担保合同无效。担保合同另有约定的,按照约定。

担保合同被确认无效后,债务人、担保人、债权人有过错的,应当根据其过错各自承担相应的民事责任。

第二章 保 证(略)

第三章 抵 押

第一节 抵押和抵押物

第三十三条 本法所称抵押,是指债务人或者第三人不转移对本法第三十四条所列财产的占有,将该财产作为债权的担保。债务人不履行债务时,债权人有权依照本法规定以该财产折价或者以拍卖、变卖该财产的价款优先受偿。

前款规定的债务人或者第三人为抵押人,债权人为抵押权人,提供担保的财产为抵押物。

第三十四条 下列财产可以抵押:

(一)抵押人所有的房屋和其他地上定着物;

(二)抵押人所有的机器、交通运输工具和其他财产;

(三)抵押人依法有权处分的国有的土地使用权、房屋和其他地上定着物;

(四)抵押人依法有权处分的国有的机器、交通运输工具和其他财产;

(五)抵押人依法承包并经发包方同意抵押的荒山、荒沟、荒丘、荒滩等荒地的土地使用权;

(六)依法可以抵押的其他财产。

抵押人可以将前款所列财产一并抵押。

第三十五条 抵押人所担保的债权不得超出其抵押物的价值。

财产抵押后,该财产的价值大于所担保债权的余额部分,可以再次抵押,但不得超出其余额部分。

第三十六条 以依法取得的国有土地上的房屋抵押的,该房屋占用范围内的国有土地使用权同时抵押。

以出让方式取得的国有土地使用权抵押的,应当将抵押时国有土地上的房屋同时抵押。

乡(镇)、村企业的土地使用权不得单独抵押。以乡(镇)、村企业的厂房等建筑物抵押的,其占用范围内的土地使用权同时抵押。

第三十七条　下列财产不得抵押：

（一）土地所有权；

（二）耕地、宅基地、自留地、自留山等集体所有的土地使用权，但本法第三十四条第（五）项、第三十六条第三款规定的除外；

（三）学校、幼儿园、医院等以公益为目的的事业单位、社会团体的教育设施、医疗卫生设施和其他社会公益设施；

（四）所有权、使用权不明或者有争议的财产；

（五）依法被查封、扣押、监管的财产；

（六）依法不得抵押的其他财产。

第二节　抵押合同和抵押物登记

第三十八条　抵押人和抵押权人应当以书面形式订立抵押合同。

第三十九条　抵押合同应当包括以下内容：

（一）被担保的主债权种类、数额；

（二）债务人履行债务的期限；

（三）抵押物的名称、数量、质量、状况、所在地、所有权权属或者使用权权属；

（四）抵押担保的范围；

（五）当事人认为需要约定的其他事项。

抵押合同不完全具备前款规定内容的，可以补正。

第四十条　订立抵押合同时，抵押权人和抵押人在合同中不得约定在债务履行期届满抵押权人未受清偿时，抵押物的所有权转移为债权人所有。

第四十一条　当事人以本法第四十二条规定的财产抵押的，应当办理抵押物登记，抵押合同自登记之日起生效。

第四十二条　办理抵押物登记的部门如下：

（一）以无地上定着物的土地使用权抵押的，为核发土地使用权证书的土地管理部门；

（二）以城市房地产或者乡（镇）、村企业的厂房等建筑物抵押的，为县级以上地方人民政府规定的部门；

（三）以林木抵押的，为县级以上林木主管部门；

（四）以航空器、船舶、车辆抵押的，为运输工具的登记部门；

（五）以企业的设备和其他动产抵押的，为财产所在地的工商行政管理部门。

第四十三条　当事人以其他财产抵押的，可以自愿办理抵押物登记，抵押合同自签订之日起生效。当事人未办理抵押物登记的，不得对抗第三人。当事人办理抵押物登记的，登记部门为抵押人所在地的公证部门。

第四十四条　办理抵押物登记，应当向登记部门提供下列文件或者其复印件：

（一）主合同和抵押合同；

（二）抵押物的所有权或者使用权证书。

第四十五条　登记部门登记的资料，应当允许查阅、抄录或者复印。

第三节　抵　押　的　效　力

第四十六条　抵押担保的范围包括主债权及利息、违约金、损害赔偿金和实现抵押权的费用。抵押合同另有约定的，按照约定。

第四十七条　债务履行期届满，债务人不履行债务致使抵押物被人民法院依法扣押的，自扣押之日起抵押权人有权收取由抵押物分离的天然孳息以及抵押人就抵押物可以收取的法定孳息。抵押权人未将扣押抵押物的事实通知应当清偿法定孳息的义务人的,抵押权的效力不及于该孳息。

前款孳息应当先充抵收取孳息的费用。

第四十八条　抵押人将已出租的财产抵押的,应当书面告知承租人,原租赁合同继续有效。

第四十九条　抵押期间,抵押人转让已办理登记的抵押物的,应当通知抵押权人并告知受让人转让物已经抵押的情况;抵押人未通知抵押权人或者未告知受让人的,转让行为无效。

转让抵押物的价款明显低于其价值的,抵押权人可以要求抵押人提供相应的担保;抵押人不提供的,不得转让抵押物。

抵押人转让抵押物所得的价款,应当向抵押权人提前清偿所担保的债权或者向与抵押权人约定的第三人提存。超过债权数额的部分,归抵押人所有,不足部分由债务人清偿。

第五十条　抵押权不得与债权分离而单独转让或者作为其他债权的担保。

第五十一条　抵押人的行为足以使抵押物价值减少的,抵押权人有权要求抵押人停止其行为。抵押物价值减少时,抵押权人有权要求抵押人恢复抵押物的价值,或者提供与减少的价值相当的担保。

抵押人对抵押物价值减少无过错的,抵押权人只能在抵押人因损害而得到的赔偿范围内要求提供担保。抵押物价值未减少的部分,仍作为债权的担保。

第五十二条　抵押权与其担保的债权同时存在,债权消灭的,抵押权也消灭。

第四节　抵押权的实现

第五十三条　债务履行期届满抵押权人未受清偿的,可以与抵押人协议以抵押物折价或者以拍卖、变卖该抵押物所得的价款受偿;协议不成的,抵押权人可以向人民法院提起诉讼。

抵押物折价或者拍卖、变卖后,其价款超过债权数额的部分归抵押人所有,不足部分由债务人清偿。

第五十四条　同一财产向两个以上债权人抵押的,拍卖、变卖抵押物所得的价款按照以下规定清偿:

(一)抵押合同以登记生效的,按照抵押物登记的先后顺序清偿;顺序相同的,按照债权比例清偿;

(二)抵押合同自签之日起生效的,该抵押物已登记的,按照本条第(一)项规定清偿;未登记的,按照合同生效时间的先后顺序清偿,顺序相同的,按照债权比例清偿。抵押物已登记的先于未登记的受偿。

第五十五条　城市房地产抵押合同签订后,土地上新增的房屋不属于抵押物。需要拍卖该抵押的房地产时,可以依法将该土地上新增的房屋与抵押物一同拍卖,但对拍卖新增房屋所得,抵押权人无权优先受偿。

依照本法规定以承包的荒地的土地使用权抵押的,或者以乡(镇)、村企业的厂房等建筑物占用范围内的土地使用权抵押的,在实现抵押权后,未经法定程序不得改变土地集体所有和土地用途。

第五十六条　拍卖划拨的国有土地使用权所得的价款,在依法缴纳相当于应缴纳的土地使用权出让金的款额后,抵押权人有优先受偿权。

第五十七条　为债务人抵押担保的第三人,在抵押权人实现抵押权后,有权向债务人追偿。

第五十八条　抵押权因抵押物灭失而消灭。因灭失所得的赔偿金,应当作为抵押财产。

第五节　最高额抵押

第五十九条　本法所称最高额抵押,是指抵押人与抵押权人协议,在最高债权额限度内,以抵押物对一定期间内连续发生的债权作担保。

第六十条　借款合同可以附最高额抵押合同。

债权人与债务人就某项商品在一定期间内连续发生交易而签订的合同,可以附最高额抵押合同。

第六十一条　最高额抵押的主合同债权不得转让。

第六十二条 最高额抵押除适用本节规定外,适用本章其他规定。

第四章 质 押(略)

第五章 留 置(略)

第六章 定 金

第八十九条 当事人可以约定一方向对方给付定金作为债权的担保。债务人履行债务后,定金应当抵作价款或者收回。给付定金的一方不履行约定的债务的,无权要求返还定金;收受定金的一方不履行约定的债务的,应当双倍返还定金。

第九十条 定金应当以书面形式约定。当事人在定金合同中应当约定交付定金的期限。定金合同从实际交付定金之日起生效。

第九十一条 定金的数额由当事人约定,但不得超过主合同标的额的百分之二十。

第七章 附 则

第九十二条 本法所称不动产是指土地以及房屋、林木等地上定着物。

本法所称动产是指不动产以外的物。

第九十三条 本法所称保证合同、抵押合同、质押合同、定金合同可以是单独订立的书面合同,包括当事人之间的具有担保性质的信函、传真等,也可以是主合同中的担保条款。

第九十四条 抵押物、质物、留置物折价或者变卖,应当参照市场价格。

第九十五条 海商法等法律对担保有特别规定的,依照其规定。

第九十六条 本法自 1995 年 10 月 1 日起施行。

常见质量问题图片

一、门窗

图 1　门锁口生锈，无法正常开启

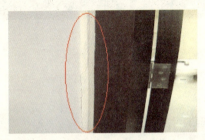

图 3　门框与墙面缝隙

图 4　门套开裂

图 2　密封胶条脱落密封不严，保温隔声受影响

图 5　相邻木门套标高不一致

图 6　防盗门胶条脱落影响保温隔声效果

图 7　五金配件安装不当、油漆漏刷

图 8　门面油漆流坠，色差过大

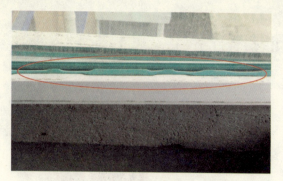
图9 密封胶条变形密封不严，起不到保温作用

图10 玻璃破损保温、隔声、美观受到影响

图11 塑钢窗密封压条破损直接导致密封不严

图12 塑钢窗中空玻璃透气影响保温和隔声效果

图13 飘窗窗台石材断裂

二、抹灰

图15 水泥抹灰龟裂

图14 墙面水泥砂浆强度不足导致墙体面层脱落

图16 抹灰层过厚，没有采取补强措施，导致抹灰面开裂

三、地面

图17 做防水前，地面基层未清理干净，易发生渗漏

四、吊顶安装

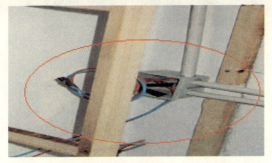

图 18　木龙骨没做防火、防腐处理，电线未穿导管

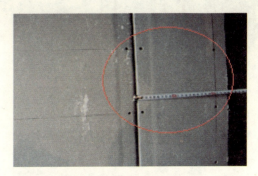

图 19　石膏板间距缝隙过大

五、饰面板（砖）安装

图 20　墙砖垂直度误差过大，不符合国家现行质量验收标准

图 21　地砖铺贴后，未采取成品保护措施，导致地砖表面破损

图 22　砖的切割尺寸误差过大，影响美观

图 23　寒冷地区冬期施工，施工温度低于5℃，没采取相应措施，造成瓷砖脱落

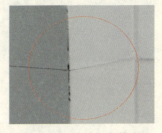

图 24　瓷砖墙阳角掉瓷

六、涂饰

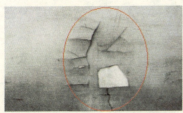

图 25　腻子层、涂料脱落

图 26　涂料墙面起皱

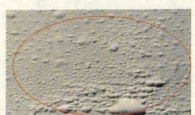

图 27　涂料墙面起泡

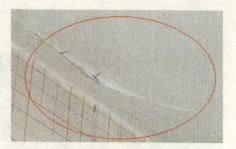

图28　吊顶涂料起皮开裂

图29　墙面开裂，墙面与顶面界线不分明

图30　木作油漆色差过大

图31　壁纸开裂

七、卫生器具及管道安装

图32　水电线路交叉，存在安全隐患

图34　冷热水角阀安装措施不当

图35　管道严重生锈腐烂，易导致管道泄露

图33　排水管道砌筑不规范，导致墙砖无法正常粘贴

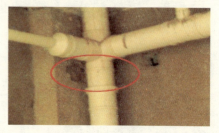

图36　排水管距排风口过近，无法安装通风管道

八、电气安装

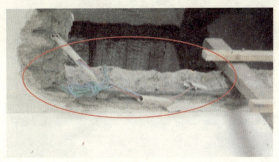

图 37　施工过程中电线导管破损，容易导致短路、漏电，存在安全隐患

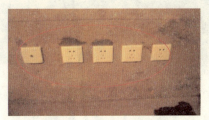

图 39　强弱电插座间距过近，导致弱电信号受影响

图 40　电源插座距燃气管道过近，存在安全隐患

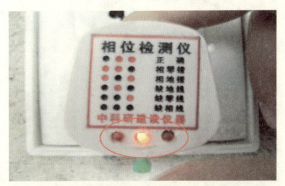

图 38　电源插座缺地线，存在安全隐患

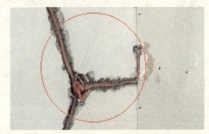

图 41　电线没有穿电线导管

图 42　卫生间插座未采取防溅措施，存在安全隐患

图 43　相线、零线、地线未按电气施工规范分色配线，不易维修

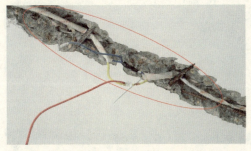

图 44　导线未穿管，直接埋在楼板内；棚面开槽过长、过深导致钢筋外漏，影响楼板承重

图 45　电线管与接线盒未采用盒接头连接，不便于维修及更换

图46 电线导管没有用管箍连接，以后无法换线

图47 电线管未固定

九、其他

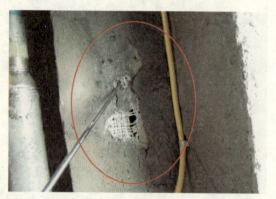

图48 排烟道破损

图49 燃气表玻璃破损

图50 燃气管道被封于墙内，不便于查找漏点，存在安全隐患

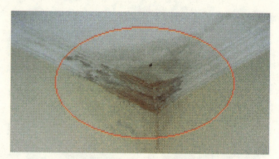

图51 楼上卫生间防水未做好，造成楼下顶棚污染

图52 过门石侧面未抛光，踢脚对接缝隙过大

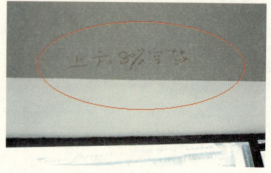

图53 上方80%空鼓